行政法研究双書35

行政上の主体と行政法

北島周作 著

弘文堂

「行政法研究双書」刊行の辞

　日本国憲法のもとで、行政法学が新たな出発をしてから、七〇有余年になるが、その間の理論的研究の展開は極めて多彩なものがある。しかし、ときに指摘されるように、理論と実務の間に一定の乖離があることも認めなければならない。その意味で、現段階においては、蓄積された研究の成果をより一層実務に反映させることが重要であると思われる。そのことはまた、行政の現実を直視した研究がますます必要となることを意味するのである。

　「行政法研究双書」は、行政法学をめぐるこのような状況にかんがみ、理論と実務の懸け橋となることを企図し、理論的水準の高い、しかも、実務的見地からみても通用しうる著作の刊行を志すものである。もとより、そのことは、本双書の内容を当面の実用に役立つものに限定する趣旨ではない。むしろ、当座の実務上の要請には直接応えるものでなくとも、わが国の行政法の解釈上または立法上の基本的素材を提供する基礎的研究にも積極的に門戸を開いていくこととしたい。

塩　野　　　宏
園　部　逸　夫
原　田　尚　彦

はしがき

　本書は、東京大学法学政治学研究科に提出した博士論文に加筆・修正を施し、公表した「行政上の主体・活動・規範（1）〜（6・完）」（国家122巻1=2号51頁、3=4号133頁、5=6号66頁、7=8号59頁、9=10号72頁、11=12号120頁（2009年））に、その後、同じく、行政上の主体の多様化をテーマとして執筆した2本の論文、「公的活動の担い手の多元化と『公法規範』」（法時85巻5号（2013年）23頁）、「行政上の主体と実定法」（宇賀克也ほか編『現代行政法の構造と展開』（有斐閣・2016年）59頁）を加え、内容を全面的に見直し、大幅に修正した上で、再構成をしたものである。

　旧稿の内容は、博士論文をもとにしている部分を中心に、甚だ不十分なものであったことから、その後の研究の進展を踏まえて、大幅に内容を改め、新たな記述を付け加えた上で、再構成している。また、旧稿の内容のうち、議論の本筋と関係が薄いと思われる部分については、内容を明確化するために、思い切って削除する方針をとった。そのため、収録された内容は分量的には旧稿より若干少なくなっている。なお、他に、行政上の主体の多様化をテーマとした論文として、「行政法理論における主体指向と活動指向」（成蹊法学68=69号（2008年）289頁）と、いくつかの書評があるが、無理に本書の一部とするよりも、本書において引用し、必要に応じてご参照いただいた方がよいと考え、本書には加えなかった。

　なお、執筆にあたっては、新たに登場した文献の内容を積極的に付け加えるよりも、旧稿の議論が不十分であったことを踏まえて、その内容を見直すことに重点を置いた。また、執筆時期の関係で、2016年秋頃までに公表された文献を参照し、それ以後に公表された文献の内容は、原則として、盛り込んでいない。

　旧稿の作成から本書の完成に至るまでには、紆余曲折があり、多くの先生

方からご指導・ご教示をいただいた。以下では、本書の完成に至るまでの道筋を説明した上で、お世話になった先生方に対して御礼を申し上げたい。

筆者が、行政法の研究を志したのは、学部時代に、宇賀克也先生の講義を受講し、同時に、指導教官を引き受けていただくことになる小早川光郎先生の演習に参加し、刺激を受けたためである。宇賀先生の講義のうち、特に行政救済法の講義は、約半分の時間を使って、その年に刊行された大著『国家補償法』（有斐閣・1997年）をベースに国家補償法の全体を論じるもので、そのスケールの大きさ、理論の緻密さに圧倒された。小早川先生の演習では、環境影響評価法の要綱案の内容に関する報告を担当したが、まだ関係する論文も出ていない時期であり、現実社会の発展と歩みを共にする行政法学に魅力を感じた。

本書のテーマである行政上の主体の多様化の問題に関心を持ったのは、大学院進学後の宇賀先生の演習の場であった。演習は、特殊法人、認可法人等の多様な行政上の主体について検討するものであり、こうした国・地方公共団体以外の行政上の主体による活動について行政法学上いかに考えるべきか、強い関心を持った。行政法学では、国・地方公共団体が活動の主体であることを前提とし、それに対する統制や救済手段について論じられている印象があり、そうした前提が崩れた場合にどのようになるのかという問題意識を持った。そこで、修士論文の執筆に取りかかる時期だったこともあり、宇賀先生に、行政上の主体の多様化の問題に取り組みたい旨ご相談したところ、修士論文では、もう少し具体的なテーマに取り組む方がよいだろうということで、演習でも扱った指定法人（指定機関）制度と第三者認証制度を研究テーマとして勧めてくださり、関係する文献等もあわせてご指導いただいた。そうして、指導教官である小早川先生のお許しを得て執筆したのが、「基準認証制度—その構造と改革」（本郷法政紀要10号（2001年）155頁）である。この論文は、全く未熟なものであった（しかも、任天堂在籍時に公表したため、修士論文として提出したものからほとんど修正しないままの公表となった）が、内容的には博士論文における本格的な議論の足がかりとなった。

修士課程修了後、現実社会と密接に関係する行政法を研究する上で、社会

に全く出ないままでよいのか不安に駆られたこともあり、機会を得て、2年弱の間、任天堂株式会社に勤務した。任天堂では、法務部に配属され、模倣品対策や、海外の訴訟管理、契約書の作成等、多様な業務を担当し、加えて、管理部門の人数が少数であったこともあり、新入社員であるにもかかわらず、それぞれの業務について自ら考え、執行する機会にも恵まれた。任天堂は、家庭用ゲーム機のプラットフォーム事業者であり、対応ゲームソフトウェアに対する基準の作成、検査などを行っており、まさにゲームの世界を「統治」する存在であった。そうした会社で業務に従事する中で、私的統治活動を規律する法と、政府の行政活動を規律する法は、やはり、共通するところがあるのではないかと強く思うようになった。また、業務を通じて実際に政府の行政活動に触れることもできた。そうした中、実社会での経験を理論研究に活かしたいという気持ちが徐々に強くなり、職場のご理解と、小早川先生のお許しを得て、再び研究の道に戻ることにした。このように、短い在職期間ながらも、非常に多くのことを学ぶことができたのは、法務部の部長であった山尾努氏、直属の上司の係長であった松嵜康行氏、同じグループの先輩であった加藤直美氏の適切なご指導のおかげである。特に松嵜氏からは、社会人としての心構え等、多くのことを教わった。三氏をはじめとする任天堂の同僚の方々は、研究の道に戻りたいという筆者のわがままを許し、あたたかく送り出してくださり、退職後も親しくしてくださっている。

　大学院の博士課程に戻った後、博士論文の構想を練っていた際に、日本法に関して、もっとも影響を受けたのは、山本隆司先生である。山本先生は、ちょうど、2001年に論文「行政組織における法人」（小早川光郎ほか編『行政法の発展と変革上巻』（有斐閣・2001年）847頁）を公表されていた。同論文は、日本の行政法学における行政上の主体に関する理論の歴史を詳細に分析・検討したものであり、多くのことを学ばせていただいた。同論文は、筆者が公法人概念・行政主体概念に関心を持ち、博士論文において、その行政法理論全体における位置づけを深く掘り下げて検討するきっかけとなった。山本先生は、同論文の内容に関する疑問にお答えくださるだけでなく、筆者が、その問題関心に基づいて、適切に研究が進められるよう、ご指導くださった。また、

博士論文公表後であるが、研究代表者をつとめられる二つの科研費研究課題（「行政の主体の多層化・多元化に対応する行政法理論の構築」、「行政法の法典化に関する基礎的研究」）において、研究分担者として共同研究に従事する機会を与えてくださった。両課題での共同研究を通じて博士論文は本書の形となった。いうまでもなく、山本先生は、公私協働研究の第一人者であり、このような先生に親しくご指導いただけたことは、大変幸運であった。

　研究会等において、本書の内容に関係する報告を行った際には、太田匡彦先生から様々な有益なご助言をいただいた。加えて、疑問に対して妥協せず、徹底的に探求する太田先生の研究姿勢は、研究生活に入って以来、模範とさせていただいている。研究会等においては、神橋一彦先生にも長くご指導いただいている。序章で本書の問題提起を説明するために取り上げた東京高裁判決（東京高判平成15年7月31日判時1845号68頁）は、行政判例研究会での神橋先生のご報告により知り、その後も色々ご教示いただいた。

　博士論文では、比較法研究の対象国としてイギリスを扱った。対象国としては、例えば、ドイツなどはすでに山本先生の研究などがあり、これに新たなものを付け加えることは難しいと思われた。また、筆者は、主体の公私の属性にかかわらず、統治的性格を持った活動に対しては、その活動の内容・性質に応じて類似の規律がなされるべきではないかと考えていたが、ドイツの議論は、公私の強固な区別を前提にしているように見え、筆者が求めているものとは異なるように思われた。アメリカでの議論も調べ、ある程度研究も進めたが、やはりしっくりこなかった。そうした調査の過程では、常岡孝好先生に研究の方向性等をご相談した。こうした筆者の問題意識に応えてくれる議論はないか、さらに調べていたところ出会ったのが、イギリスのデータフィン判決（*R v Panel on Take-overs and Mergers ex p Datafin*）である。同判決は、直接には法律の根拠を持たない自主規制団体の活動について司法審査の対象となることを認めたものであり、主体の属性ではなく、公的要素や権力の性質によって、公法規範の適用範囲を判断する可能性を示した判決であり、まさに筆者の求めていたものであった。同判決は、交告尚史先生が東京大学着任直後に開講された演習で講読した、Mark Elliott, *The Constitutional*

はしがき　v

Foundation of Judicial Review（Hart Publishing 2001）で初めて知った。交告先生は、日本におけるイギリス行政法研究の先駆者であった山田幸男先生に師事されていたことから、イギリス行政法にも強い関心を持っておられ、裁量論の比較法研究のため同書を選ばれたとのことであった。(本書第2章第3節で扱っている) 司法審査の理論的基礎に関する論争をテーマとした同書は、データフィン判決に関する議論の存在を知るきっかけとなった。その後、この判決を扱ういくつかの論文を読み、比較法研究の中心に据えることを決めた。また、交告先生は、論文執筆中、悩みがちな筆者に、気さくに声をかけ、研究室でコーヒーをふるまってくださった。交告先生のお話は、近時の学術論文に関するものから、囲碁、昆虫まで、大変多様で、識見を広げることができた。

　データフィン判決と出会ったことで、イギリス行政法に本格的に取り組むことになったが、その際に、特にご指導いただいたのは、当時、東京大学社会科学研究所におられた中村民雄先生である。中村先生には、修士課程・博士課程の演習においてすでにご指導いただいていたが、イギリス行政法を本格的に勉強したいとご相談にうかがったところ、研究内容から、まず、ピーター・ケイン（Peter Cane）のテキスト（*Administrative Law*（4th edn, Oxford University Press 2004）を精読することを強く勧めてくださった。加えて、関係する裁判例をピックアップし、イギリスの裁判例の読み方の基本等を伝授してくださった。ケインの理論は、本書第2章の議論において理論面でその中核となるものとなったし、教えていただいた裁判例の多くも、そのまま論文の内容となった。中村先生にご相談しなければ、あの時期にケインのテキストを知ることは難しかったし、日本におけるイギリス公法研究の第一人者である中村先生から、イギリス行政法研究の手ほどきを受けることができたのは、幸運というほかない。さらに、中村先生は、異なる部局に所属し、専攻も異なる筆者に対して、公的にも私的にも、本当に懇切にご指導くださった。中村先生がいらっしゃらなければ、博士論文も本書も書くことはできなかった。イギリス公法研究から EU 法研究という新しい世界を拓かれた先生からは、新しい世界を切り拓くことの魅力や、裁判例を読む楽しさなども教わった。

データフィン判決を中心に検討していく中で、イギリス行政法の影響を強く受けているオセアニア地域（オーストラリア、ニュージーランド）の行政法研究者の論文を検討することが少なくなかった。しかし、同地域の文献は日本の図書館には十分所蔵されていなかった。そうした中、碓井光明先生は、オーストラリア法についてご指導くださるだけでなく、日本の図書館に所蔵されていない文献を快くお貸しくださった。鈴木庸夫先生は、千葉大学をご退職される際に、ご自身の蔵書の一部を筆者にくださった。

　指導教官である小早川先生には、論文の方向性や進捗状況等について、逐一ご報告していたが、特に細かな指示はされなかった。これは、研究テーマはもちろん、そのすすめ方についても、弟子に最大限の自由を認められる先生の指導方針による。しかし、小早川先生は、ある程度形にし、疑問点について考え抜いた上で、ご相談にうかがうと、その疑問点に対して、瞬時に的確なご指導をくださった。例えば、第1章で扱う問題点をどのように整理すればよいか悩んだ末、ご相談にうかがったところ、ここで書かれている内容は、「主体・権限・事務帰属の判別問題」ではないかと、一瞬で喝破され、あわせて適切な言葉で表現された。このような先生のご指導のおかげで、なんとか博士論文を提出することができた。先生は、東京大学をご退職された後、筆者の当時の勤務校である成蹊大学に移られたため、その後も、様々な機会にご指導いただくことができた。本書の刊行にあたって、全体の構成や内容を決定するにあたっても、お忙しいところ、ご指導くださった。学部の演習から計算すると、先生のご指導を受けて20年ほどになる。先生が指導教官を引き受けてくださらなければ、研究の道に入ることはできなかった。また、一度就職したにもかかわらず、再び研究の道に戻りたいという筆者のわがままをお許しいただき、その後も変わらず、ご指導くださった。加えて、河中自治振興財団の奨学金に推薦してくださるなど、研究生活が安定するよう色々ご配慮いただいた。

　最初に述べたように、博士論文を提出した後、それを加筆・修正したものを国家学会雑誌で公表した。そこでは、行政上の主体に適用される規範の内容・射程に着目するという方向性を打ち出していたが、甚だ粗削りで不十分

なものであることは自覚していた。その後、公表した二本の論文においては、旧稿の議論をさらにすすめるとともに、規範の形成について、立法過程、司法過程それぞれに目配りをするという新たな視点を設けた。規範の内容・射程に着目するという方向性のもと、公法規範それぞれの内容についてさらに検討したのが、法律時報掲載論文である。この論文は、山元一先生が研究代表をつとめられた科研費研究課題「憲法学と各法学分野の役割分担・再考」との関係で執筆する機会をいただいた。それに続いて、立法過程、司法過程への目配りという新たな視点を強調したのが、小早川先生の古稀記念論文集である『現代行政法の構造と展開』に寄稿した論文である。本書では、国家学会雑誌掲載論文に、この二本の論文の内容を付加した上で、そうした新たな視点から、全体的に内容を再構成している。このような新たな視点を得たのは、次のような経緯から、立法過程、司法過程における規範の形成に関心を持ったためである。

　立法過程における規範の形成に関心を持つきっかけとなったのは、成蹊大学就職後に開始した行政手続法とその制定過程に関する研究である。この研究は、塩野宏先生より、『行政手続法制定資料 (1)』（信山社・2012年）に収録する解説の執筆のお話をいただいたことを契機に取り組み始めたものである。お話をいただいた当時、行政手続法に対して特に強い関心を持っていたわけでも、関係する論文を執筆していたわけでもなく、筆者が適切なものを書くことができるのか大いに不安であったが、大変名誉な話であり、取り組むことにした（依頼されたのは、行政手続法制定後に研究生活に入った者で、かつ行政手続法にそれほど関心を持っていない者の方が、資料を先入観を持たずに読むことができるからという理由であったとうかがった）。執筆にあたっては、公正透明な行政手続部会と小委員会の議事録を中心とする大部の立案過程資料を精読した。この作業には、相当な時間を要したが、一定の理論的背景を持って一般法的性格を持つ行政手続法が出来上がっていく過程を詳細に知ることができ、立法過程における規範の形成に関心を持つきっかけとなった。塩野先生には、博士論文執筆時に、第2章の中核をなす先生の行政主体論の内容について、直接質問する機会もいただいた。また、本書の出版を勧めてくださり、行政法研究

双書の一冊とすることを推薦してくださった。

　立法過程における規範の形成については、2015年に参加した、総務省の「地方独立行政法人制度の改革に関する研究会」からも多くのことを学んだ。同研究会は、地方独立行政法人法の改正に関する諸問題を検討する会であり、実際に行政上の主体に関する立法過程に立ち会う貴重な機会となった。この研究会は、斎藤誠先生に参加の機会をいただいた。斎藤先生は、研究会終了後に、毎回お茶にお誘いくださり、研究会での議論の内容等につき、先生と議論をする機会を与えてくださった。先生のご意見をうかがうことにより、議論の内容等についてより理解を深めることができた。

　司法過程における規範の形成に関心を持つきっかけとなったのは、2011年から継続している、法務省訟務局行政訟務課（2015年の組織改編以前は大臣官房行政訟務課）における調査員の仕事である。この仕事は、行政訟務課が扱っている案件で、行政法理論上の検討が特に必要なものについて、訟務検事の方々からの質問を受け、それに対応するというものであった。従来、学説で十分議論されていない問題などが持ち込まれることが多く、調査や、その後の訟務検事の方々との議論を通じて多くのことを学んだ。のみならず、実際に、原告・被告・裁判官によって裁判例が作り出される場に立ち会うことによって、司法過程における規範の形成にも関心を持った。

　博士論文提出後、前任校である成蹊大学法学部に就職し、2013年より東北大学法学研究科で勤務している。その間、毎年、学部の行政法の講義を担当し、それを通じて、行政法全体について理解を深めることができた。また、両大学の同僚の先生方、特に、現在、東北大学で同じ行政法を専攻する、稲葉馨先生、中原茂樹先生、飯島淳子先生、そして、研究会等の場を通じて、藤田宙靖先生から、様々なご指導、ご教示を受けることができた。

　紙幅の都合で、ここで一人一人お名前をあげることはできないが、他にも多くの先生方からご指導、ご教示を受けた。今、筆者があるのは、小早川先生をはじめとする多くの先生方との出会い、ご指導等があったおかげである。先生方には、心より御礼を申し上げる。

本書の刊行にあたっては、弘文堂編集部の北川陽子さんに大変お世話になった。北川さんは、初めての単著で基本的なことすら知らない筆者の質問に対して丁寧にご教示くださった。また、あわせて様々なご助言もいただいた。御礼を申し上げるとともに、作業が遅くご迷惑をおかけしたことをお詫びする。成蹊大学の北島典子先生は、専攻が異なるにもかかわらず、ご多忙の中、校正段階で本書の内容に目を通していただき、本書を多くの誤りから救ってくださった。本書の旧稿には、非常に多くの形式上、内容上の誤りが含まれていた。作業を通じて、それを見つけるたびに、恥ずかしさのあまり穴に入りたい気持ちになり、実際に、机の下に潜ってみたりもしたが、そんなことをしていても仕方がないので、できるだけ丁寧に作業をし、誤りを修正していった。しかし、元々そそっかしい性格でもあり、なお多くの誤りが含まれていることが予想される。ご寛恕願いたい。

　最後に、家族に感謝の気持ちを伝えたい。妻の典子は、自らの仕事もある中、本書の完成のために家事・育児の多くを分担してくれた。また、生活面でも仕事面でも、ちょっとしたことですぐに悩んでしまう筆者を精神的にも支えてくれた。本書は、二人三脚で作り上げた成果であると思っている。家業を継がず、自由な道を歩むことを許してくれた郷里徳島の両親にも感謝したい。

2017年12月

　　　　　　　　　　　　　　　　　　　　　　　　北島　周作

　本書の刊行にあたっては、JSPS科研費JP17HP5137の助成を受けた。また、本書のもととなった研究について、JSPS科研費JP05J10839、JP22330009、JP24530031、JP26285007、JP16H01991の助成を受けた。

初出一覧（ただし、いずれも内容を大幅に修正し、再構成している）

序章、第1章、第1章補論、第2章、第3章第1節
　「行政上の主体・活動・規範（1）～（6・完）」
　　国家122巻1＝2号51頁、3＝4号133頁、5＝6号66頁、7＝8号59頁、
　　9＝10号72頁、11＝12号120頁（2009年）

序章、第3章第2節（第3款を除く）
　「行政上の主体と実定法」
　　宇賀克也ほか編『現代行政法の構造と展開』（有斐閣・2016年）59頁

序章、第3章第2節第3款1
　「公的活動の担い手の多元化と『公法規範』」
　　法時85巻5号（2013年）23頁

第3章第2節第3款2
　「書き下ろし」

目　次

はしがき　*i*
初出一覧　*x*
目　次　*xi*
凡　例　*xiv*

序　章　問題提起 … *1*
 1　問題の所在　*3*
 2　本研究の視点　*7*
 3　本書の内容　*15*

第1章　行政法学と行政上の主体 … *17*
第1節　行政法学における対応の現状 … *19*
 第1款　主体に対する無関心 … *19*
 第2款　行政上の主体の多様化に伴う問題 … *24*
 第3款　行政主体の問題と主体・権限・事務帰属の判別問題の関係 … *27*
第2節　主体・権限・事務帰属の判別問題 … *31*
 第1款　委任行政の理論 … *31*
 第2款　委任行政の理論の分析 … *33*
 第3款　判別問題の再検討 … *40*
第3節　行政主体の問題 … *49*
 第1款　行政主体論の内容 … *49*
 第2款　行政主体論に対する批判 … *57*
 第3款　行政主体論の限界と新たな方向性
  　　　——特殊法人等の情報公開をめぐる議論 … *60*

第1章補論　公法人（公共団体）論の検討 … *77*
 1　はじめに　*77*
 2　公法人概念とその意義に対する批判　*77*
 3　美濃部達吉の公法人論　*85*

第2章　イギリス行政法における対応……97

序論　検討の意義とイギリス司法審査制度の概要……99
  1　検討の意義　*99*
  2　司法審査制度の概要　*101*

第1節　データフィン判決とその問題点……111
第1款　判決の内容……*111*
第2款　判決の分析と課題……*118*

第2節　判例の展開と分析……*124*
第1款　判例の展開……*124*
  1　広告基準機構判決　*124*
  2　マッシングバードムンディ判決　*127*
  3　ラム判決　*133*
  4　チーフラビ判決　*140*
  5　サッカー協会判決　*144*
  6　アガ・カーン判決　*150*

第2款　判例の分析……*159*
  1　公的要素・権力の性質の基準　*160*
  2　同意・契約・私的審判所の基準　*165*
  3　課　題　*168*

第3節　学説の検討……*171*
第1款　理論的正当化の次元の問題……*172*
第2款　内容の次元の問題……*180*
  1　functional アプローチ　*181*
  2　公法と私法の共通性に関する理論──オリバー　*189*
  3　その後の判例の動向　*192*

第4節　1998年人権法6条の問題……*198*
第1款　他分野における展開……*198*
第2款　人権法6条における public authority に関する議論……*199*

第3章　日本における公法規範……*211*

第1節　日本の問題の再検討……*213*
第2節　行政上の主体と実定法……*219*
第1款　行政上の主体と実定法の関係……*219*
第2款　規律対象という視点からの実定法の分類……*221*
第3款　行政上の主体と行政上の法の一般原則・判例法理……*227*
  1　行政上の法の一般原則　*227*

　　　　2　行政裁量の審査と私的裁量の審査　*233*
第4款　行政上の主体と行政事件訴訟法……………………………*243*
　　　1　行政事件訴訟法の規定　*243*
　　　2　立法による対応　*246*
　　　3　司法による対応　*250*
　　　4　終わりに　*267*

事項索引　*269*

凡　例

判例集・雑誌等略語一覧

民（刑）録	大審院民（刑）事判決録
民（刑）集	最高裁判所民（刑）事判例集・大審院民（刑）事判例集
下民集	下級裁判所民事判例集
行裁例集	行政事件裁判例集
判時	判例時報
判タ	判例タイムズ
金判	金融・商事判例
最判解	最高裁判所判例解説
ジュリ	ジュリスト
論究ジュリ	論究ジュリスト
法教	法学教室
法時	法律時報
国家	國家學會雑誌
民商	民商法雑誌
法協	法学協会雑誌

英語雑誌・判例集略語一覧

AC	Law Reports, Appeal Cases
ACD	Administrative Court Digest
Admin LR	Administrative Law Reports
All ER	All England Law Reports
BMLR	Butterworths Medico-Legal Reports
Ch	Law Reports, Chancery Division
CJQ	Civil Justice Quarterly
CLJ	Cambridge Law Journal
COD	Crown Office Digest
JLS	Journal of Law and Society
KB	Law Reports, King's Bench Division
LGR	Local Government Reports
Lloyd's Rep	Lloyd's Law Reports

LQR	Law Quarterly Review
MLR	Modern Law Review
PL	Public Law
QB	Law Reports, Queen's Bench Division
WLR	Weekly Law Reports

序　章

問題提起

1　問題の所在

(1)　小早川光郎は、行政法学が学問として連続性を持って考察の対象としてきた行政法とは「行政に固有な法の体系」であるとした上で、「行政」とは「私的」なものではなく「公的」なものであるとした。すなわち、小早川は、遠藤博也の言葉を借りて、「行政」とは、「社会管理」（人間が置かれた一定の状況を個々人の問題として放置するのではなく、社会自身の問題として、「公共の福祉」ないし「公益」の観点から管理する）という課題を達成するための仕事であるが、社会管理の仕事全てが行政にあたるとされるわけではなく、それは国家の観念による特殊な限定を伴い、その中でも「公的なもの」——国・地方公共団体の事務（＝公の事務）として処理されるもの——としていた[1]。

しかし、近年、かつては国・地方公共団体といった典型的な行政主体（以下、「典型行政主体」とする）によって直接行われ、公の事務として、行政法学の考察対象となっていた（あるいはなるはずであった）活動が、様々な法的手段によって、典型行政主体にあたらない様々な主体によって履行されるようになっている（あるいは、そのような形での履行の存在が強く認識されるようになってい

---

1)　小早川光郎『行政法上』（弘文堂・1999年）1-10頁。なお、「社会管理」という言葉について、小早川は、遠藤博也「行政法学の方法と対象について」『行政法学の方法と対象』（信山社・2011年、初出1977年）5頁を参照している。遠藤は、この社会管理という概念を中心に行政組織に関する議論を展開する（いわゆる機能的行政組織論。遠藤博也『行政法Ⅱ（各論）』（青林書院・1977年）79頁以下参照）。

2)　国の内閣等は、憲法が直接に設置する統治のための組織であり、国の行政各部と地方公共団体は、憲法が設立を予定している統治のための組織である。中川丈久「行政による新たな法的空間の創出」土井真一編『岩波講座憲法4 変容する統治システム』（岩波書店・2007年）195、203頁以下。ただし、同じ統治のための組織であっても、本来、国と地方公共団体は区別して論じられるべきであろう。飯島淳子「地方自治と行政法」磯部力ほか編『行政法の新構想Ⅰ』（有斐閣・2011年）193、194頁は、「現代行政法学の課題は、近代法原理の限界にかんがみるならば、地方自治をも主たる対象として、公＝国という措定に対し、国とならぶ公法人かつ領域団体である地方公共団体の公のなかでの存在意義を究明し、同時に、より広い視野から、公私の峻別に対し、公と私のそれぞれの意義および両者の関係を問い直すことであろう」とする。ただし、本書では、そうした問題に本格的に立ち入る余裕はないため、便宜上、国と地方公共団体をあわせて、典型行政主体と表現することにした。

る)。すなわち、戦前より、公共組合などの例はあったが、戦後、主として行政実務上の必要から、特殊法人、認可法人と呼ばれる法人群が現れた。さらに、近年、法人化・民営化が進められることにより、国・地方の独立行政法人、各種民営化会社などが登場するとともに、民間委託の推進により私人の存在感が増し[3]、また、諸種の特性を持った団体である、地域団体の活動や[4]、業界団体等の自主規制活動が活用される例も目立つ[5]。[6]

このような主体の多様化をもたらしている要因は、行政組織のスリム化、行政コストの削減、規制改革、市場原理の活用、グローバル化など多岐にわたるが[7]、いずれにせよ、現在、公の事務として考察の対象となっていた、あるいはなるはずであった活動が、典型行政主体だけでなく、多様な主体により担われるようになっていることは間違いない（以下、このような主体を「行政上の主体」と呼ぶことにする）。[8][9]

---

3) 法人化、民営化について、山本隆司「民営化または法人化の功罪（上）（下）」ジュリ1356号27頁、1358号42頁（2008年）。

4) 組織形態の変更に限定されない広い意味での民営化に関する具体的事例と行政法学上の論点を広く扱うものとして、角松生史「行政活動の民営化と行政法学」行政法研究8号（2015年）107頁。

5) 斎藤誠「地域協働と行政法」『現代地方自治の法的基層』（有斐閣・2012年、初出2006年）492頁。

6) 原田大樹『自主規制の公法学的研究』（有斐閣・2007年）。関連して、医師会等の専門職集団が自主的に定立した「専門職自主法」とその位置づけに関する研究として、安田理恵「行政法を構成する専門職自主法（1）～（4・完）」名古屋法政論集248号123頁、249号63頁、251号297頁、253号441頁（2013-2014年）。

7) 主体の多様化と密接にかかわる公私協働の根拠として、山本隆司「日本における公私協働」稲葉馨ほか編『行政法の思考様式』（青林書院・2008年）171、193頁以下参照。なお、これらのうちグローバル化による、行政上の主体の多層化の問題については、立ち入ることができない。グローバル化と行政法の関係については、関係する文献も含めて、原田大樹「グローバル化と行政法」髙木光ほか編『行政法の争点』（有斐閣・2014年）12頁参照。

8) こうした多様化は世界的な傾向といえよう。各国における具体的状況については、岡村周一ほか編『世界の公私協働』（日本評論社・2012年）の諸論文、この分野においてわが国で参照されることが多いイギリスの諸制度については、榊原秀訓編『行政サービス提供主体の多様化と行政法』（日本評論社・2012年）の諸論文を参照。

9) 山本隆司「行政の主体」磯部力ほか編『行政法の新構想Ⅰ』（有斐閣・2011年）89、104頁は、「組織としての『行政の主体』」と「『行政の主体』のネットワークへの解体」を捉えて、「国民全体を平等に構成員とする国の組織から、分節化・開放化された国の組織、自治組織、公私混合組織を経て、公的組織と協働する私的主体、公的組織によって特別な参加権または受給権を認められ、あるいは特別な規制を受ける私的主体へと至」り、「公的組織と私的主体

(2)　それでは、こうした行政上の主体の多様化に対して行政法ないし行政法学はどのように対応すべきであろうか。既に述べたように、行政法学は、社会管理機能の中でも「公的なもの」――国・地方公共団体の事務（＝公の事務）として処理されるもの――を行政とし、そうした意味での行政に固有の法たる行政法について、様々な法規範（法の原理および準則）を一個の体系として提示することを目指し、その中で法の現状を認識、記述し、あるいは法の現状を変革しようとしてきた。[10] したがって、そうした営為により構築されてきた現在の行政法の理論は、基本的には典型行政主体の活動を前提としたものといえる。しかし、主体の多様化が進展してきた場合、それに対する本格的対応が行政法学に対して求められることになる。本書の目的は、そのような対応を検討することにある。

　行政上の主体の多様化への対応の問題に関しては、典型行政主体を代表とする行政主体に対して、そうではない（私人である）行政上の主体がかかわることから、（広い意味での）公私協働に関する議論として一般に認識されており、既に多くの行政法学上の先行研究が存在するところである。[11] ここで直ちに、先行研究それぞれについて、詳細に取り上げることはできないが、傾向として、「公法規範」の不適用を問題視し、それに対する対応を試みようとする点、そして、そうした試みは、制度設計のための理論的な基礎の提供を指向するものが多いという点を指摘することができる。

　まず、前記のように、従来の行政法学は、典型行政主体の事務（＝公の事務）を対象として様々な法規範を提示してきたし、また、そうした行政法理論とかかわる実定法制も、概ね、典型行政主体の活動に対する固有の規律を

　　との間の一般的な規制、給付、参加の関係に連続する」と表現するが、本書の「行政上の主体」は、こうした行政に係る多様な主体を包括する概念として用いている。
10)　小早川・前掲注1) 2頁以下。
11)　関係文献を含め、この分野をリードしてきた山本隆司の（公私協働の担い手である主体（法人）に関するものも含む）一連の論稿（前掲注7）、前掲注9）に加え、同「公私協働の法構造」碓井光明ほか編『公法学の法と政策下巻』（有斐閣・2000年）531頁、同「行政組織における法人」小早川光郎ほか編『行政法の発展と変革上巻』（有斐閣・2001年）847頁、同「日本における公私協働の動向と課題」新世代法政策学研究2号（2009年）277頁など）を参照。

内容とする法規範の適用を中核としてきた。そこでは、主体が典型行政主体であることが、行政法学と実定法制が扱うそのような法規範（以下、「公法規範」と呼ぶことにする）の適用が見出される基本的な前提条件として存在することになる。そのため、従来、典型行政主体により行われていた活動が、典型行政主体にあたらないと考えられる主体により行われることになると、公法規範の射程から外れることが危惧され、基本的に射程を拡大する方向で対応が試みられることになる。[12] 近時の個別分野・制度に限定されない一般的なものに限っても、こうした問題に対して、波及的正統化責任論、私行政法論[13]、再規制論[14]、公共部門法論[15]、保障（証）行政論[16]、一般公役務法論[17]など、多様な理論的な試みがなされているところである。[18] かつて、契約等の私法形式による行政活動が増加したおりに「私法形式への逃避」が問題視され、それに対応するために行政私法論が登場したが[19]、行政私法論が活動の属性の次元における公法規範の「潜脱」問題に対する対応であったとすれば、現在取り組まれている行政上の主体の多様化への対応は、主体の属性の次元における公法

---

12) このような問題意識について、関係文献を含め、板垣勝彦『保障行政の法理論』（弘文堂・2013 年）6 頁以下参照。また、対応の方向性について、「行政法拡大モデル」として位置づけるものとして、前田雅子「行政法のモデル論」磯部力ほか編『行政法の新構想 I』（有斐閣・2011 年）21、30 頁。

13) 波及的正統化責任論、私行政法論については、山本隆司の一連の論稿（前掲注 11）参照）で言及されているが、特に、山本・前掲注 7 ）注 9 ）を参照。

14) 人見剛「公権力・公益の担い手の拡散に関する一考察」公法研究 70 号（2008 年）174 頁、原田大樹『公共制度設計の基礎理論』（弘文堂・2014 年）114 頁以下など。

15) 原田・前掲注 6 ）265 頁以下。

16) ドイツの保障（証）行政論に関する文献は多いが、代表的な業績として、板垣・前掲注 12)。なお、「保障」と訳されることが多いが、山田洋「『保証国家』とは何か」『リスクと協働の行政法』（信山社・2013 年、初出 2009 年）47 頁は「保証」と訳す。

17) 磯部力「行政システムの構造変化と行政法学の方法」小早川光郎ほか編『行政法の発展と変革上巻』（有斐閣・2001 年）47 頁。

18) なお、わが国の行政法一般理論において、以上で見た行政上の主体の多様化に対する対応も含む、「公的事務の民間化・契約化」にあたり、行政が果たすべき役割や責任を正面から議論する場として、「行政役務法総論」という領域を行政法総論と並ぶ行政作用法のもう一つの柱として構想する必要を説くものとして、亘理格「公私機能分担の変容と行政法理論」公法研究 65 号（2003 年）188、196 頁。

19) 行政私法について、成田頼明「行政私法」同編『行政法の争点』（新版、有斐閣・1990 年）26 頁参照。

規範の「潜脱」問題に対する対応であるといえる。

次に、以上の公法規範の「潜脱」問題に対応する理論的試みの多くは、主として制度設計を指向するものであることが特徴として指摘できる。すなわち、具体的な制度における法解釈（多くの場合、公法規範の射程を拡張する解釈）の理論的基礎を提供することも企図されているが、むしろ、具体的な制度構築の際に、対象領域において公法規範をある程度及ばせるための理論的基礎を提供することに主眼が置かれているものが多いように思われる[20]。その理由としては、制度変革期においては、行政法学に制度設計のための理論が直接的に求められたことや、明文の規定なしに法解釈により対応することは困難な場合が多いこと、行政主体間関係論における成田新幹線訴訟のような議論を誘発する具体的紛争事例がそれほど出てこなかったためと考えられる[21]。

以上に対して、本書では、公法規範と私法上の規範の相対化と、裁判所による法解釈を通じた対応という二点に着目したい。

2　本研究の視点

(1)　従来の研究が公法規範の「潜脱」への対応を企図していたのは、制度改革によって新たに生じた領域において、公法規範の射程に入らない場合には、私法上の規範が適用されることになると考えられるところ、このように、いわば、受け皿として私法上の規範が適用されることへの危惧があったためであると考えられる。すなわち、私的自由の妥当する私法の領域は、公法規範の適用される公法の領域からすると、いわば「原野」のようなものとして認識されてきたように思われる。行政法学は、制度改革において発生した新たな土地を、そのままでは私法が適用される開拓すべき原野と見なし、公法規範が適用される主体ないし活動をその理論を用いて拡張することで、公法の適用領域を拡大し、あるいは、母屋である公法の領域の設計思想を用いて、

---

20)　ただし、磯部・前掲注17) 50頁以下は、むしろ、行政法理論の機能というものを、もっぱら行政の裁判的統制の場面に限局して捉えてきたのがこれまでの行政法の方法であるが、それでは狭すぎるのであり、行政法理論は、行政に関する政策決定や法制度設計にあたっても、頼りになる規範的な判断基準を提供しうるだけの法論理体系と方法を持つべきであるとする。

21)　最判昭和53年12月8日民集32巻9号1617頁。

新たな秩序を構築する（その過程でしばしば母屋自体の改築も伴う）ことで、制度改革において発生した領域に、ある程度公法規範が適用されることを目指してきたように思われる。しかし、問題は、果たしてその土地は本当に開拓すべき原野であったのかという点である。この点について、次の宅地建物取引業保証協会に関する事件を素材として考えていきたい。

(2) 宅地建物取引業法（以下、「宅建業法」とする）は、宅地建物取引業保証協会（以下、「保証協会」とする）の制度を定めている。保証協会制度は、1972年の宅建業法改正で導入された制度である。保証協会は、宅地建物取引業者（以下、「宅建業者」とする）のみを社員とする一般社団法人が、国土交通大臣に申請をして、法の定める一定の業務を行う者として指定されたものである（宅建業法64条の2。以下、特に断りがない限り条文は宅建業法のもの。なお、いわゆる公益法人改革以前の2006年改正前の法律においては、民法旧34条に基づく公益社団法人が指定されるものとされていた）。宅建業法は、保証協会の業務として、社員の取り扱った宅地建物取引業に係る取引に関する苦情の解決（64条の3第1項1号）、宅地建物取引士その他宅地建物取引業の業務に従事する者等に対する研修（同2号）、社員と宅地建物取引業に関し取引をした者等の有するその取引により生じた債権に関し弁済をする業務（以下、「弁済業務」とする）（同3号）を適正かつ確実に実施しなければならないとしている。

以上の業務のうち、後で紹介する事例との関係で、弁済業務についてのみ説明する。宅建業法は、宅建業者による債務不履行に備えて、取引の相手方保護を目的として、営業保証金の制度を設けている。宅建業者は営業を開始する際に政令で定める額の営業保証金を供託所に供託するものとされ（25条）、当該業者と取引をした者は、その取引により生じた債権に関し、供託された営業保証金について、その債権の弁済を受ける権利を有するものとされている（27条）。保証協会による弁済制度は、この営業保証金の制度を代替するものである。すなわち、宅建業者は、保証協会の会員となれば、その加入時に営業保証金よりかなり安価な弁済業務保証金分担金（後掲の事案では、1000万円の営業保証金に対して、60万円の弁済業務保証金分担金）を保証協会に納付することによって、営業保証金の供託義務を免除されるという仕組みになっ

ている（64条の13）。保証協会は、納付を受けた弁済業務保証金分担金の額に相当する額の弁済業務保証金を供託所に供託し（64条の7）、当該業者と取引をした者は、その取引により生じた債権に関し、当該業者が保証協会の社員でなければ供託すべき営業保証金の額に相当する額の範囲内で、供託された弁済業務保証金について、弁済を受ける権利を有するものとされている（64条の8）。

問題の事件は、この保証協会による加入拒否に関するものである。Xが、保証協会Yへの加入を希望し、入会の申込みをしたものの、Yは、その定款施行規則（以下、「本件規則」とする）において、全国宅地建物取引業協会連合会の会員たる各都道府県宅地建物取引業協会（以下、「業協会」とする）の会員であることを入会資格として定めていたことから、業協会の会員ではないことを理由にXの加入を拒否した。そこで、Xが、本件規則は宅建業法および定款に違反して無効であり、当該入会拒否は不法行為を構成するとして、Yに対して損害賠償請求等を行ったものである。

(3) 本書の問題関心から重要なのは、この保証協会の（その構成に関する事項も含む広い意味での）活動に対する統制の内容である。前記のように保証協会は、法定の活動をするものとされ、宅建業者は、加入することにより、法令の適用上大きな優遇措置を受けることになる。この保証協会制度は、業界団体による集団保証による消費者の保護を行いつつ、業者の営業保証金の負担軽減を図ることを目的としたものとされている[22]。このような仕組みは、国家による直接的な規制と並行して、私的団体の自主規制活動を活用するものといえる。

このように法的仕組みの一部とされた私的団体の活動に対して、どのような内容の統制が加えられるかが問題となる。同じく私的団体の活動といっても、制定法上の権限を直接に行使する場合など私的活動としての性格が稀薄と思われるような場合と異なり、その加入拒否は、当該団体の構成員の決定という、憲法上の結社の自由と密接にかかわる活動である[23]。他方で、そのよ

---

22) 第68回国会衆議院建設委員会議録25号9頁（葉梨信行委員）。
23) 結社の自由と構成員の差別の問題について、高橋和之『立憲主義と日本国憲法』（第4版、

うな私的団体の私的活動であるといっても、営業保証金制度を代替するものとして導入されたという事情や、入会資格の設定とそれに基づく入会の承認は、社員であることが、営業保証金を免除されるという大きな利益をもたらすことを考えると、そのあり方について、直感的には、通常の私的団体の活動とは異なる取扱いがなされるべきであるようにも思われる。本来、このような制度を作る場合には、適切な理論に基づいて、制定法上適切な要件を設定しておくべきであろう。しかしながら、議員立法により導入されたためか、宅建業法は、保証協会の入会資格に関して、保証協会に指定される要件として、宅建業者のみを社員とするものでなければならないとし（64条の2第1項2号）、また、社員の加入等につき、複数の保証協会の社員となれない（64条の4第1項）といった定めを置くに止まる。このように制定法上、明文の規定がない場合には、保証協会の行った入会資格の設定がどのように統制されるかは、裁判所が法律の解釈などの形で決定せざるを得ないことになる。

(4) ここで、本件事案における東京高裁の判断について考えてみたい[24]。

東京高裁は、民法旧34条に基づく社団法人については、目的・事業に適合した社員の資格を公序良俗に反しない限り自由に定めることができるのが原則としつつ、しかしながら、当該社団法人が、「国又は地方公共団体から法令に基づいて指定を受け、法令により定められた事業を行うことにより、その社員が、社員でない者よりも法令の適用上優遇措置を受ける場合には、当該社団法人は、その目的及び行おうとする法令により定められた事業の性質との関係で具体的に合理性のある社員資格を定めることができるに止まり、目的及び行おうとする法令により定められた事業の性質との関係で具体的に合理性の認められない社員資格の定めは、公序良俗に反するものとして効力がないものと解するのが相当である」とした。そして、保証協会は、「宅建業法に基づく営業保証金相当額の弁済業務……その他の業務を行うことを目

　　　有斐閣・2017年）253頁を参照。
　24)　東京高判平成15年7月31日判時1845号68頁。ここでは、後述の「公法的視点」が比較的うかがえる高裁判決を取り上げる。なお、最高裁は、本件入会資格要件は合理的なものであり、公序良俗に違反しないとしている（最判平成16年11月26日判時1881号76頁）。

的とし、その目的を達成するために宅建業法64条の3第1項ないし第3項に規定する等の事業を行おうとするもので、宅建業法64条の3第1項の業務を行う者として当時の建設大臣の指定を受けてそれらの業務を行っているものであり、被控訴人の社員（会員）は、弁済業務保証金分担金60万円を同協会に納付することによって、一般の宅地建物取引業者が宅建業法25条に基づいて必要とされる営業保証金1000万円を供託することを要しないという極めて大きな経済的利益を享受することができるものである」ことから、これに当てはまるとし、「建設大臣の指定を受けて宅建業法64条の3第1項所定の公的な業務を行う被控訴人の社員であることにより宅地建物取引業者が享受できる極めて大きな経済的利益を、合理的理由のない社員資格を定めて、その資格を有しない者に享受させないことは、法の下の平等を定める憲法の下の私法秩序に反するからである」と指摘する。

　以上の判断において、東京高裁は、本件のような法人の場合には、設定される社員資格について目的・事業の性質との関係で合理的なものでなくてはならないとしており、これは、そうではない通常の（民法旧34条の）社団法人よりも、社員資格設定の自由が限定されると判断しているものと見ることができる。しかしながら、他方で、いかなる要素をそうした社員資格設定の自由を制限する要素として見たのか、必ずしも明らかではない。すなわち、東京高裁は、保証協会が、通常の社団法人と異なり、法令に基づいて指定され、法令により定められた公的な業務を行い、社員について法令の適用上優遇措置を受けることを、自由の制限の根拠としているのであるが、ここで、自由を制限する要素として評価されているのが、保証協会の活動が法令に基づく指定を受けて行われるもので、公的性格を持ったものであるという点であるのか、それとも、極めて大きな経済的利益の配分が（一方的な判断によって）行われるという点であるのか、必ずしも明らかではない。この点、後者の要素が評価されたとすると、独占的地位にある私的団体の行う自主規制活動の統制に関する判断と見ることになるが、前者の要素が評価されたとすると、理論的整理の詳細はともかくとして、行政法学上、指定法人と整理されてきた法人による活動の統制に関する判断と見る余地が出てきそうである

(以下、前者の見方を公法ないし行政法的視点（単に「公法的視点」とする）、後者の見方を私法的視点と呼ぶことにする）。なお、「法の下の平等を定める憲法の下の私法秩序に反する」というくだりは、保証協会が、少なくとも国・公共団体といった憲法が直接適用される主体ではないことを意味するに止まり、公法的視点に立ったものか私法的視点に立ったものかを特定する決め手になるものではない。[25]

(5) しかし、改めて考えてみると、この場合、裁判所による紛争解決という点では、どちらの視点に立ったのか厳密に特定する必要もないように思われる。というのは、いずれの視点に立っていたとしても、第一に、社員資格設定の自由が一定範囲で制限されるという点、第二に、その制限の程度は法

---

[25] これに対して、公法的視点を強く打ち出している裁判例として、大阪高判平成14年7月3日判時1801号38頁がある。この事案は、兵庫県と神戸市が設立した財団法人が、被災者生活再建支援法制定の際の附帯決議を踏まえて創設された被災者自立支援金制度において、同制度実施要綱に基づいて支援金支給申請却下処分を行ったところ、要綱に定められた基準が憲法または公序良俗に違反して無効であるとし、贈与契約に基づく支援金の支払い等を求めたものである。大阪高裁は次のように判示している。（本件財団法人は）「民法上の財団法人ではあっても、高度の公益目的を有する極めて公共性の強い法人で、法形式はともかく、実質的には地方公共団体に準ずる性質の法人であるといっても過言ではなく、また、本件自立支援金制度自体も、高度の公益目的を有するものであり、被災世帯に自立支援金を適正に支給すべきことを目的とする制度であるから、贈与契約の申込みの意思表示たる自立支援金の支給申請に対して、控訴人が承諾の意思表示をするか否かについて、私人として完全な自由を有しているということは到底できず、公平・平等な取扱いをすることが要求されるというべきである」。「したがって、例えば、全ての支給要件を満たす者による自立支援金の支給を却下することが許されないのはもちろんのこと、合理的理由のない差別となる支給要件を実施要綱の中に規定することは、許されないといわなければならない」。「仮に、このような合理的理由のない差別となる支給要件が実施要綱に規定された場合には、当該条項それ自体は公序良俗に違反し、無効となるというべきである」。この判決は、財団法人が実質的に地方公共団体に準ずる性質の法人であることを重視しているように見える。山村恒年は、本判決について、「行政処分に準ずる制約を認めた」ものと評価するが、これは「給付行政が、形式的に分権化、民営化されたことにより契約自由の原則によって、給付行政の拒否行為について争えないというのは、実質的法治主義に反するものといわざるをえない」という考えによる。山村恒年「新公共管理とアカウンタビリティ（説明責任）」同編『新公共管理システムと行政法』（信山社・2004年）48、53頁。なお、阿部泰隆は、本件事案について、公金を配分しているものであるから、平等原則の適用を受けて、恣意的な配分は違憲とすべきであるとする（阿部泰隆「基本科目としての行政法・行政救済法の意義（四）」自治研究77巻7号（2001年）3、17頁）。同判決の評釈等として、伊賀興一「被災者自立支援金訴訟の記録」賃金と社会保障1341号（2003年）4頁、山崎栄一「判批」法政研究（九州大学）69巻4号（2003年）171頁、遠藤美奈「判批」賃金と社会保障1361＝1362号（2004年）122頁などがある。

令上明確ではなく、裁判所が事案に即して判断する点において変わりはなく、結論に顕著な差が出てこないように思われるからである。そうすると、ここでは、裁判所は、両者の視点をともに用いて結論を導き出していると見ることもできる。このような仮説があたっているとすると、かかる手法に対しては、先ほど示した本書の問題意識からは次のようなことがいえよう。

　第一に、本書の関心の対象である国・地方公共団体以外の行政上の主体が活動を行う場合に生じる問題状況は、公法的視点だけでなく、私法的視点からもアプローチが可能な問題ではないかということである。すなわち、この領域は、国・地方公共団体が命令・強制といった公権力の行使にあたる行為をするような状況と異なり、少なくとも、従来、行政法が明確に対象としていた領域ではなく、そのため、前記のような公法規範の「潜脱」が危惧される領域なのであるが、実は（民法、商法、労働法、経済法等）私法によっても対応されてきた領域でもある。本件事案の判例評釈等では、いずれも民事法研究者によるものであるためか、もっぱら私法上の理論・裁判例に照らして分析、定位されており、行政法学における指定法人に関する議論等を参照した公法的視点からの分析はされていないが、それは、裏返せば、私法上の理論・裁判例による対応可能性を示すものである[26]。しかも、その領域において私法が形成してきた私法秩序は、行政法学が危惧するような原野ではなく、少なくとも行政法学が公法規範の適用によって実現しようとしているものと、同内容か、少なくとも同一の方向を向いたものでありそうである。

　そうすると、ここでさらに問題となるのは、公法規範によって私法秩序を上書きすることで、何を達成することができるのかということである。先ほど示した例のように、受け皿となる私法秩序が公法規範に親和的なものであれば、あえて上書きすることにどういった意味があるのかが検討されなくてはならない。その意味で受け皿となる私法秩序の内容の検討は大きな意味を

---

26) 本件事案の判例評釈として、高裁判決について、後藤元伸「判批」判例評論549号（2004年）11頁、白鳥公子「判批」ジュリ1306号（2006年）180頁、最高裁判決について、中村肇「判批」法の支配138号（2005年）90頁、後藤元伸「判批」民商132号4＝5号（2005年）164頁、星野豊「判批」ジュリ1324号（2006年）125頁など。いずれも私法的視点から分析がなされている。

持つ。仮に同一内容の規律がなされているとするならば、公法規範により達成される規律内容は、実は私法とある程度共通の土壌を持ったものである場合もあるのではないかとも考えられる。もしそうであれば、公法規範の射程から外れることは、公法が実現してきた規範からの解放を必ずしも意味しないことになり、あえて上書きをする必要はなくなるように思われる。さらにいえば、私法における主体・活動の実質に即した「公法的規範」の適用による秩序形成を観察することは、行政法における公法規範適用のための主体・活動を把握する理論の発展にも寄与するものと考えられる。すなわち、行政法学においては、主体・活動の属性が重視される傾向にあるが、こうした主体・活動を、私法の蓄積を用いて実質的に捉え直すことによって、自らの理論を発展させることも期待できる。本書では、こうした公法と私法の内容的相対性に着目したい。

　以上のような営みにおいては、裁判所による法解釈を通じた対応が重要な役割を果たす。すなわち、行政上の主体の活動の統制について、実定法において明文の規定で定められている場合は当然、原則としてそれによる。また、明文の規定で定められていなくても、明確な理論的背景を持った立法である場合には、そうした理論的背景を法解釈に反映することができる。しかし、先ほど示した例のように、明文の規定で定められておらず、また理論的背景も不明確であることが少なくないため、その場合、裁判所は、個別事案ごとに法解釈という形で対応せざるを得ないことになる。そうした法解釈の作業を行う際には、行政裁判所システムを採っておらず、司法裁判所が行政訴訟と通常の民事訴訟の両方を処理する日本においては、裁判官は、公法私法の両領域の規範に通じていることから、両者を巧みに用いることが期待できるのであり、そうした中で、私法の蓄積を用いることは、前記のような対応のための学説の最先端の理論を解釈に用いるよりも、より抵抗が少ないのではないかと思われる。本書では、裁判所による公法私法横断的ともいえる対応の存在にも着目したい。

3 本書の内容

以下、本書の検討内容を簡単に示す。

第1章では、従来の行政法学の取り組みを分析し、その限界を明らかにしつつ、新たなアプローチの萌芽を見出す。従来、行政法総論、行政救済法の領域において、あまり関心が向けられてこなかった行為の主体について、近時、「主体・権限・事務帰属の判別問題」と「行政主体の問題」という二つの問題が顕在化していることを示し、それらの問題に対応するための理論として、委任行政の理論と行政主体に関する理論を取り上げ、その内容と限界を明らかにしつつ、両者の問題にかかわる議論の中に新たな方向性を持ったアプローチの存在を見出す。なお、第1章補論では、2つの理論の源流といえる美濃部達吉の公法人論の内容を扱う。

第2章では、イギリス行政法における行政上の主体の多様化に関する判例・理論の発展について検討を行う。イギリスでは、行政上の主体の多様化に対し、証券取引分野の自主規制組織の決定について司法審査 (judicial review) の対象となるとしたデータフィン判決を皮切りとして、日本の行政訴訟にあたる司法審査の射程の拡張が判例において試みられていた。そこでは、司法審査の対象となるかを、その活動の内容・性質に照らして、司法審査の対象とし、公法原則が適用されることの妥当性から判断するアプローチ (functional アプローチ) が見られるようになっており、また、学説においても、公法原則の内容や適用範囲に関する理論的な検討が進められていることを示す。そして、さらに、こうした判例の内容を意識して制定されたと見られる、1998年人権法における人権規定の適用対象に関する議論について検討を行う。

なお、本研究が、イギリス行政法を分析の対象としているのは、データフィン判決に係る議論という本研究にとって魅力的な研究素材が存在するからである。この研究素材は、日本において参照されることが多い、ドイツ、フランスが持たないイギリス行政法の特徴――国家 (state) という概念および

---

27) *R v Panel on Take-overs and Mergers, ex p Datafin plc* [1987] QB 815.

国家法人理論を行政法学上用いないこと、行政訴訟の制度的基盤としての行政裁判所を持たず、司法裁判所が行政訴訟を所管していること等――によって生み出されたものと考えられる[28]。すなわち、イギリス行政法においては、統治機構を国家概念を用いて理解し、その活動を統制しようとする理論は発展せず[29]、また公法私法の区別の制度的な基礎となる行政裁判所も存在しなかった。したがって、イギリスにおける公法理論が拠って立つ基盤は脆弱であるため、判例や学説において形成されてきた公法原則の内容と射程について柔軟に解釈することがより容易であったものと考えられるのである[30]。

第3章では、第1章で見た二つの問題について、第2章で見たイギリス法の議論の内容を踏まえて再度見直し、そこで得られた、公法規範に焦点を当てた、立法過程司法過程、公法私法横断的検討の必要性という検討の方向性に沿って、行政に関する個々の実定法と行政上の主体との関係を検討する。具体的には、個々の行政に関する実定法について行政上の主体がいかなる意味を持つのかを整理した上で、規律対象という視点から実定法を分類、整理する。さらに、行政事件訴訟法を素材として行政上の主体との関係について具体的に検証を行う。

---

28) 司法審査請求は、通常、高等法院（High Court）女王座部（Queen's Bench）にある行政裁判所（Administrative Court）で扱われるが、この行政裁判所は、行政訴訟を扱う専門部として、司法裁判所である高等法院の女王座部の中に設けられた（前身であるクラウンオフィスリスト（Crown Office List）を置き換える形で設けられた）もので、ドイツやフランスにおけるいわゆる行政裁判所とは性格の異なるものである。以上について、Harry Woolf and others, *De Smith's Judicial Review* (7th edn, Sweet & Maxwell 2013) 897.

29) JWF Allison, 'Theoretical and Institutional Underpinnings of a Separate Administrative Law' in Michael Taggart (ed), *The Province of Administrative Law* (Hart Publishing 1997) 71. そうした定説に対して、イギリス法思想の中に存する国家概念を探求する試みとして、Janet McLean, Searching for the State in British Legal Thought (Cambridge University Press 2012).

30) ドイツにおいても公法と私法の区別解消のための理論が提言されてこなかったわけではない。例えば、ブリンガーは、公法と私法の区別を超える個別領域における共通法の理論を提唱していた。しかし、塩野宏が論評しているように、ドイツにおいてこの理論を導入することは、「人々の生活に密着した法技術の変革は、極めて困難であるというリスクが内在」し、（国家と社会の区別の否定の上に成立した）「ナチス公法学を経験した現代西ドイツ公法学には、現実における国家と社会の相対化現象に着目しつつも、この事実の盲目的促進ないし規範化には、強い抵抗が存する」といった点から困難と考えられる。塩野宏「紹介 マルティン・ブリンガー『公法と私法』」『公法と私法』（有斐閣・1989 年、初出 1969 年）146、184 頁以下。

第 1 章

行政法学と行政上の主体

第1節　行政法学における対応の現状

第1款　主体に対する無関心

(1)　本章では、行政上の主体の多様化に対して、行政法学がどのように対応してきたのかを見る。現状を分析するにあたり、まずは、現在の行政法学の体系のうち、行政作用の法的規律を主たる考察対象とする行政作用法総論（以下、「行政法総論」とする）と、そうした行政作用に対する法的救済を主たる考察対象とする行政救済法の領域において、主体がどのように考えられているのかという点から議論を始めることにしたい。

一般に、これらの領域においては、「何をするのか」という点に焦点が当てられ、「誰がするのか」という点にはあまり関心が払われてこなかったように思われる。

この点に関して、日本の行政法学をリードしてきた塩野宏は、行政過程論（行政法総論）[1]、行政争訟法・国家補償法（行政救済法）を扱う書物において「行政主体」について特に定義することなしにすませることができた理由について、行政組織法を扱う書物において次のように説明している[2]。

①行政過程論では、行政主体と私人の法的関係の特色が問題となるので、行政主体とは具体的にはどのようなものがあるか、などという議論をする必要がない。

②行政争訟法においては、取消訴訟などの処分性において公権力の行使か

---

1)　塩野の行政法の理論体系においては、通常、行政法通論または行政法総論といわれるものが行政過程論として取り上げられている。塩野宏『行政法Ⅰ』（第6版、有斐閣・2015年）96頁。

2)　塩野宏『行政法Ⅲ』（第4版、有斐閣・2012年）4頁以下。

どうかが問題となるときに、一方当事者の主体の法的性格つまり行政主体性が問題となるのではないか、という疑問も生ずるけれども、当該行為が公権力の行使にあたるかどうかは、具体的には当該法主体の性格如何ではなく、当該行為の根拠法が、これに公権力性を与えているかどうかによって決まってくる。したがって、行政主体の典型である国家の行為の中でも、公権力性が賦与されていないものもあるし、また、弁護士会のように、本来は社会の領域に帰属する団体であるけれども、所属弁護士の懲戒の場合のように、弁護士法により、公権力としての法的資格を与えられていることがある。

③国家賠償法1条が適用されるかどうかについても、その決め手は、当該行為者が公共団体の公務員であるか否かではなく、行政争訟法と同じく、当該行為の根拠規定如何による（学校教育における事故のような場合には、根拠法というよりはもっぱらそれが国公立の学校であるかどうか、つまりその学校が行政主体に帰属するかどうかが決め手になっている。ただ、これは、1条の適用の拡大の結果であるという事情があるし、このような場合には1条でいくか民法上の不法行為でいくかは結果にあまり影響を及ぼさない）。国家賠償法2条の適用については公共団体、つまりここでいう行政主体の設置管理する営造物であるかどうかが前提となる。しかし、民法の土地工作物の瑕疵による責任の場合と営造物の瑕疵による責任の場合とで、実体法上の要件に大きな差異があるのではなく、むしろ、道路とか河川のように、当該営造物の性格自体が責任要件の判断に大きな問題となる。

以上の説明は、行政過程論（行政法総論）と行政争訟法・国家補償法（行政救済法）においては、一般理論としても具体の解釈論としても行政主体が何かを議論する必要はないとするものである。つまり、行政過程論（行政法総論）における一般理論としては、行政主体と私人の関係に焦点を当て、その特色を考察対象とすることから、「行政主体とされるもの」と私人との関係を観察対象とすれば十分であり、行政争訟法・国家補償法（行政救済法）上の解釈論においては、行為形式やその内容（以下、「活動面」とする）についての実定法の解釈の問題に基本的に帰着するものと位置づけられているようである。[3]

近年、行政上の主体の多様化の問題を受け、行政法総論を扱う書物においてい

て、行政上の主体に関する記述量が増える傾向にあるが[4]、国、(地方)公共団体、その他独立行政法人等について具体的に説明するに止まるのが一般的であり[5]、例えば、行政主体概念の意義について詳しく検討したり[6]、主体の種別と行為形式等に関する総論的検討を本格的に結びつけるようなことは基本的にはなされていないように思われる[7]。

(2) 以上のような理由による行政主体に対する無関心は、それぞれ次のよ

---

3) なお、小早川光郎『行政法上』(弘文堂・1999年)136頁も、行政権の内容および範囲は、人民に対する行政の各種の作用ごとに、それぞれ関連する立法の規定を踏まえて論じられるべきものであり、一般的・抽象的な行政権概念で一括して論じてみても得るところは少なく、行政権が帰属すべき法人としての行政主体なるものを、個々の行政作用を離れた一般的な概念として論ずるのもあまり意味がなく、加えて、行政に関する立法は、行政機関および関係者の行為規範を定める場合が少なくないので、そうした場合に、それらの規定によって規律される行政上の法律関係を考察するには、国等の行政主体が人民に対していかなる権利義務を有するかではなく、行政機関がいかなる職務・権限を与えられ、その職務遂行・権限行使に関していかなる規制に服するかという枠組みのもとで考察を進めるのが適当であるとする。実定法で定められた行政作用に関する理論的分析、実定法解釈に焦点を当てることで足りるとする点で、塩野の指摘と重なるように思われる。

4) 例えば、2009年3月に出された小早川・前掲注3)の「追遺」では「その後の諸事情に鑑み」、行政主体についての補足がなされている(4頁以下)。

5) そのような記述方法を採るものとして、阿部泰隆『行政法再入門(上)』(第2版、信山社・2016年)185頁以下、稲葉馨ほか『行政法』(第3版、有斐閣・2015年)13頁以下(稲葉馨)、今村成和(畠山武道補訂)『行政法入門』(第9版、有斐閣・2012年)23頁以下、大橋洋一『行政法Ⅰ』(第3版、有斐閣・2016年)397頁以下、櫻井敬史=橋本博之『行政法』(第5版、弘文堂・2016年)36頁以下、芝池義一『行政法読本』(第4版、有斐閣・2016年)27頁以下(なお、同書は、通常行政主体と呼ばれるものを行政体と呼ぶ。これは、「行政主体の観念は、行政客体の観念と対になっている」との理解に基づき、「国民を行政客体と呼ぶことは、国民主権のもとでは適切ではない」との考えによるものと見られる。同『行政法総論講義』(第4版補訂版、有斐閣・2006年)5頁)、中原茂樹『基本行政法』(第2版、日本評論社・2015年)60頁以下、原田尚彦『行政法要論』(第7版補訂2版、学陽書房・2012年)45頁以下、原田大樹『例解行政法』(東京大学出版会・2013年)28頁以下など。

6) この点は行政組織法分野を扱う書物で説明されるのが一般的であると思われる。例外的に、藤田宙靖『行政法総論』(青林書院・2013年)16頁以下は、行政主体と私人の二元的思考について詳細に説明する。

7) 例外的に、高橋滋『行政法』(弘文堂・2016年)は、国、地方公共団体、その他独立行政法人等についての具体的説明(25頁以下)のほか、「行政事務の担い手、行政事務上の財・サービスの提供主体として位置づけられた民間等の法人」による行政事務遂行上必要な準則・基準(行政事務上の規範)の設定を取り上げるなどしている(153頁以下。なお、高橋のいう「行政事務上の規範」の詳細については、同「行政上の規範」磯部力ほか編『行政法の新構想Ⅰ』(有斐閣・2011年)245頁参照)。

うな前提に依拠することで成り立っていたように思われる。

　まず、行政主体と私人の間の法的関係を見ればよいという理由での無関心は（①）、異なったいくつかの法主体を考察の対象として行政主体という種別にまとめられることを前提としている。つまり、一定の法主体を同じ性質を持った法主体として認識できることが必要である（第一の前提）。この点、行政法学は、行政法総論において、私人、私的法主体とともに行政上の法律関係を構成するという意味での行政主体は、行政権の（帰属）主体[8]、行政上の権利義務の主体（言い換えれば、行政を行う権能を与えられた法主体）[9]、（行政という国家作用を担当する）行政機関が帰属する法主体などとし[10]、行政権が帰属する、行政上の権利義務を有するといった点で、行政主体という同種の法主体として認識してきたといえる。こうした、行政主体の概念は、それ以外の法主体（私人、私的法主体）と区別されるものであり、そもそもは統治権の主体としての国家、国家と社会の区別という思考を背景とするものと考えられる[11]。そうすると、基本的には、憲法上、統治権の主体といえる国および地方公共団体に限定されるはずである[12]。しかし、加えて、活動面で「行政」と目される作用を行う権限を（別の主体の機関としてではなく）与えられている者（法人、個人）も行政主体にあたると考えられている（前者は（行政）組織法上の行政主体、後者は（行政）作用法上の行政主体などと表現されることがある。なお、（行政）組織法上の行政主体と（行政）作用法上の行政主体の関係の捉え方については後述する）。そうすると、行政法総論における考察の対象となる行政主体は、活動面からも決定され、その範囲はそれなりに広いものとなりそうである[13]。にもかかわらず、

8）　小早川・前掲注3）134頁以下。
9）　藤田・前掲注6）16頁。
10）　塩野・前掲注1）394頁、宇賀克也『行政法概説Ⅰ』（第5版、有斐閣・2013年）2頁。
11）　藤田・前掲注6）16頁以下。
12）　憲法上の統治機構の位置づけについては、中川丈久「行政による新たな法的空間の創出」土井真一編『岩波講座憲法第4巻 変容する統治システム』（岩波書店・2007年）195、203頁以下参照。
13）　なお、この点、行政主体概念について、国・公共団体等の言い換えに過ぎない場合と、行政上の法関係を民法上の法関係から区別して、「公法関係」であることを根拠付ける場合があるという、岡田雅夫の「行政主体概念の両義性」に関する議論も示唆に富む。岡田雅夫「行政主体概念の両義性」『行政法学と公権力の観念』（弘文堂・2007年）172頁。

少なくとも行政法総論の議論においては、こうした広がりや内容の不明確さは特に意識されていなかったように思われる。それは、行政主体の作用を研究するという目的を果たす上では、行政主体性の明確な国・地方公共団体（＝典型行政主体）の作用を考察すればそれで足りたのであり、典型行政主体以外の主体の作用といったフリンジの領域をわざわざ含める必要はなかったためと考えられる。

次に、活動面に関する実定法の解釈の問題に帰着するという理由での無関心は（②③）、活動面のみを見て、行政事件訴訟法上の「処分」や、国家賠償法上の「公権力の行使」に該当する等の法的な評価を与えることができ、解釈上支障が出ないことが前提とされているように見える（第二の前提）。しかし、何が行政処分にあたるかについては、一応判別可能であるとしても[14]、塩野自身が前述の説明において認めているように、国家賠償法1条の「公権力の行使」の内容については、現在の判例では広義説が一般に採用されており、「公権力の行使」とは、国または公共団体の作用のうち純粋な私経済的作用（と公の営造物の設置管理作用）を除く作用とされているから[15]、「公権力の行使」かどうかの判断において、「国又は公共団体」にあたるかは、本来重要な要素となるはずであったし、国家賠償法2条の「公の営造物」の判定においても重要な要素となるはずである[16]。もっとも、塩野が指摘するように、主体の要素によって国家賠償法の適用対象になる場合があるとしても、国家賠償法が適用されるか民法が適用されるかは単なる手続の形式的な違いに過ぎないと捉えるならば、この点も特に問題とはならないことになる。

このように、問題を内包しつつも、その問題は一応無視できるものと判断

---

14) 行政事件訴訟法上の行政処分該当性についても主体がその判定において重要な意味を持つ場合があることについては、第3章第2節第4款を参照。
15) 宇賀克也『国家補償法』（有斐閣・1997年）25頁。
16) 後掲注19）であげる平成19年最判では、国家賠償法1条の公権力行使該当性と主体の要素との関係が問題となっている。また、民間事業者の公共施設の設置管理を念頭に、国家賠償法2条の公の営造物概念を再検討するものとして、小幡純子「『公の営造物』概念に関する試論」三辺夏雄ほか編『法治国家と行政訴訟』（有斐閣・2004年）487頁。これらの問題については、後掲注19）で説明するように、扱う論点を絞り込むために本書では立ち入った検討を行わないことにした。

され、行政法総論・行政救済法の領域においては、行政主体についてそれほど関心を寄せられてこなかったといえる。以上は、行政上の主体一般に対するものではなく、その一部である行政主体について述べたものであるが、主体の法的意義について述べたものであることから、行政上の主体一般に関する問題を考える上でも参考になるものと思われる。

第2款　行政上の主体の多様化に伴う問題

(1)　しかしながら、行政上の主体の多様化が進展することにより、以上の前提は維持することが難しくなっているように思われる。

　第一の前提に対しては、行政法総論の理論の形成という点では問題がなくとも、形成された理論の適用範囲は問題となりうる。つまり、国・地方公共団体を対象として抽出した理論がどこまで適用されるのかは、典型行政主体以外の行政上の主体の活動がフリンジに止まる限りにおいては大きな問題とならないが、それらの者の活動の存在感が増すにつれて、今後大きな問題となりうる。加えて、国・地方公共団体の活動のみを考察対象とした場合、理論の発展可能性を狭めることも危惧される。そこでは、組織法上の行政主体、作用法上の行政主体も広く対象に入れていかなければならないことになり、いかなる主体が組織法上の行政主体、作用法上の行政主体にあたるのかが問題となる（以下、「行政主体の問題」とする）。

　第二の前提に対しては、法律の適用において、主体の要素が、「単なる手続の形式的な違い」以上の意味を持つ問題が登場していることが指摘できる。この点、近年、注目を集めているものとして、国家賠償法1条における賠償責任の帰属主体の問題がある。行政主体に所属しない者が権限を付与されて国家賠償法1条における公権力の行使と評価される行為を行った場合に、当該行為に係る国家賠償法1条における損害賠償責任の帰属主体についてどのように考えるべきかという問題が、近年、具体的裁判例を伴って議論されている。この問題は、当初、指定法人ないし指定機関（以下、「指定法人」とする）の行為をめぐる理論的問題として示された。[17]すなわち、指定法人の中には、

行政事件訴訟法上の処分性が認められ、また、そのため国家賠償法1条における公権力の行使に当たると評価される行為を行うものが見られたところ、そうした行為に係る国家賠償法1条の賠償責任の帰属主体は、指定法人自身となるのか、あるいは当該指定法人を指定した者の所属する行政主体（例えば、大臣が指定した場合、大臣の所属する国）となるのかという問題の存在が示され、学説において争われた[18]。その後、この問題は、建築基準法上の指定確認検査機関の建築確認をめぐって現実化し、関係する最高裁判例（最決平成17年6月24日判時1904号69頁）も登場し、現在においても注目を集めているところである[19]。

(2)　この問題について、当初の議論においては、国家賠償法1条は、違法な行政処分に係る国家賠償については、当該行政処分に係る「事務の帰属主体」（＝当該権限行使の効果が帰属し、当該権限行使に係る法律関係を構成する主体となるという意味での事務の帰属主体。以下、本書では「事務の帰属主体」という言葉をこの意味で用いる）を賠償責任の帰属主体としているということを基本的な前提とした上で[20]、事務の帰属主体が、当該指定法人自身となるのか、指定した者の

---

17)　指定法人と指定機関という語の関係について、米丸恒治『私人による行政』（日本評論社・1999年）328、365頁以下（注12-14）。本書ではさしあたり両者を区別しない。

18)　塩野宏「指定法人に関する一考察」『法治主義の諸相』（有斐閣・2001年、初出1993年）449、468頁と、それを批判する、米丸・前掲注17) 354頁以下の対立に端を発する。

19)　なお、主体の要素が賠償責任の帰属と関係するもう一つの重要な最高裁判例として、最判平成19年1月25日民集61巻1号1頁がある。ただ、同事件では、児童養護施設の職員の養育監護行為の国家賠償法1条の公権力行使該当性と、当該公権力行使に係る賠償責任の帰属主体が問題となり、主体の要素はその両者に関係しているのであり、指定確認検査機関の行為が行政処分であることを前提として判断をしている平成17年最決よりも論点の範囲が広い（平成17年最決と平成19年最判の比較検討可能性について、山本隆司『判例から探究する行政法』（有斐閣・2012年）607頁）。こちらのタイプも、関係する下級審裁判例も多く、注目を集めていた（行政法学における先駆的な研究として、交告尚史「国賠法一条の公務員」神奈川法学30巻2号（1995年）75頁）。本書では、論点を絞り込むために、平成19年最判は取り上げず、平成17年最決のみを取り上げることにした。

20)　このような理解は学説上一般的なものと思われる。国家賠償法1条の賠償責任主体に関する学説の整理として、稲葉馨「国家賠償責任の『主体』に関する一考察(1)」自治研究87巻5号（2011年）25、29頁以下。もっとも、行政作用法理論では、付与された権限行使の効果が帰属し、当該権限行使に係る法律関係を構成する主体として、事務の帰属主体という表現をあまり用いないようにも思われる。しかし、ここでの議論では、特に、1999年の地方分権一括法による改正前の地方自治法に存在した機関委任事務のように考えることができるのか

所属する行政主体（例えば、大臣が指定者である場合、大臣の所属する国）となるのかという点に焦点が当てられていた。これは、国家賠償法1条における、行為者とその行為についての賠償責任の帰属主体である、「公権力の行使に当る公務員」と「国又は公共団体」の関係を、（少なくとも賠償責任の帰属が問題となる行為が処分である場合に）「行政処分権限を行使する行政庁」と「（作用法上の）行政主体」という作用法的な主体と機関の関係（以下、「作用法的主体機関関係」とする）と解した上で、指定法人の行う行政処分についての（作用法上の）行政主体を識別しようとするものであったといえる。このような問題設定の妥当性については後で検討するが、ともかく、そこで具体的に解決すべき問題は、ある権限が、いかなる主体に帰属する事務に係る権限として行使されているのかを判別する問題（以下、「主体・権限・事務帰属の判別問題」ないし、単に「判別問題」とする）であった。そして、学説においては、指定法人の行政処分権限の行使を、委任行政と位置づけ、指定法人自身の事務に係るものとみる見解[21]と、権限の委任とみて、1999年の地方分権一括法による改正前の地方自治法に存在した機関委任事務のごとく、委任元の事務に係るものとみる見解が対立していた。[22]

この判別問題は、特に指定法人の行う行政処分に対する国家賠償法1条の適用の場面において大きな問題となったが、問題が、ある法律が作用法的主体機関関係の枠組みに沿うものと認識され、その解釈適用において作用法的主体機関関係の把握を必要とする（そしてそれが当該法律の適用上重要な相違を生

（つまり、事務は委任元の行政主体のままで権限のみを委任したとみることができるのか）という点が問題とされている点、行政事件訴訟法においても、事務の帰属主体を権限行使に係る法律関係の帰属主体としているように見えることから（被告適格に係る11条3項、訴えの変更に係る21条1項）、本書ではこの用法を用いることにした。なお、杉本良吉は、行政事件訴訟法21条の説明において、次のように述べている。「『当該処分又は裁決に係る事務の帰属する国又は公共団体』とは、たとえば、取消訴訟の対象となっている処分が国の事務であれば国、公共団体の事務であればその公共団体をいう。当該行政庁の所属する国または公共団体（第35条）とは異なるのである。損害賠償その他の民事訴訟、当事者訴訟は、処分等の効果の帰属主体（権利主体）を当事者とするからである」（杉本良吉『行政事件訴訟法の解説』（法曹会・1963年）75頁）。

21) 塩野・前掲注18) 459、468頁。
22) 米丸・前掲注17) 354頁以下。

み出す）というものであれば、より広い場面で問題となるものと考えられる。

(3) このように、行政上の主体の多様化が進展し、その存在感が増すに伴って、第一の前提、第二の前提はともに維持することが難しくなっており、対応が必要となっている。次節においては、行政主体の問題、主体・権限・事務帰属の判別問題について、それぞれどのような理論が提示されてきたのかを見ていくことにする。ただし、その前に、この二つの問題の関係を明らかにしておきたい。

第3款　行政主体の問題と主体・権限・事務帰属の判別問題の関係

(1) 行政主体の問題と、主体・権限・事務帰属の判別問題という二つの問題への対応の内容を見る前に、この二つの問題の関係を明らかにしておく。

まず、行政主体に関する理論について、後で紹介する組織法上の行政主体に関する理論的検討の嚆矢になった塩野宏の論文では、次のように作用法上の行政主体と組織法上の行政主体とを区別した。[23]

「行政主体は、行政法学における基礎概念の一つとして、現在では広く定着しているところであるが、そこには二つの異なった意味がある。すなわち、一つは、行政上の法律関係における行政主体であって、それは、行政上の法律関係の当事者のうち、行政を担当する者を指称している。その際、行政上の法律関係論プロパーとしては、その行政の担当者の組織形態の如何は直接の関心の対象とはならないのであって、私人（個人及び法人）も行政主体となることがあると一般に説かれているのは、まさに、このことを指しているわけである。

これに対して、たとえば、柳瀬良幹氏が、『行政組織とは行政機関の系統を意味する。現在の制度においては、行政の機能は国及び公共団体に属し、即ち行政の主体たるものは国及び公共団体であるが、これらの

---

[23]　塩野宏「特殊法人に関する一考察」『行政組織法の諸問題』（有斐閣・1991年、初出1975年）3、12頁以下。

行政の主体がその権能を行使するのはすべてその機関に依る。行政組織とは即ち此の如き機関の系統をいうもので……』と述べているときの行政の主体は、行政法関係上の行政主体とは異なり、その組織形態ないしはその存立目的に着眼していることは明らかである……」。

この塩野論文以来、権限の帰属主体（本書でいう事務の帰属主体）という意味での作用法上の行政主体と、国・地方公共団体等を念頭に置く組織法上の行政主体とを区別して考えることが一般的になり、前者について、塩野も触れているように、私人でも行政主体となりうるものとして、後者の意味での行政主体とは別物として認識されてきた。後で見るように、前者については、活動面のような作用法的観点、後者については、組織形態や存立目的のような組織法的観点から導出されるものと考えられる。[24]

(2) もっとも、両者の関係についてもう少し立ち入って考えてみる必要がある。確かに、作用法上の行政主体を権限の帰属主体として捉えた場合、組織法上の行政主体にあたらないという意味での私人であっても、作用法上の行政主体となる場合があり、両者は一致しないように見える。しかし、ここでの両者の不一致について留意すべきなのは、このように私人が作用法上の行政主体となる場合には、その前提として、ある制度において私人を権限に係る事務の帰属主体として捉えることが可能でなくてはならないという点である。[25] そのような制度が許容されるならば、確かに、私人は作用法上の行政

---

24) なお、藤田宙靖は、両者の区別について、「『行政主体』とされる法主体の範囲が、適用される法の分野の違いによって、必ずしも同じではないこと、その意味においてこの概念は相対的なものであること自体については、この概念をめぐる論議が始まった当初から、論者の間に明確な認識があった。すなわち、『行政主体』には、『行政作用法上の行政主体』と『行政組織法上の行政主体』とがあり、この両者は、必ずしもその範囲を等しくするとは限らない、という認識がそれである」として、適用される法の分野の違いから生じるものと説明している。藤田宙靖「『行政主体』の概念に関する若干の整理」『行政法の基礎理論下巻』（有斐閣・2005年、初出2003年）82、88頁。

25) 「私人（個人及び法人）も行政主体となることがあると一般的に説かれている」として塩野が引用している（塩野・前掲注23）12頁）のは、杉村敏正『全訂行政法講義総論（上巻）』（有斐閣・1969年）53頁であるが、そこでは「行政法関係における権利・義務を有しうる資格を、行政法上の権利能力といい、行政法上の権利能力者を、行政法上の主体という。……行政主体としては、国家と公共団体とがあるが、私人（個人または私法人）も、例外的に、法律の定めにより行政を委任されることがある（例、所得税法第四編の規定により源泉徴収義

主体となりうるが、そのような制度が許容されるのかという問題は別に存在する。実際、作用法上の行政主体について、権限の帰属主体として単純に解決できないという認識は、学説においてももたれていたように思われる。

学説において、具体的に、私人でありながら作用法上の行政主体として位置づけられているのは、前記の委任行政の主体である。そして、塩野による委任行政の説明においては、「日本国憲法上、行政主体のみが行政作用を担当する、とりわけ公権力の行使をすべきである、という委任行政の絶対的禁止の原則は明示的には存在しない」とされる一方で、「公権力の行使を付託される組織それ自体は、原則として民主的コントロールの及ぶその意味での国および地方公共団体の行政機関であると解される。したがって、特に公権力の行使を伴う行政作用の委任については、その必要性の根拠が明確でなければならない」とされている[26]。

この記述からうかがえるのは、(ここでは、さしあたり「行政作用」の中核たる「公権力の行使」の部分についてのみ考えるとすると) 第一に、国と地方公共団体 (＝組織法上の行政主体) が原則的な公権力の行使 (権限に係る事務) の帰属主体 (＝作用法上の行政主体) であることである (したがって、原則的形態としては、両者は一致し、両者の違いは視角の違いということになろう)。そして、第二に、例外的に一定の要件を満たした上で委任行政という形式が許されること、つまり、組織法上の行政主体ではない者が、例外的に、作用法上の行政主体となるこ

務をもつ給与所得、退職所得などの支払者)」とされている。これは、後述の委任行政の概念によって説明されるもので、作用法上の行政主体が権限の帰属主体であればそれでよいということを意味するものではない。

26) 塩野・前掲注2) 124頁。また、藤田宙靖『行政組織法』(有斐閣・2005年) 158頁以下も、指定法人に対する公権力行使権限の付与について、統治権 (公権力の行使の権限および責務) を国家に独占させることこそが、近代統一国家成立の出発点であったとしつつも、「理論的に言って、統治権の国家への一元化とは、統治権の源が国家 (民主主義国家にあっては『国民』) に一元化されるということであって、国家が、憲法及び法律によって、この種の権限を国以外の法人に付与することが、およそ許されないものではない」とし、「私法人に公権力の行使を委ねる場合の実質的な問題は、何よりも、私人がこれを行うことによって、その適正さ・公正さが十分に確保されないおそれが生ずる」こと、「業務に直接携わる者が公務員ではない」ことであるといい、そうした問題に対する対処の必要性を示唆しており、そうした対処の具体例として、指定法人として指定されるための法定要件、監督制度、業務実施者についてのみなし公務員規定をあげている。

とがあるということである。そこでは、その他の理論による正当化を考えないならば、（公権力の行使に関する）作用法上の行政主体とな（りう）るのは、概ね、組織法上の行政主体と、委任行政の主体ということになる。判別問題において、委任行政の理論を援用することは、その前提として、指定法人は作用法上の行政主体としても許容されるという判断があったということになる。その意味で、判別問題は、作用法上の行政主体の許容性の問題と密接に関係している。[27]

---

27) このように、判別問題は、私人に対してどのような活動を委ねることができるかという、いわゆる民営化の限界論と関係する問題といえる。民営化の限界については、憲法上の問題を中心に様々な議論がなされているところである（多数の文献があるが、関係文献を含め、角松生史「行政活動の民営化と行政法学」行政法研究8号（2015年）107、114頁以下参照）。ここでは、さしあたり、作用法理論上の許容性の問題にのみ着目する。なお、筆者は、この問題について、活動指向アプローチを採った際に受け皿となる主体に係る理論的問題と位置づけ、やはり、美濃部達吉の理論を中心に検討したことがあり、そこでの検討は本書の内容と重なるところがある。北島周作「行政法理論における主体指向と活動指向」成蹊法学68＝69号（2008年）289頁。

第 2 節　主体・権限・事務帰属の判別問題

第 1 款　委任行政の理論

(1)　主体・権限・事務帰属の判別問題を考える上で手掛かりとなる理論として、委任行政の理論を検討する。[28]

指定法人の活動を委任行政として整理した塩野宏は、委任行政について次のように説明している。すなわち、「委任の技術は、行政機関相互のみならず、行政主体以外の個人や法人にも用いることが可能である」とし、美濃部達吉『日本行政法上巻』（有斐閣・1936 年）を引用して、学説は、これを委任行政として、行政官庁法理上の権限の委任とは別に取り上げてきたとする。そして、この「委任行政においても、行政官庁法通則と同様の法理が働くとみられ」るとした上で、委任の効果として、「受任者のした行為あるいは受任者に対してなす私人の行為が、委任者である国家のした行為あるいは国家

---

[28]　なお、日本における委任行政の理論とは別に、指定法人による行政処分権限の行使を権限の委任と見る米丸恒治が、指定法人研究の基礎としている、ドイツにおける特許・行政権限委任（Beleihung）理論の内容を検討することも考えられる。米丸・前掲注17) 23 頁以下。この理論は、わが国において、民営化・民間化（Privatisierung）論の文脈で、広く、参照、検討されてきたところである（例えば、角松生史「『民間化』の法律学」国家 102 巻 11＝12 号（1989 年）69 頁、松塚晋輔「ドイツの民営化概念(1)(2・完)」法政研究（九州大学）64 巻 4 号 69 頁、65 巻 1 号 119 頁（1998 年）、大脇成昭「民営化法理の類型論的考察」法政研究（九州大学）66 巻 1 号（1999 年）285 頁など）。しかし、本書の関心は、日本の従来の議論と結合して具体的問題解決に生かすことができるかという点にあり、この点、委任行政の理論が、日本において既に定着していると思われるのに対して、ドイツにおける特許・行政権限委任（Beleihung）理論に直接依拠するのはいまだ難しいと思われること、また、後で述べるように、判別問題の解決には、判別のための一つの理論によるのではなく、賠償責任の帰属の妥当性のような目的指向といえる別の方向からのアプローチが必要であり、そうしたアプローチの必要性を説明するためには、委任行政の理論に関する検討だけで十分であると思われることから、この理論に関する検討は行わないことにした。

に対してなした行為となる」としつつ、「この場合でも、法律関係自体は受任者と相手方私人の間に生ずるのであって、その意味で、委任行政における委任は民法上の代理の観念ではなく、行政官庁法理における委任として理解されるべきもの」とする。そして、この点が明らかになっている制定法上の例として、指定法人自身が行政不服審査法上の原処分庁として位置づけられることとなる例（火薬類取締法54条の2）、手数料収入が指定法人に帰属することとされている例（風俗営業法20条9項）を示す[29]。塩野は、「指定法人は公権力の行使を自己の権限として行い、また、多くの場合、その行為に対して手数料等を自己収入として徴収する権限が認められているところからすると、当該公権力の行使を原因とする国家賠償事件においても、当該指定法人が賠償責任主体となると解される」としており[30]、ここであげられた要素は、委任行政の説明においてあげられたものと一致することから、指定法人を賠償責任の帰属主体とする見解は、指定法人の活動をここでいう委任行政と捉え、自ら法律関係の主体となるとする理解に基づいているものと思われる。

(2) 塩野の委任行政の理論は、指定法人の研究を通じて発展した面があるように思われる。すなわち、それは、美濃部達吉にその源流を有する伝統的学説における委任行政の理論をベースとしつつ、指定法人に対する指定を権限付与と捉えた上で、行政組織内部での権限移動の法技術である行政官庁法理上の権限の委任の理論の内容を組み合わせたものと見られる[31]。その意味で、それは、伝統的な委任行政の理論そのままではない[32]。もっとも、行政官庁法

---

29) 塩野・前掲注2）122頁以下。
30) 塩野・前掲注18）468頁。なお、塩野宏『行政法Ⅱ』（第5版補訂版、有斐閣・2013年）303頁以下においては、指定法人は、「機関委任事務と異なり公権力の行使を自己の権限として、自己の計算によって行うものとして、国家賠償法上の公共団体とみるべきものである」としている。
31) 権限の委任の理論について、菊井康郎「権限の委任と代理」田中二郎ほか編『行政法講座第4巻』（有斐閣・1965年）131頁、田中二郎『新版行政法中巻』（全訂第2版、弘文堂・1976年）36頁、遠藤文夫「行政機関相互の関係」雄川一郎ほか編『現代行政法大系第7巻』（有斐閣・1985年）159、173頁以下、佐藤功『行政組織法』（新版・増補、有斐閣・1985年）232頁以下等を参照。
32) 本文で述べたように、塩野の委任行政の理論は、伝統的な委任行政の理論に、同じ「委任」という言葉を用いた行政官庁法理上の権限の委任の理論を組み合わせたという点に特徴

理にいう権限の委任は、通常は同一行政主体内の機関間の権限移動（典型的には上級庁から下級庁への権限移動）を想定しているため主体の変更は基本的に問題とされず、その塩野の委任行政の理論において果たす役割は、委任者と受任者との関係を考察するにあたっての理論的基礎を提供するところにある。そして、行政処分等の公権力の行使権限を自らの権限として行使し、相手方との法律関係の主体となる（本書でいう事務の委任にあたる）という部分は、伝統的な委任行政の理論に由来するものと見られる。そこで、以下では塩野が引用する美濃部達吉の委任行政の理論の内容を検討することにしたい。

第 2 款　委任行政の理論の分析

(1)　塩野の委任行政の理論の引用元である美濃部達吉『日本行政法上巻』では、次のように説明されている[33]。

「国家の委任を受けて他の団体の行ふ行政を委任行政（Uebertragene Verwaltung）と称する。自治行政が公共団体の権利として与へられて居るのに対し、委任行政は義務として負担せしめられて居るもので、自治行政は団体自身の目的の為めにするのであるが、委任行政は国家の目的の為めに其の委託に依つて行ふものに外ならぬ。国家から行政の委任を受けて居る最も著しいのは公共団体で、公共団体は一面に於いて自己の

がある。もっとも、例えば、大臣の指定に基づき指定法人が行政処分権限を行使している場合であって、大臣が自ら行政処分権限を有している場合には、指定行為を権限の委任とパラレルに捉え、指定行為によって大臣の行政処分権限が指定法人に委ねられていると見ることができ、権限の委任と親和的であるが、委任行政として説明されるものの中には、指定を行う大臣が自らは行政処分権限を有さず、当該行政処分権限に係る事務を担当していない場合もある（例えば、建築基準法上の指定確認検査機関）。また、制定法により直接に行政処分権限が付与されている場合も、同じく委任行政のカテゴリーで説明されている（例えば、塩野・前掲注 2）122 頁は、弁護士法 8 条による日本弁護士連合会の弁護士の登録、司法書士法 8 条による日本司法書士会連合会の司法書士の登録を委任行政として説明する。また同 124 頁では、これを「公権力の行使の委任は法律により直接なされることもある」と説明している）。後の二つのタイプの委任行政は、行政官庁法理上の権限の委任とあまり親和的ではないようにも思える。

33)　美濃部達吉『日本行政法上巻』（有斐閣・1936 年）40 頁以下。以下では、引用部分につき、適宜字体や仮名遣い等を改めている。

目的の為めに行政を行ふ権利を与へられて居ると共に、一面に於いては或る範囲に於いて国家の為めに国家事務を行ふべき義務を負担して居る。公共団体の事務に固有事務と委任事務とを区別するのはそれが為めで、委任事務とは即ち国家から委任せられた行政事務に外ならない。公共団体の外時としては私法人又は個人にも国の行政事務が委任せらるることが有り得る。南満州鉄道株式会社が鉄道附属地帯の行政を委任せられて居るのは、其の最も著しい例である」。

この記述からすると、ここで委任行政として説明されている内容は、市制・町村制の時代から1999年改正前地方自治法まで採られていた地方公共団体の事務分類である固有事務・団体委任事務に相当するものについて、対象を地方公共団体に限定せず、私法人（あるいは私人）まで含める形で一般化して述べているものと見ることができる。すなわち、地方公共団体の事務分類における、固有事務と団体委任事務の区別は、地方公共団体の行う事務が、自らの存立目的たる事務であるか国や他の公共団体から委任された事務であるかの区別であったが、ここでの美濃部の説明は、その区別を事務の履行者の側に着目して説明するもので、国が直接に行わず、公共団体や私法人といった他の者に行わせるものを委任行政と呼んでいるように見える。この説明でいえば、地方公共団体の事務分類にいう団体委任事務の履行は、地方公共団体が行うタイプの委任行政にあたり、現在説明されている委任行政とは、私法人または私人が行うタイプの委任行政にあたるものということになる。そうすると、現在の委任行政の内容を理解するためには、団体委任事務の意味するところを見ていく必要があろう。

(2) 固有事務と団体委任事務の区別は、1999年改正前地方自治法2条2項に見られたが、それは既に明治期の市制・町村制にも見られたところであ

---

34) 1999年改正前地方自治法の事務分類の内容について、宇賀克也『地方自治法概説』（第7版・有斐閣・2017年）122頁以下参照。

35) 1999年改正前地方自治法2条2項は、「普通地方公共団体は、その公共事務及び法律又はこれに基づく政令により普通地方公共団体に属するものの外、その区域内におけるその他の行政事務で国の事務に属しないものを処理する」としており、公共事務が固有事務にあたり、「法律又はこれに基づく政令により普通地方公共団体に属するもの」が団体委任事務にあたる

った。この固有事務と団体委任事務の区別という理論自体はドイツ法に由来している。宮沢俊義の研究によれば、ドイツにおいては、この区別は、そもそも地方団体が自然法的地方権を有するという発想（地方権による事務と、国家によって与えられた権利による事務の区別）に起因するが、自然法理論の衰退後も維持されて、国家による地方団体の事務履行に対する監督内容の差異の区別の理論となったとされる。一方、この区別を継受した日本では、ドイツとは異なる意義を持つ理論として発展していったとされる。すなわち日本では、固有事務と団体委任事務の区別は、地方団体の「存立の目的」に属する事務かどうかの区別であるとされたが、日本では当初より自然法的地方権の発想はなかったため、存立の目的は地方権と関連して理解されるのではなく、固有事務は団体の存立の目的に含まれる事務であるから特に法令の規定がなくても行うことのできる事務であり、他方で団体委任事務は存立の目的外の事務であるから、これを行うために特別の法令の規定が必要であるものとして理解された。ここでは、地方団体の事務は、ある意味全て国家から委任されたものであり、固有事務と団体委任事務は、一般委任と個別委任の違いであると理解されている。

この宮沢による分析は、日本の学説として、主として美濃部の理論に依拠しているが、以上の宮沢の理解に基づいて現在の委任行政について説明すると、委任行政は、私法人の存立目的に属さない事務の履行ということになる。美濃部は、私法人への国家事務ないし行政事務の委任の例として、日本銀行

ものと説明されてきた。松本英昭『新版逐条地方自治法』（第8次改訂版、学陽書房・2015年）36頁以下。

36) 最初の市制・町村制には存在しなかったが、1911年の改正で導入されている。宮沢俊義「固有事務と委任事務の理論」『公法の原理』（有斐閣・1967年、初出1943年）183、185頁。
37) 宮沢・前掲注36) 186頁以下。
38) 宮沢・前掲注36) 232頁以下。
39) 宮沢・前掲注36) 256頁以下。なお美濃部達吉は、前者を「行政権の授権」、後者を「行政事務の委任」と呼び、区別する。美濃部・前掲注33) 38頁。
40) 宮沢は、「美濃部博士が明治32年にこの区別の標準として説かれた見解が当時ただちにわが学界において通説たる地位をかちえたといわなくてはならぬ」として（宮沢・前掲注36) 249頁）、美濃部の説（美濃部達吉『改正府縣制郡制要義』（有斐閣書房・明法堂・1899年）のもの）に通説としての評価を与えている。

への国庫金出納事務等の委任、南満州鉄道会社への鉄道附属地における土木教育衛生等に関する公の施設を為すことの委任、取引所への取引員または会員からの取引税の徴収の委任などをあげている。これらの事務は、法律により直接、あるいは法律の根拠に基づく行政行為により、私法人が履行することとなるが[41]、活動面から、直接に、国家事務ないし行政事務と評価される事務であると考えられ、私法人の存立目的に入るとは考えられず、その履行は委任行政として整理されることになると考えられる。

(3) ここで、現代の問題に話を戻す。このように、委任行政を、活動面から国家事務ないし行政事務と評価される事務について、私法人の存立目的の事務とは区別された委任された事務として履行するものとみた場合、指定法人が行政処分権限を行使する場合のように、活動面から国家事務ないし行政事務と評価できる場合は、行政処分権限の行使に係る事務の履行は、委任行政として捉えることができ、かつ、その場合でも、かかる事務は、私法人としての指定法人の存立目的外の事務ではあるが、指定法人自身の事務であることに変わりはないので、指定法人は事務の帰属主体ということになりそうである。その意味で、塩野が委任行政として整理したのは、伝統的な学説の理解に忠実なものであったといえよう。

しかしながら、さらに仔細に調べていくと、先の引用部分における美濃部の説明は、団体委任事務だけでなく、機関委任事務をも含むものであり、そうすると、委任行政において、団体委任的なものだけを考え、機関委任的構成を否定していたとは言い切れない点に注意する必要がある。

美濃部は委任行政の理論について、1919年に刊行された『日本行政法総論』において、より詳細に説明していた。そこでは、委任事務について、団体委任事務と機関委任事務をあわせる形で説明されているのである[42]。

「行政組織の第三種の形体は国家が自己の機関として特に選任したる者に依りて其の行政を行ふに非ずして、他の団体又は個人に行政事務の一部を委任し、之をして国家に代りて之を行はしむる場合是なり。之を

---

41) 具体例を含めて、美濃部・前掲注33) 668頁以下。
42) 美濃部達吉『日本行政法総論』(有斐閣・1919年) 249頁以下。

第 2 節　主体・権限・事務帰属の判別問題　37

委任行政と謂ふ。

　其の場合に種々あり。（イ）或は公法人に委任することあり。公法人は自己の固有の目的として独立に行政権の主体たるものなれども、其の目的以外に於て国家の行政事務を委任せらるるもの多し。普通に之を公法人の委任事務と謂ひ、以て其の固有事務と区別す。……（ロ）或は公法人の吏員に委任することあり。其の最も著しきは市町村長に市町村の区域内に施行すべき国家事務を委任する場合なり。……（ハ）或は私法人に委任することあり。例へば南満州鉄道株式会社に南満州鉄道附属地帯に於ける一般公共事務を委任し……、日本銀行に国庫金の出納事務を委任し、汽船会社鉄道会社に通行税の徴収を委任するが如し。（ニ）或は一個人に委任することあり。例へば船長に船舶内に於ける司法警察事務、戸籍事務を委任するが如し。

　凡て此等の場合に於ける委任は或は直接に法律に依りて定められ、或は法律の規定に基き特別の行政行為を以て行はるるものにして、之を委任と謂ふと雖も、民法上の契約に非ざるは勿論公法上の契約にも非ず、国家の単独行為なり。其の委任を受けたる者は之に依りて其の事務を処理するの義務を負担すると共に、又其の事務を処理し得べきことを承認せらるるの権利を取得するものなり」。

ここでは、国家が自ら行政を行わず、他の団体・個人に委任して行わせる場合を四つのケースに分けて説明している。すなわち、（イ）は、公法人（公共団体）に行わせる場合[43]、（ロ）は、公法人（公共団体）の吏員に行わせる場合、（ハ）は、私法人に行わせる場合、（ニ）は、私人に行わせる場合である。この説明から、（イ）は、固有事務と区別される委任事務である前記の団体委任事務にあたるものであり、（ロ）は、「公法人の吏員」とあるが、市町村長等の例からして、機関委任事務にあたるものであると考えられる[44]。そして、現

43）　本章補論で説明するが、美濃部は、公共団体、自治体、公法人をいずれも同意義であるという。美濃部・前掲注 33）462 頁以下。

44）　美濃部・前掲注 33）604 頁は、地方団体の吏員に委任せられた事務は、市町村長に委任せられた国の事務がその最も著しいものであるが、この場合には、市町村長が国の行政庁としてその事務を担任するものとしている。

在、委任行政として説明されているものは(ハ)と(ニ)である。『日本行政法上巻』では、これらの四つのケースが明確に分類されることなくあわせて説明されていたことからすると、そこでいう委任行政は、団体委任行政と機関委任行政をあわせた広義の委任行政であったと理解することもできる[45]。

美濃部のいう委任行政が、団体委任と機関委任の双方を含むものであったとすると、機関委任的な構成をする場合には、事務の委任にはならないから、美濃部の委任行政の理論を引くことにより、ただちに事務の委任であるとはいえないことになる。

ただ、引用箇所を見る限り、私法人に対する機関委任――つまり私法人自体を機関とする委任――というものはそもそも想定されていないようにも見える。すなわち、(ハ)と(ニ)は、それぞれ私法人と私人に事務が委任されるものであるが、(ハ)と(ニ)の関係は、公法人の団体と吏員への委任に関する(イ)と(ロ)の関係とは微妙に異なることに注意すべきである。つまり、(ハ)と(ニ)の関係は、「私法人」と「私法人の機関」ではなくて、「私法人」と「私人」の関係のようであり、(ニ)は(ロ)のような機関委任的性格は与えられていないように思われる。このことから私法人・私人に事務を委任する場合には必ず団体委任（私人の場合は私人を主体とする委任）になると考えられていたと見る余地もある。もっとも、なぜ私法人・私人に対してのみそのような扱いとなるのかは明らかではない。

また、団体に委任する場合は必ず事務の委任になると考える必要性もない。確かに市長等において処理すべきとされている場合でも団体委任と見られる例はあるものの[46]、団体を機関として委任する明確な例は見あたらない。しか

---

[45] なお、戦後の事務分類について、田中・前掲注31) 124頁は、「委任事務とは、……普通は、……団体委任事務を指すが、時には、地方公共団体の長（又は教育委員会若しくは選挙管理委員会等）に対する機関委任事務を含めて委任事務と呼ぶことがある」とし、委任事務という言葉には、機関委任事務を含むことがあるとしていた。

[46] 戦後の団体委任事務について、小林與三次は、次のようにいう。「消防、自治体警察、公立学校の教育に関する事務等は、現在は、すべて地方公共団体の事務と解されており、これらに関する事務の一部が、その機関において処理すべきことが法律上規定されているけれども、その故を以て、少くともその部分は国の機関委任事務だと解する者は、まさか、いない

し、これは、機関委任が現実に採用された具体的制度に対してなされた説明であったことが関係していると考えられる。機関委任が当時の制度固有の状況に即した理論であると考えると[47]、当時の制度において地方団体の機関に機関委任する枠組みを離れて、理論的に団体を機関として委任しているという解釈はとられにくかったのではないかと推測される。また、仮に具体的制度から離れて考えることができたとしても、主体・権限・事務帰属の関係の判別を意識するような状況を考えなければ、団体を別の団体の機関とする機関委任的な構成をわざわざ行う理論的必要性がないこともその理由として考えられよう。しかし、それらの理由は、団体に対する機関委任の理論的可能性まで排除するものとはいえない。

　結局、委任行政において、団体委任の場合と機関委任の場合をいかに区別するのかという問題は、少なくとも理論上は未解決のまま残っていることになる。塩野は、委任行政は、「実体法上私人が国家に対して有する義務……も受任者に対する私人の行為……で履行されることになるという法律的説明が、主たる関心事」であると指摘している。そもそも、この問題は、委任行

　　のではないかと思う」。小林與三次「『団体委任事務、機関委任事務論議』を越えて―自治観念論議（二）」自治研究 28 巻 3 号（1952 年）37、42 頁。なお、長野士郎『逐条地方自治法』（第 12 次改訂新版、学陽書房・1995 年）420 頁以下も、「『団体委任事務』と『機関委任事務』とのいずれに属するかを判断することは、必ずしも容易ではない。一応、法令において、『普通地方公共団体……が行う』と規定されているときには、その事務は『団体事務』と解して差しつかえないが、『普通地方公共団体の長……が行う』と定められているときには、必ずしも直ちにこれを『機関委任事務』と解することはできないのであつて、それは『団体事務』ではあるが、その事務を当該普通地方公共団体……の代表者としての長が行うというほどの意味を示したに過ぎない場合も決して少なくない。したがつて、……法令にこのような規定がある場合においては、当該法令全体の趣旨、規定の仕方、当該事務の性質、当該事務の最終的責任の帰属等を検討して、『団体事務』か『機関委任事務』かを判定することが必要である」とする。

47）　塩野宏「地方公共団体の長の地位に関する一考察」『国と地方公共団体』（有斐閣・1990 年、初出 1987 年）214、227 頁は、（西ドイツには）「機関委任事務という観念それ自体に明確に対応するものが存在しない……少なくとも、各ラントの市町村制に、日本の地方自治法のような形で機関委任事務の制度が定められている、あるいはそれを予定した規定を見出すことはできない」とする（ただし、機関委任事務に対応する制度が全くないわけではなく、機関貸与（Organleihe）の制度が存在するとする）。

政の理論のそうした関心の範囲外のものであったと考えられる。[48]

第3款　判別問題の再検討

(1)　以上のように、委任行政の理論が、主体・権限・事務帰属の関係を判別する役割を必ずしも果たすものではないとすると、この問題にいかに対処すべきであろうか。ここで判別が必要とされる場面について具体的に見ることで、この問題を考え直してみることにする。

(2)　既に述べたように、この判別の必要性が意識されたのは、国家賠償法1条に基づく国家賠償責任の帰属主体の判別の局面、具体的には、指定法人の行う処分に係る賠償責任の帰属主体の判別の局面であった。この問題は、先に述べたように、当初は理論的検討に止まったが、その後、建築基準法上の指定確認検査機関の確認検査行為をめぐって現実化し、関係する最高裁判例（最決平成17年6月24日判時1904号69頁。以下、「東京建築検査機構事件」とする）が登場することにより、具体的事例に即して検討されることになった。

東京建築検査機構事件は、1998年の建築基準法改正によって導入された指定確認検査機関による建築確認に関する事件である。指定法人の一種と見られる指定確認検査機関である東京建築検査機構が行った建築確認について、当初、東京建築検査機構を被告として建築確認の取消訴訟が提起されたところ、建物の完了検査が終了し、訴えの利益が喪失したことから、行政事件訴訟法21条1項に基づいて、横浜市を被告とする国家賠償法1条1項に基づく損害賠償請求への訴えの変更の許可の申立てがなされ、その可否が争われた。そこでは、横浜市が、東京建築検査機構の行った建築確認について、行政事件訴訟法21条1項にいう「当該処分又は裁決に係る事務の帰属する国又は公共団体」に該当するかが問題となった。この点、最高裁は以下のように判示し、訴えの変更を認めている。

「建築基準法6条1項の規定は、建築主が同項1号から3号までに掲

---

[48]　塩野・前掲注18) 459頁。

げる建築物を建築しようとする場合においてはその計画が建築基準関係規定に適合するものであることについて建築主事の確認を受けなければならない旨定めているところ、この規定は、建築物の計画が建築基準関係規定に適合するものであることを確保することが、住民の生命、健康及び財産の保護等住民の福祉の増進を図る役割を広く担う地方公共団体の責務であることに由来するものであって、同項の規定に基づく建築主事による確認に関する事務は、地方公共団体の事務であり（同法4条、地方自治法2条8項）、同事務の帰属する行政主体は、当該建築主事が置かれた地方公共団体である。そして、建築基準法は、建築物の計画が建築基準関係規定に適合するものであることについて、指定確認検査機関の確認を受け、確認済証の交付を受けたときは、当該確認は建築主事の確認と、当該確認済証は建築主事の確認済証とみなす旨定めている（6条の2第1項）。また、同法は、指定確認検査機関が確認済証の交付をしたときはその旨を特定行政庁……に報告しなければならない旨定めた（6条の2第3項）上で、特定行政庁は、この報告を受けた場合において、指定確認検査機関の確認済証の交付を受けた建築物の計画が建築基準関係規定に適合しないと認めるときは、当該建築物の建築主及び当該確認済証を交付した指定確認検査機関にその旨を通知しなければならず、この場合において、当該確認済証はその効力を失う旨定めて（同条4項）、特定行政庁に対し、指定確認検査機関の確認を是正する権限を付与している。

　以上の建築基準法の定めからすると、同法は、建築物の計画が建築基準関係規定に適合するものであることについての確認に関する事務を地方公共団体の事務とする前提に立った上で、指定確認検査機関をして、上記の確認に関する事務を特定行政庁の監督下において行わせることとしたということができる。そうすると、指定確認検査機関による確認に関する事務は、建築主事による確認に関する事務の場合と同様に、地方公共団体の事務であり、その事務の帰属する行政主体は、当該確認に係る建築物について確認をする権限を有する建築主事が置かれた地方公共

団体であると解するのが相当である」。

以上のように、本決定では、最高裁は、建築確認の規定は、地方公共団体の責務に由来するものであり、建築主事の行う建築確認に関する事務が地方公共団体の事務であること、指定確認検査機関の建築確認等が建築主事のそれとみなされること、指定確認検査機関はその確認済証の交付について特定行政庁に対して報告義務を負うこと、特定行政庁は指定確認検査機関の建築確認に対して是正権限を有するといった点に言及して、指定確認検査機関による建築確認に関する事務は地方公共団体の事務であると判別している。前記学説の枠組みでいうと、機関委任的構成と見ているということになる。

(3) この最高裁の判断に対しては多数の論評があるが、指定確認検査機関の建築確認が違法になされた場合に、地方公共団体を賠償責任の帰属主体とするという帰結に対して違和感を表明するものが少なくない。すなわち、訴えの変更が認められ、地方公共団体を被告とする損害賠償請求訴訟となれば、請求が認容された場合、指定確認検査機関が違法に行った建築確認に起因する損害について、地方公共団体が賠償責任を負うことになりそうである。しかしながら、こうした帰結に対しては、賠償の資力について国・地方公共団体と大きな差が生ずるような事態は望ましくなく[49]、指定確認検査機関の無資力のリスクを回避することができ、被害者救済に資するという評価がある一方で[50]、地方公共団体は、指定確認検査機関の指定や業務の休廃止の手続に関与できず[51]、また行うことのできる監督も限定されているにもかかわらず[52]、賠償責任を負わせることは不合理であるといった評価[53]、自らの経営判断において確認業務を行っている以上、当該指定確認検査機関に賠償責任を負わせることも合理的であるという評価や[54]、地方公共団体に過剰な責任を負わせる一

---

49) 小幡純子「国家賠償法の適用範囲について（上）」法曹時報 64 巻 2 号（2012 年）1、23 頁。
50) 板垣勝彦『住宅市場と行政法』（第一法規・2017 年）84 頁。ただし、指定確認検査機関については、損害保険への加入が義務付けられ、被害者救済に特段の支障はなくなったとする（同 85 頁）。
51) 長谷川佳彦「判批」法学論叢 161 巻 1 号（2007 年）93、99 頁。
52) 金子正史『まちづくり行政訴訟』（第一法規・2008 年）367 頁。なお、この点について、注 61) の仲野武志の説明も参照。
53) 阿部泰隆『行政法解釈学Ⅱ』（有斐閣・2009 年）447 頁。

方で、誤った判断をしても責任を負わされないとするとモラル・ハザードが生ずるといった評価[55]、本来の事務の帰属を基準とした場合、ほとんどの場合に国または公共団体が賠償責任を負うことになり、それが妥当かどうか検討が必要であるといった評価がなされているところである[56]。こうした批判は、最高裁が、事務の帰属主体の判別を行うために用いた、(地方公共団体の責務や建築主事の建築確認との関係から導出される)本来の事務の帰属主体性、指定、監督、是正権限のような要素を、それぞれ賠償責任を基礎付ける決定的な要素と評価せず、他方で、自らの経営判断によって行動しているといった要素やモラルハザードを起こすことが予想されるという要素を賠償責任を否定する要素として働きうるものと評価しているように思われる[57]。ここでは、本件において、指定確認検査機関の建築確認の違法について地方公共団体の賠償責任を基礎付けることが妥当かどうか、その妥当性を基礎付ける要素に照らして論じられていると見ることができる[58]。そうした、指定確認検査機関と国家賠償に係る議論においては、従来の議論に見られた、事務の委任か権限の委任かといった作用法的主体機関関係の把握にはあまり関心は寄せられていないように見える[59]。

---

54) 小幡・前掲注49) 21頁。
55) 秋山靖浩「判批」廣瀬久和ほか編『消費者法判例百選』(有斐閣・2010年) 156、157頁、板垣・前掲注50) 78頁。
56) 山本隆司「私人の行為による国家賠償を巡る諸問題」藤山雅行ほか編『行政争訟』(改訂版、青林書院・2012年) 618、625頁は、こうした結果は、納税者などによる組織的な損害の分散という国家賠償制度の趣旨の一つによく適うとはいえるが、行政活動を委ねる国や公共団体と事務の帰属する国や公共団体が異なる場合の問題や、公私協働の趣旨との関係で、その妥当性につき検討を要するとする。
57) 原田大樹『行政法学と主要参照領域』(東京大学出版会・2015年) 303頁は、最高裁が用いている事務帰属の基準は、民間への権限委任や委託をめぐる実定法の仕組みの解釈結果を総括する修辞概念として機能していると評価する。
58) なお、長谷川・前掲注51) 98頁は、「外在的な視点からすれば、本決定が挙げた要素のみで損害賠償責任の所在は決まるものなのか、という疑問を提起しうる」とし、本決定であげられた考慮要素以外の要素を考慮する必要性を指摘している。
59) もっとも、従来、指定法人に対する指定を権限の委任と解していた米丸恒治は、従来の議論との関係で、指定確認検査機関の場合は、従来の指定法人と異なり、権限が委任されているのではなく、新たに、自らの事務として行政処分権限が与えられていると説明をしている(米丸恒治「建築基準法改正と指定機関制度の変容」政策科学7巻3号 (2000年) 253、264頁以下、同「判批」民商133巻4=5号 (2006年) 280、284頁以下、同「行政の多元化と行政責

なお、賠償責任を基礎付ける要素という見地から、委任行政の理論の意義について再度考えてみることも可能である。委任行政の理論の主眼は、内容や性質から行政と見ることができる活動を私人が行っている場合に、それを国家との関係で説明、正当化する点にあり、そこでは、その活動は国家より委ねられたもの（団体委任あるいは機関委任されたもの）と説明されている。そうした説明からは、当該活動は本来は国家活動であった（＝本来は国家がすべき活動であった）ということもでき、そうした活動の性格を賠償責任を基礎付ける要素の一つとみることも不可能ではないように思われる。もっとも、それが、他の要素を排除するような決定的な要素ではなく、一つの要素に過ぎないとすれば、賠償責任を基礎付けるかどうかは、他の要素と総合衡量して考えられることになろう。このように考えると、委任行政として説明される活動であっても、他の要素との関係によっては、委任行政の主体自身が賠償

　　任」磯部力ほか編『行政法の新構想Ⅲ』（有斐閣・2008年）305、310頁以下）。また、同『『民』による権力行使」小林武ほか編『「民」による行政』（法律文化社・2005年）52、57頁は、「従来の典型的な指定機関制度の場合は機関委任事務的であるのに対し、指定確認検査機関の場合は団体委任事務的または法定受託事務的であるといえるのである」とする。
60）　指定法人の活動を委任行政とする塩野は、本決定を引用し、「民間の法的主体が公権力を行使するには、当該事務は本来、統治団体としての国又は地方公共団体に帰属していることが当然の前提である」としている（ただし、後掲注63）で引用する説明を参照）（塩野・前掲注30）304頁）。
61）　委任行政の理論に即した説明ではないが、仲野武志「判批」『平成17年度重要判例解説』（有斐閣・2006年）43、44頁の次の説明が参考になる。「この程度の監督規定をもって事務が地方公共団体に帰属する論拠たり得るのだとすれば、本決定は国家責任法の平面における行政作用の単一性（Einheit）ともいうべき大前提に立脚しているものと解さざるを得ない……。すなわち『国・地方公共団体は、憲法上の行政主体であるがゆえに、行政事務を適法に行う義務及び行われなかったことによる責任から逃れることはできない。当該責任は人格の社会規範違反を問う民事不法行為責任とは別次元であるから、行政作用の一翼を指定法人に担わせていることに特段の意味はない』というものである。そこでは事務の帰属に関する結論は先取りされており、監督規定はその傍証とされているに過ぎない」。
62）　事務の性質が国家賠償責任の帰属との関係でもつ意味について、学説、裁判例を分析するものとして、法定受託事務に焦点を当てたものであるが、碓井光明「法定受託事務に係る若干の問題」明治大学法科大学院論集12号（2013年）109、122頁以下参照。
63）　塩野・前掲注30）304頁は、後掲注60）の説明に続けて、「事務だけでは、国家賠償法上の具体的責任主体を判断することはできない。その意味で、先に指定機関について提示した基準（当該公権力の行使を自己の権限として、自己の計算によって行う）は、他の場合にもこれを当てはめることができると解される」とし、指定確認検査機関の行為については、当該機関が賠償責任を負うとする。

責任を負う場合もあれば、国や地方公共団体が負う場合もあることになる。
　(4)　以上の検討からは、次のような示唆が得られる。まず、委任行政の理論それ自体は、機関委任的な構成を必ずしも排除するものではなく判別問題を解決するものではなかった。しかし、それとは別の問題として、そもそも判別問題とされた問題が、委任行政の理論のような理論により解決すべき問題であるのかという問題がある。当初の学説とは異なり、具体的な事例に即して展開された学説においては、判別問題の意味するところ——以上の検討では、国家賠償法上の賠償責任の帰属の問題——に照らして検討がなされていたのであり、判別はその帰結であり、判別自体に対しては直接的な関心は向けられていなかったように見える。むしろ、法律上明文で、事務の帰属の判別が要求されている行政事件訴訟法 21 条の訴えの変更の事案でなければ、判別問題と捉えていないようにも見える。ここで、果たして国家賠償法の賠償責任の帰属の問題を判別問題として捉えてよいのか、判別を要求される問題ごとに議論をすすめていくことが適切なのではないのかという疑問が生じてくる。
　もっとも、こうした方向で議論をすすめていくにしても、次のような問題があるように思われる。
　第一に、判別問題について、賠償責任の帰属のような判別問題の意味するところに照らして検討を行う場合、判別は、賠償責任の帰属のような法規範適用の妥当性判断の結果ということになるが、国家賠償法が、作用法的主体機関関係を前提としていると考えられるような場合に、判別を先行させずに、法規範適用の妥当性判断の結果と考えてしまってよいのか疑問がある。[64]

---

64)　小早川光郎「機関委任事務と国家賠償法 1 条」同ほか編『行政法と法の支配』（有斐閣・1999 年）1、5 頁以下は、国家賠償法 1 条について、「〝国又は公共団体の公権力の行使に当る公務員〟という文言を、〝国又は公共団体の公務員であって、公権力の行使たる職務を担当する者〟と読み、そのような公務員がその職務を行うについて本条の加害行為をした場合には、それが国の公務員であれば国が、公共団体の公務員であれば当該公共団体が、それぞれ責任を負う」とする読み方が適切であるとし、この読み方に従い、「地方自治体の公務員がその職務を行うについてした行為であれば、それが国の機関委任事務に係るものであったとしても、本条によって責任を負うのは国ではなく当該自治体」であるとしているが、他方で、当該公務員が、国の公務員なのか、公共団体の公務員なのか、あるいはどの公共団体の公務員なの

次に、判別問題について、判別を先行させずに、賠償責任の帰属のような判別問題の意味するところに照らして検討を行う場合、判別問題が要求される文脈ごとに、判別結果が異なることがありうることを意味するように思われる。前記のように、東京建築検査機構事件は、国家賠償請求事件ではなく行政事件訴訟法 21 条に基づく訴えの変更に関する事件であった。そのため、最高裁決定が行った判別は、行政事件訴訟法 21 条の訴えの変更に係る判別であり、当然に国家賠償法 1 条の賠償責任に係る判別ではないと解する余地がある。[65] これは、判別問題ごとに判別結果が異なる可能性を示すものといえる。このように、判別問題について相対的に考えるとしても完全に相対的なものとして捉えることが許されるのかという問題がある。行政事件訴訟法 21 条の訴えの変更は、取消訴訟から国家賠償請求訴訟への変更を念頭においたものと考えられるのであり、全く相対的なものとして捉えることができるのか疑問がある。[66] この点、行政事件訴訟法や国家賠償法のような、異なる行政分野に共通して適用されるべき一般的制度を定める行政共通制度諸法とも呼ばれる法律群について、[67] その相互関係をどのように捉えるのかといった

かは、国またはどの公共団体に「使用されている」と見るべきかによるとし、そうした使用関係の判定は、適用される公務員制度（公務員法上の国家公務員か地方公務員か）や、任命権の所在だけで決まるものではなく、担当する事務の性質等も含まれ、そうした諸要素を総合考慮して行われるとしている。この見解は、機関委任事務の場合は、作用法的主体機関関係が明確といえるが、それを賠償責任を基礎付ける決定的な要素と捉えずに、諸要素の一つとした上で、他の考慮要素と総合考慮することを求めるものと位置づけることができる。なお、小早川説の位置づけについて、稲葉・前掲注 20) 37 頁以下参照。

65) 長谷川・前掲注 51) 99 頁以下。諸説の検討として、山本・前掲注 19) 604 頁以下。本決定を受けた、その後の下級審裁判例の動向について、金子正史「指定確認検査機関のした建築確認の違法を理由とする国家賠償請求訴訟の賠償責任者」同志社法学 64 巻 7 号（2013 年）81 頁参照。

66) 行政事件訴訟法 21 条は、「取消訴訟の目的たる請求を当該処分又は裁決に係る事務の帰属する国又は公共団体に対する損害賠償その他の請求に変更すること」とし、単に「損害賠償」としていることから、条文上は、国家賠償法に基づく損害賠償請求に限定されず、民法に基づく損害賠償請求等の可能性も一応ありうることになる。もっとも、そのためには、行政事件訴訟法上の処分または裁決が、国家賠償法 1 条にいう公権力の行使に当たらないことが必要となることから、一般的には、損害賠償とは国家賠償法に基づくものということになろう。この点に着目して、東京建築検査機構事件最高裁決定の射程を限定するために、行政事件訴訟法上の処分と国家賠償法 1 条にいう公権力の行使の関係を再検討する試みとして、松塚晋輔「指定確認検査機関の賠償責任主体性」京女法学 6 号（2014 年）1 頁。

問題とも関係してくるように思われる。

　判別問題ごとに個別具体的に考えていくとしても、ここで扱った国家賠償責任の帰属主体の問題一つとっても、複雑な作業が必要となる。そもそも国家賠償法の適用があることにいかなる意味があるのか、国家賠償法上の賠償責任を負うことにいかなる意味があるのかという基礎的考察に基づき[68]、賠償責任を基礎付け、あるいは賠償責任を排除する方向に働く要素としていかなるものがあり、そして、それらがどのように衡量されるべきかという問題を考えていくことになろう。そうした要素、衡量について考える際には、通常の公務員の行為について国または公共団体が賠償責任を負う場合との比較、民法の不法行為法の賠償責任帰属の問題との比較、求償（国家賠償法3条）等[69]により責任が認められるかといった事柄が問題となりうる。そして、これは、国家賠償法の解釈のみで解決する問題ではなく、国家賠償法の適用が問題となる実定法制度（以上の検討では、建築基準法上の指定確認検査機関制度）の内容、また、国家賠償法が適用されない場合に受け皿となる民法の不法行為法の射程・内容とも関係する問題であると考えられるし、援用される理論としても、純粋な国家賠償理論だけではなく、例えば、民営化に係る国家の保障責任の理論なども含まれることになると考えられる[70][71]。

　最後に、判別問題への対応は、最終的には、具体的な紛争に関する訴えの提起を待って、裁判所による法解釈という形で行われるということである。

---

67) 小早川・前掲注3) 48頁。
68) これらの点に関する考察として、山本・前掲注19) 613頁以下。
69) この点、特に、民法研究者の視点での国家賠償に関する裁判例の分析および、代位責任の理論分析は重要な意味を持つ。中原太郎「国家賠償責任と使用者責任（1）〜（3）」法学74巻6号1頁、75巻1号1頁、77巻2号1頁（2010-11、2013年）および、同『「代位責任」の意義と諸相』論究ジュリ16号（2016年）41頁。なお、前掲注64) で紹介した小早川説は、民法715条の原則との調和を意識している。
70) 板垣・前掲注50) 71頁。
71) 木藤茂「2つの『行政機関』概念と行政責任の相関をめぐる一考察」行政法研究2号（2013年）7、55頁以下は、より一般的に、「行政責任」について、行政救済法の設定する枠組みからの視線だけでなく、特に行政組織法の側からの視線も意識する必要があるとし、責任をめぐって、行政作用法、行政組織法、行政救済法を貫く、「事務─権限─責任の"マトリックス"と行政救済法」という思考様式を意識することの重要性を説く。このような思考様式は、以上の議論を考える上でも重要な意味を持つと思われる。

裁判所は、従来の判例法理や理論を用い、諸要素を衡量してそれを行うのであり、判断結果は、特に最高裁のものであれば、その後の裁判に対して大きな影響力を持つ。制度設計の段階で明確にされていない場合には、このように、裁判所の判断により実質的に決定されるところが大きい旨、留意する必要がある。

　判別問題についてある程度明らかにしたところで、もう一つの問題である行政主体の問題の検討に移ることにする。

第 3 節　行政主体の問題

第 1 款　行政主体論の内容

(1)　塩野宏によって 1975 年に公表された論文「特殊法人に関する一考察」[72]は、その後の学説に対する影響から、組織法上の行政主体に関する理論（以下、単に「行政主体論」とする）の出発点となった論文と評価してよいと思われる[73]。そこで、まず、この論文の内容を分析することから始めたいと思う。

　同論文は、戦中・戦後にかけて多数設立された、統治団体としての性格の明確な国および地方公共団体、民法・商法等の通常の手続によって設立される法人以外の法人の整理問題から議論をスタートさせる。戦後、多数登場したそうした法人に対して、特殊法人という概念が頻繁に使われるようになっていた。塩野は、この特殊法人という概念がいかなる意味を持つのかという点に関心を持つ。そして当時の学説や行政実務等について調査を行った結果、必ずしも統一された用語として用いられているのではなく、多様な分類基準が存在するのであって、その原因は当該概念に求めている機能が異なるからであるということに気づく。そして、用語法のずれの修正を、単なる分類に止まらず、法律学の体系を構成する一つの法概念をつくる形で行うならば、従来存在した行政主体概念との関係を明らかにする作業（「行政主体としての特殊法人論」）が必要であると見る[74]。

---

72)　塩野・前掲注 23)。
73)　藤田・前掲注 24) 83 頁。なお、公法人、行政主体についての理論に関する学説史を扱う主要な先行業績として、山本隆司「行政組織における法人」小早川光郎ほか編『行政法の発展と変革上巻』（有斐閣・2001 年) 847 頁があり、本節および本章補論を執筆するにあたり、頻繁に参照した。
74)　塩野・前掲注 23) 3-12 頁。

続いて、(第1節第3款でも紹介したところであるが) 従来の行政主体概念について二つの異なった意味が存在してきたことを指摘する。一つは、行政上の法律関係における行政主体であって、「行政上の法律関係の当事者のうち、行政を担当する者を指称」する意味であるという。もう一つは、「行政組織とは行政機関の系統を意味する。現在の制度においては、行政の機能は国及び公共団体に属し、即ち行政の主体たるものは国及び公共団体であるが、これらの行政の主体がその権能を行使するのはすべてその機関に依る。行政組織とは即ち此の如き機関の系統をいう……」という柳瀬良幹の説によるもので[75]、「組織形態ないしはその存立目的」に着眼した意味であり、特殊法人の行政主体性が論じられてきたのはこの後者の意味であるとする。そして、従来、国および公共団体が行政主体であるといわれてきたところ、行政主体としての公共団体であるかどうかは「その設立目的が専ら国によって定められたものであるか否かにあり」、そのような公共団体として、地方公共団体、公共組合、営造物法人の三種類 (塩野は、この三つを公共団体ないし行政主体のカタログと呼んでいる) があったとする。そして、特殊法人を新たに行政主体にあたるものと位置づけようとするならば、従来の公共団体ないし行政主体のカタログを再検討する必要があるとする[76]。

塩野は、その再検討のためのヒントを山内一夫の「政府関係法人」概念から得る。山内は、「直接法律により設立された法人および特別の法律に基づいて政府がその任命した設立委員に設立させた法人」と定義される政府関係法人について、「国と法人格を異にするから、形式上は国の行政組織の一部ではないが、その設立の手続およびその業務の性質から見て、実質上その一部をなす」とし、政府関係法人が設立される「直接の理由が政府関係法人に国の行政事務を処理させるためであることはいうまでもないが、間接の理由、つまり当該行政事務を国自身の行政機関に処理させず、国と法人格を異にする政府関係法人を設立して、これに処理させる理由は、その予算に弾力性を与えること、役員および職員の採用の自由を認めること、民間資金の導入を

---

75) 柳瀬良幹『行政法教科書』(再訂版、有斐閣・1969年) 29頁。
76) 塩野・前掲注23) 12-16頁。

図ること等にある」[77][78]とする。この山内の政府関係法人という概念においては、履行の便宜を目的とした「国の行政事務」の付託という発想があり、ここに塩野は従来の理論の問題点を見出す。すなわち、塩野は、公法人論では、国の行政事務性は、当該法人の存在目的が国によって定められているかという点によって形式的に確定されていたところ、それは国家と社会が相互にモデル的に対立して存在していることを前提にしていたものであると指摘した上で、次のように述べる[79]。

> 「国家と社会の複雑な相互関係を前提とするならば、国からその存在目的を与えられてはいるが、その業務それ自体は国の行政事務の分担遂行にあたるものではないような法人格の存在を肯定することは、論理的に不可能なことではないであろう。……社会的に有用な業務の存在を前提とし、それが行政事務とされた上で国とは別の法人格（特別に設立された）にその遂行がゆだねられたときに、行政主体としての法人格の存在が認められることになるのである」。

この説明が意味しているのは、「国が存在目的を与える」という公法人の

---

77) 杉村章三郎ほか編『精解行政法下』（光文書院・1971 年）108 頁以下〔山内一夫〕。山内は、「公社・公団・公庫・事業団」『行政法論考』（一粒社・1965 年、初出 1960 年）212 頁においても、「公社等の業務は、本来国家的業務であり、したがって、国が直接経営して、不思議がない」が、公社等を設立してこれを行わせるのは、「大ざっぱにいえば、職員について国家公務員法の適用を除外し、経理について予算の拘束を緩和して、業務の運営に私企業なみの裁量性を与える必要があるから」であると説明する。

78) もっとも、山内の説明にある政府関係法人という概念はそれ以前の文献にも見られる。1955 年に有斐閣全書の一冊として出された田中二郎『行政法中巻』（有斐閣・1955 年）の第 2 篇第 2 章第 5 節「公共企業体その他の独立法人（特殊法人）」には次の記述がある。「国が国自らの行政機関を設ける代りに、独立の法人を設け、その独立採算の建前を認め、その計算と責任の下に、特定の企業の経営に当らせる場合が少なくない。従来、国家行政の一環として、国の行政機関によつて行わしめたものについて、その企業的性格を考慮し、国から独立して、企業方式に従つて運営せしめるために、独立の法人を設け、これをして一定の事業を管理・経営せしめるに至つたものがあり……、新らしく、国家資本を投入して公共性の強い事業を行うに当つて、独立の法人を設けて、その運営に当らしめることも少なくない……。何れも、形式的には、国から独立した法人で……、上述の国の行政機関とは区別されなければならないが、実質的には、国と同一体をなすものと認めるべきもので、一種の政府関係機関とも称すべきものであり、広い意味での国家行政組織の一環をなすものと考えてよい」（95 頁以下）。塩野も同書を引用している（塩野・前掲注 23）13 頁）。

79) 塩野・前掲注 23) 21 頁。

要件を満たした法人の業務であっても「国の行政事務」ではない場合があり、業務が「国の行政事務」として位置づけられていることが必要であるということである。これは、山内の政府関係法人という概念に対して、ある業務が（当該法人がその分担遂行をする）国の行政事務として位置づけられているかどうかという点に着目すべきであるとするものといえる（なお、塩野は、国の行政事務を分担遂行する者としての行政主体を表現する言葉として、「(実質上)国（家）の一分肢」という表現を好んで用いている）。[80]

その上で、次に問題となるのは、法律上、当該業務が国の行政事務として位置づけられているかどうかという点である。この点、塩野は、国家的「関心が、法技術的にどのような表現をとっているか」という「国の行政事務」性を判定するための具体的な基準として、「法人の設立に際しての設立委員の政府任命」に加えて、「法人の経営そのものに関する国の主体的かかわりあいの仕方、いいかえれば、法人に対する国の出資のあり方及び運営費に関する国の支出のあり方にも着目するのが、妥当である」としている。[81]

以上の塩野の説明は、公法人の定義にいう「国家による存在目的の付与」という形式を、（根拠法令の趣旨から読みとる）国の行政事務性の付与という実質によって置き換えるものと評価できる。[82] 塩野は行政作用法の領域において、公法私法二元論を否定し法律の趣旨に基づく解釈論を展開したが、[83] そこでの思考を主体の次元に反映させたものがこの行政主体論であると考えられる。[84]

---

80) 例えば、塩野・前掲注23) 23頁では、特殊会社について、「法技術的な意味で行政組織法上の国家の一分肢としての行政主体をここに見出すことはできない」(圏点本書筆者)として、その行政主体性を否定している。
81) 塩野・前掲注23) 21頁以下。ただし、前者については、その要件だけでは行政主体性を肯定できないとする。
82) 橋本博之「行政主体論に関する覚え書き」立教法学60号（2002年）30、34頁は、これを「根拠法令実証主義的な思考方法」と呼ぶ。
83) 塩野宏『公法と私法』（有斐閣・1989年）所収の諸論文、とりわけ、戦後の学説史を扱う「公法・私法概念の再検討」同書（初出1983年）103頁参照。
84) 塩野宏『行政組織法の諸問題』（有斐閣・1991年）のあとがき（335頁）では、「この論文〔本書筆者注：塩野・前掲注23) を指す〕は、公法と私法に関する学説史研究の一環としての公法人論の検証の場としての意味も持っている」と説明されている。藤田・前掲注24) 89頁では、「塩野教授によるこの概念の提唱は、ひとまず、行政の現実を、従前の『公法・私法』という二元論の枠組みから切り離して、率直に見つめようという問題意識から、なされたも

(2) 次に、塩野が、行政主体概念にいかなる意義があるものと考えていたのかを見る。塩野が、行政主体概念の法制度論上、法解釈上の意義として具体的にあげているのは、国との関係と内部組織原理である。

前者は、有名な成田新幹線訴訟の論点を念頭に置いたと思われるもので、国と密接な関係にある特殊法人と国との関係の評価問題である（以下、「行政主体間関係に係る問題」とする）。塩野はこの問題に関して、成田新幹線訴訟控訴審判決[85]は、「公団に対する国の関与にかかる諸規定を網羅的に掲げるのみで、これらの規定に関する個別の評価をして」おらず、「判決の射程が、形式的にみて行政主体としての地位の明らかな営造物法人の枠内に限定されていること以上に、実質と形式の手がかりを判決の中から見出すことはできない」とする。そしてさらに、「まさに形式的になされる事務の配分とその事務の遂行主体にかかる行政組織法の分野においては、そもそも、そこに採用されている法形式の如何によって、当該組織体の位置づけが法技術的にはなされているとみるのが第一次的には妥当であることを示し」ているとした上で、「実質的にみて権利主体性の問題を論ずる（消極的意味において）ことができるのは、行政主体としての位置づけを与えられる営造物法人、機能法人の一部に限定されるということができるのではないか」としている[86]。

塩野のこの分析は、行政主体間関係に係る問題について、自らの行政主体論を用いて正面から回答を与えるものではない。確かに、成田新幹線訴訟控訴審判決で展開された形式と実質の区別は、塩野の行政主体論のヒントになった山内の政府関係法人概念——国と法人格を異にするから、形式上は国の行政組織の一部ではないが、その設立の手続およびその業務の性質から見て、実質上その一部をなす——と合致するところがある[87]。しかし、塩野は、少な

のであった」と評価されている。
85) 東京高判昭和 48 年 10 月 24 日行裁例集 24 巻 10 号 1117 頁。なお、控訴審判決が検討対象となっているのは、本論文の執筆時期が最高裁判決（最判昭和 53 年 12 月 8 日民集 32 巻 9 号 1617 頁）以前であるためである。塩野の最高裁判決に対する評価については、塩野宏「判批」『昭和 53 年度重要判例解説』（有斐閣・1979 年）48 頁を参照。
86) 塩野・前掲注 23) 30 頁。
87) なお、形式と実質という捉え方は、塩野も引用する雄川一郎の所説とも関係する（雄川一郎「機関訴訟の法理」『行政争訟の理論』（有斐閣・1986 年、初出 1974 年）431、465 頁以下）。

くともこの段階では、行政主体にあたるようなものでなければ権利主体性の否定について議論する余地はないという消極的な意味での評価をしているに過ぎない。もっとも、ここで行政主体について訴訟における権利主体性が否定される可能性が示されたことが、その後の行政主体間関係にかかわる行政主体に関する議論が展開する契機となったように思われる[88]。この議論には、これ以上立ち入らない。

次に、後者の内部組織原理に関しては以下のようにいう[89]。

「立法者が内部組織構成権を行使するにあたっての基準を拘束的に提示すること、いいかえれば、立法者を拘束する法原理、法原則をドグマティッシュに導き出すことは甚だ困難であ」る。しかし、「内部組織の基本構造が、一般的に全く立法者の合目的的な裁量にゆだねられているものと解してよいかどうかは問題」であり、「基本理念をさし示す努力を重ねることが、行政組織法論の今後の重要な課題」である。そして「抽象的な問題点の提示にとどまらざるを得ない」としつつ、内部組織のあり方として、第一に、(調整原理として)「内部組織そのものにおける民主的構造の理念」、第二に、「共同営造物法人については、複数の母体(とりわけ関係地方公共団体)の参加権の留保」、第三に、行政主体以外の者について、論理的には、行政の内部統制的見地に立った組織原理が及ばないと同時に、行政組織的原理からの内部組織の民主化の要請も当然には及ばないことをあげている。

この内部組織原理に関する議論は、前述の行政主体間関係についての議論と異なり、塩野の行政主体論の論理からすると、本来の意義にあたるものともいえる。塩野の行政主体論は、国の行政事務という概念を基軸とし、それを行うものとして設立されたものを行政主体と評価するものであるから、国の行政事務を行うための組織的要件が存在し、それが国の組織に対して要請されるとするならば、行政主体とされる組織にも同時に要請されるものとい

---

[88] この問題に関する代表的な論稿として、藤田宙靖「行政主体相互間の法関係について」『行政法の基礎理論下巻』(有斐閣・2005年、初出1998年) 58頁。この問題に関する裁判例・学説については、機関争訟の法律上の争訟性に関する包括的研究である、西上治「機関争訟の『法律上の争訟』性」行政法研究6号 (2014年) 25頁に詳しい。

[89] 塩野・前掲注23) 32頁以下。

第3節　行政主体の問題　55

える。ただし、その要件が国に対するのと全く同じ形で実現されることまでは要請されないと考えられる。塩野のいう、調整原理としての内部組織そのものにおける民主的構造とは、民主的コントロールのあり方について、業務の自主的な運営とのバランスに配慮するものである。

　(3)　塩野が1975年論文で示した行政主体論の内容は以上の通りである。その後、塩野は、行政組織法分野の書物である『行政法Ⅲ』において、国、地方公共団体以外の行政主体について、「特別行政主体」という名を与え[90]、特殊法人のみならず、独立行政法人や国立大学法人のような新たな形態の組織をも対象とし、類型ごとに検討を加え、またその意義について論じている。そこでは、行政主体の定義について1975年論文を基本的に踏襲した上で[91]、行政主体概念の道具性、有用性について、立法レベルと解釈レベルの二つの観点から考察が加えられている。そこで示されているのは、立法レベルでは、①法人設立に関する法律の根拠が必要であること、②法人の組織・運営について、国および地方公共団体の行政機関と同様の民主的コントロールという見地からの立法措置が必要であり、組織編制への行政機関の関与が許容されること、③設立の趣旨に適合的である範囲内で、主権の発動の一形態である公権力の行使の付与が認められること、④政策実現のため、他の国家行政機関と同等の法律上の取扱いがなされることが正当化されること、解釈論上のレベルでは、⑤国と行政主体との関係を内部関係と解し、出訴が制限されること（ただし、塩野は原則として否定）である[92]。

　ここであげられたものは、基本的には1975年論文での考察をより発展させたものと見られるが、③と④は、1975年論文においては、あまり意識されていなかった点である。④については、その後の、特殊法人等を対象とす

---

90)　塩野・前掲注2)91頁は、特別行政主体とは、「国および地方公共団体のように、憲法上行政主体たる地位を有している法人以外で、制定法上、行政を担当するものとして、位置づけられているものを総称する」ものであるとする。なお、行政主体論は、もっぱら、この特別行政主体の判別およびその意義に関心を向けるものであることから、本文では、基本的に、特別という語を省略し、単に、行政主体と表記する。

91)　塩野・前掲注2)92頁。

92)　塩野・前掲注2)116頁以下。

る情報公開法制の整備において、ある法人をその規律の対象とするかどうかを判断するための理論が求められ、その際、行政主体論が大きな役割を果たしたことと関係するものと考えられる（この点は本節第3款で触れる）。

なお、以上の①から⑤は、行政組織法原理の適用範囲と国と行政主体との関係に係る意義を示したものとされている[93]。ここでは、作用法上の意義については述べられていないが、これは、作用法上何ら意義を持たないというよりも、行政主体論は最初の段階で、作用法上の問題と組織法上の問題とを分けて考え、後者に関する議論として展開したものであるためと考えられる。前記のように、行政主体が、国の行政事務と位置づけられた業務の分担遂行にあたる主体であるとし、それによって、国・地方公共団体以外に行政主体として位置づけられるものが見出されるのであるとすると、国・地方公共団体の一定の行政作用に課せられる作用法上の規律も[94]、（組織法上の規律と同じく、国・地方公共団体と全く同じに適用されるかどうかは別として）及ぶものと考えられる[95]。

(4) 以上で示した塩野の行政主体論は、その後の行政主体に関する理論的検討の嚆矢となり、その後の学説は、概ね、この塩野の理論を踏まえて展開されることになる。その内容として、多くの学説は、塩野の理論の持つ限定的な性格を克服し、より一般性を持った枠組みの構築を目指す方向で展開している。塩野の理論は、特殊法人の一部を行政主体として位置づける（あるいは位置づけない）ことに主眼においた理論であるため、そうした文脈から外

---

93) 塩野・前掲注2）119頁。
94) 行政法学の対象となる「行政」について、塩野・前掲注1）2-7頁参照。
95) 本書旧稿等による問題提起に対して回答する、塩野・前掲注2）119頁以下の記述は、主体の活動の統制に目を向けており、このような理解を前提にしているように思われる。なお、行政主体と行政作用法の関係について、岡田雅夫「行政主体論」『行政法学と公権力の観念』（弘文堂・2007年、初出1985年）134, 170頁は、塩野の理論は、「組織法上の行政主体の概念を作用法上のそれから切りはなすことによって、行政主体＝公法人論を克服することに成功しえた」と評価した上で、「この切断そのものが、本来一応のものであるはずであるのに、行政組織法の行政法総論へのくみ入れがなされていないが故に、固定化してしまっている点に矛盾が孕まれている。換言すれば、行政主体＝公法人論が切断されても、行政主体が『行政』主体である限り、そのレベルで行政作用法上の『行政』主体との再結合がなされなくてはならないはずであろう」とする。

第 3 節　行政主体の問題　57

れたものの扱いについては積極的には語らない。塩野の理論は、公法人の理論を発展させる形で、一部の特殊法人を国の一分肢としての行政主体と理論的に位置づけることから出発し、またその意義も、それらに対する規律を念頭に置いたものであったのであり、その意味で、幅広い行政上の主体を対象とする一般理論としての性格を必ずしも持つものではない。これは裏を返せば、対象とその意義を絞り込むことによって、目的にあった有用な理論を展開しようとするものであったともいえる。

第 2 款　行政主体論に対する批判

(1)　塩野の行政主体論に対して早い時期に批判を寄せた論者として舟田正之がいる。

舟田の議論の特徴は、主体の法的性格をそれが担う業務との関係において位置づけようとする点にある。舟田は、社会的需要を充足する社会そのものの存立にかかわる活動全体を「公共的任務」とした上で、公共的任務のうち

---

96)　塩野・前掲注 84) のあとがき（335 頁）において、塩野は、1975 年論文について、「私の放送法制研究の過程において、日本放送協会の法的位置づけが、常に問題とされてきた。そこで、同協会もその一つとされる特殊法人について、分析、検討し、解決の一助としたいと考え、研究に着手した」としている。もっとも、日本放送協会を積極的に分析対象とするには、国の行政事務という概念を基軸とする行政主体論の限界が問題となる。国の行政事務に当たらない放送事業というものについては、行政主体論の射程の外にあり、行政主体論においてはなにもいうことがない。つまり、塩野の行政主体論においては日本放送協会は行政主体に当たらず（塩野・前掲注 23) 26 頁以下、同「行政法学における法人論の変遷」『行政法概念の諸相』（有斐閣・2011 年、初出 2002 年）405、414 頁）、積極的な形で評価されないものである。その意味で、塩野の理論は、元々の研究目的である日本放送協会に対しては、行政主体に当たらないという消極的な位置づけをすることができるのみであり、積極的な位置づけをするための理論としては適したものではなかったといえる。
97)　この点で橋本・前掲注 82) 34 頁による次の評価は適切であると思われる。「塩野の行政作用法理論において、公法・私法二元論の克服から行政の行為形式論への展開が主張されたこととパラレルに考えると、行政組織法における行政主体論は、新たな二元論から先の理論的展開という部分において、未だ十分でないように思われる。また、塩野説では、特殊法人と呼ばれる法人群から行政組織法的に有意味な行政主体を囲い込むと同時に、それ以外の法人（＝私的法主体）が行政法理論的考察から控除されてしまうことにな」る。
98)　舟田正之「特殊法人論」『情報通信と法制度』（有斐閣・1995 年、初出 1985 年）202 頁、そこでの議論を補充する「特殊法人と『行政主体』論」同書（初出 1984 年）244 頁も参照。

国家が自ら遂行すべきであるとして社会に対して引き受けた任務を「国家的任務」、国家的任務のうち、立法府・司法府がなすべき任務を除いて、国家行政としてなされるべき事柄を「行政的任務」とする。何が公共的任務であり、国家的任務あるいは行政的任務であるべきかは、一般的論理的に確定することは困難であり、法制度上は、実定法によってそれぞれの任務の内容が決定されるとする。公共的任務は、かつては行政的任務と同一視され、伝統的学説においては、国家自らがその直接の行政組織によって行うほか、公共団体（公法人＝行政主体）、私人たる特許企業によって、公行政の一環として（行政作用として）遂行されるべきものとされていた。しかし、近年の、国家と社会の相互浸透と呼ばれる構造変化のもとで、「生存配慮」、「形成行政」等の任務が増加する中で、公共的任務のうちある種のものは、経済的事業であると同時に公共的任務の遂行でもあるような活動形態として行われることが予定され、そして、その事業主体も、国家と私人の中間的存在、あるいは両者の共同事業主体としての特殊法人によって担われるべきものとして判断されることがあり得るのであり、そうすると、こうした公共的任務を担う組織を、国家と私人とに振り分けることは不適切であるとしている。そこでは、公共的任務の一部について、公行政の一環でも、純粋な私的活動でもないものとして捉えた上で、そのような業務を担うべき主体についても、それに対応するものとして積極的に評価しようとする姿勢がうかがわれる[99]。

(2) 舟田は、塩野の行政主体論に対して、次の四つの点で「この種の実質的な個別的判断によって特殊法人を行政主体と私人とに振り分けること自体が疑問である」とする[100]。

第一に、行政主体性の有無を判断するための基準が複数あり、それらを総合的に判断することは、実際上は甚だ困難であり、見方によって異なる結論となりうること（法的組織形態および公私の出資の有無・割合は、いずれも、行政技術的ないし経営・管理技術的な問題であって、行政主体性の問題と論理的には切り離して

---

99) 以上、舟田・前掲注98)（特殊法人論）222-25頁。
100) 舟田・前掲注98)（特殊法人論）225頁以下。さらに、舟田・前掲注98)（特殊法人と「行政主体」論）252頁以下参照。

考えるべき事柄であることも合わせて指摘する）。

　第二に、特殊法人の組織法上の性格を、その担うべき機能的要素と無関係に決定しようとする方法自体が疑問であること。

　第三に、行政的任務と公共的任務との区別が、現代における国家と社会の相互浸透という構造的変化に基礎を置いているとすると、新しい形態の様々な特殊法人の簇生を、伝統的な公法上の組織と私法上の組織という区別で整理するよりは、個別的な事物領域（例えば、エネルギー経済）についての統一的な法秩序という思考枠組みのもとで、そこにかかわる各種の法主体の組織法上の位置づけを考えることの方が、実態に見合った法的構成をもたらすと思われること。

　最後に、行政主体か私的法主体かという形での法的地位の明確化こそが、私的法主体の自由の確保にとって不可欠であるという主張に対しては、私的法主体の自由は、そのような組織法上の性格付けではなく、国の指揮監督権の範囲・限界、および作用法上の規制に対する限界付けについての具体的な立法政策論・解釈論の精緻化によって実質的に確保されるのではないかということ。

　しかし、これらの批判は行政主体概念の成立可能性を必ずしも否定するものとはいえない。第一点については、確かに、判別の基準が妥当なものであるのか、そしてそれによって明確な判別が可能であるのかという点については問題がある。しかし、それは、判別基準の内容や、明確に判別できないという判別方法（あるいは、明確には判別できないことをどう捉えるか）の問題であって、行政主体概念の成立自体が否定されることにはならない。[101] 第二点、第三点については、国の一分肢としての行政主体を切り出す理論である行政主体論が持つ射程の限定性に対する批判といえ、それらは、より一般的な行政上の主体と活動を統制するための理論を考える際に考慮されるべき事項であるといえる。また、第四点については、国家社会二元論の維持によって私的法

101）　藤田・前掲注24) 95頁以下は、一義的な線引きは不可能であるとしつつ、「その外延につき、厳密な線引きが行えないことから、直ちにそのようなカテゴリーの設定方法自体が誤りであるということにはならない」と指摘する。

主体の自由が確保されるというドイツの学説に依拠する主体の公私区別維持論に対する批判にあたる。この点に関連して、山本隆司は、「舟田氏のように……基本権を享有しない国と享有する私人の区別を、特殊法人に関して放棄すべきか」という点について、「確かに、『公共的任務』を担う国と私人が服する法的規律の内容を、単純に二項対立的に捉えるのは誤りである」としつつ、「私人が基本権を有し国や地方公共団体が基本権に拘束されることは、法的規律の前提として、いわば法的規律の限界を画する意味を持つ」と指摘する。また、山本は、舟田が、行政主体を国・地方公共団体に限定し、それ以外を全て私人とすることに対しては、「国や地方公共団体が別の法人を設立すれば即、基本権等による拘束を免れ、私人と同質の……自由を得られると解することには疑問がある」と指摘している。行政主体概念の成立可能性を否定するためには、この点についても、積極的な理由を提示する必要があるように思われる。

このように見ると、舟田の批判は、主として、行政主体論の有する限界や問題点を指摘するものではあるが、行政主体概念の成立可能性を否定するには至っていないように思える。

第3款　行政主体論の限界と新たな方向性
——特殊法人等の情報公開をめぐる議論

(1) 既に検討したように塩野の行政主体論は、公法人の理論を発展させる形で、一部の特殊法人を国の一分肢としての行政主体と理論的に位置づけることから出発しているため、理論として一般性を欠くところがあり、その対象としない領域に対して積極的に何かを語るものではなかった。また、舟田によって指摘されていたように、その判別基準の内容や判別の明確性について問題を抱えていた。こうした行政主体論の限界や問題点は、行政主体論が

---

102) この議論については、藤田宙靖「行政主体の概念について」『行政法学の思考形式』(増補版、木鐸社・2002年、初出1976年) 65、89頁以下参照。

103) 山本・前掲注73) 877頁以下。

特殊法人等を対象とする情報公開制度を構築する際のツールとして実際に用いられることによって改めて認識され、学説において新たな方向性が示されることになった。

(2) 1999年に成立した行政機関情報公開法は、その情報公開の対象機関を、「行政機関」の定義（2条1項）に含まれるものに限定し、国と法人格を異にする特殊法人の情報公開については、42条（制定時）において「政府は、法律により直接に設立された法人又は特別の法律により特別の設立行為をもって設立された法人（……。以下『特殊法人』という。）について、その性格及び業務内容に応じ、特殊法人の保有する情報の開示及び提供が推進されるよう、情報の公開に関する法制上の措置その他の必要な措置を講ずるものとする」と定め、その後の検討課題とし、その附則2項においては、「政府は、特殊法人の保有する情報の公開に関し、この法律の公布後2年を目途として、第42条の法制上の措置を講じるものとする」と規定した（なお、1999年12月に成立した中央省庁等改革関係法施行法により、42条と附則2項に、独立行政法人通則法2条1項が規定する独立行政法人が追加されている）。これを受け、1999年7月に行政改革推進本部に設置された特殊法人情報公開検討委員会（以下、「検討委員会」とする）において、特殊法人等の情報公開制度に関する検討がすすめられ、その成果として「特殊法人等の情報公開制度の整備充実に関する意見」

---

104) この規定は、情報公開法要綱案の第27を受けたものであり、「情報公開法要綱案の考え方」においては、「特殊法人については、情報公開を推進すべきであるという国民の要請が強い。特に、国民の生活や安全に密接な業務を行っているものについて顕著である。このような国民の要請にこたえるためにも、特殊法人の情報公開に関する制度又は施策を速やかに整備すべきであると考える」。「しかし、特殊法人は、それぞれの法的性格、業務の内容、国との関係が様々である。このため、特殊法人を本要綱案で定めている開示請求権制度の対象機関とし、行政機関と一律に同じ取扱いをすることは適当ではない」。「特殊法人の情報公開を進めるに当たっては、個々の特殊法人の性格、業務内容に的確に対応した制度の整備その他の施策を講ずべきである。その際には、国民からの求めに応じた情報の開示とともに、現在、政府において推進されている財務諸表の公表等の措置を含め、国民の関心を集め、国民の生活等に密接な関係を有する情報については、一層積極的な情報の提供が重要である」。「このような考え方から、本要綱案では、特殊法人に対してこの法律を直接適用することはしないが、政府は、特殊法人の性格及び業務内容に応じて情報の開示及び提供が推進されるよう、情報公開に関する法制上の措置その他の必要な措置を講ずるものとするという規定を設けることとした（第27）」（7補則（4）特殊法人の情報公開）と説明されている。

(2000 年 7 月 27 日)（以下、「検討委員会意見」とする）が出されている。検討委員会の主要な作業は、情報公開制度の対象となる法人の確定作業であり、42条で明示されていた特殊法人（および独立行政法人）のみならず、認可法人や指定法人等も視野に入れて検討がなされた。対象法人の確定作業においては、特殊法人のうち国の一分肢を行政主体として切り分ける理論である行政主体論の存在が大きな意味を持ち、情報公開の対象法人の確定という具体的作業の場においてその適用が試されることで、行政主体論の限界や問題点が浮き彫りとなり、学説の議論を惹起した。以下、その内容を見ていく。

(3) 検討委員会意見は、その対象法人について、「国民に対する説明責務を自ら有する法人を対象法人とし、これに該当するかどうかの判断は、法人の設立法の趣旨によることとする。その判断に当たっては、以下によるものとし、対象法人の名称は、法律の別表に掲げる」とした上で、第一に、「特殊法人、独立行政法人又は認可法人であって、設立法において、その理事長

---

105) ジュリ 1187 号（2000 年）43 頁に収録（なお、総務省のウェブサイト（https://www.soumu.go.jp/main_content/000121084.pdf）からも入手できるが、委員等の名簿が付されていない。同名簿によれば、本章で論文を引用した論者のうち、塩野宏は委員長として、舟田正之は委員長代理として、宇賀克也は委員として、中川丈久、橋本博之、米丸恒治は参与として検討委員会に参加しており、この検討委員会の議論がこの分野における理論の発展を大きく促したことがうかがえる）。検討委員会意見の内容の検討として、芝池義一「特殊法人の情報公開に関する報告書の検討」ジュリ 1187 号（2000 年）37 頁、宇賀克也『情報公開法・情報公開条例』（有斐閣・2001 年）171 頁以下、同『情報公開の理論と実務』（有斐閣・2005 年）118 頁以下など。

106) 米丸恒治「情報公開法 37 条〜44 条―補則」ジュリ 1156 号（1999 年）75、77 頁は、この 42 条の規定に対して、認可法人、指定法人についての検討も必要ではないかと指摘していた。

107) 検討委員会意見「はじめに」では、「本委員会では、行政機関と同様に、国民に対する政府の説明責務が全うされるようにするための法制度を確立する観点から、特殊法人及び独立行政法人のみならず、これらに準じて検討することが必要と考えられる認可法人等についても視野に入れて、……調査審議を重ねてきた」とされている。なお、後述のように、認可法人は、特殊法人、独立行政法人とともに、一定の要件を満たしたものについて対象法人とされたが、指定法人等（法人だけでなく自然人等が指定された場合も含める趣旨で指定法人等と表現されている）については、対象法人とされず、今後の課題とされた（検討委員会意見第 9（1））。なお、指定法人等の情報公開については、総務省から委託を受けた財団法人行政管理研究センターが、「指定法人等の情報公開の在り方に関する研究会」を設置し、そこで検討が行われ、報告書（季刊情報公開 9 号（2003 年）48 頁に収録）が出されている。指定法人等の情報公開に関する検討の経緯・内容については、宇賀・前掲注 105)（情報公開の理論と実務）157 頁以下に詳しい。

等を大臣等が任命することとされているもの又は法人に対し政府が出資できることとされているものについては、対象法人とする」、第二に、第一にかかわらず「次に掲げる特殊法人等については、その設立法の趣旨から次のとおり取り扱う……〔本書筆者注：第一の一般的基準が必ずしも適切に当てはまらない特殊法人等について、設立法の趣旨に基づいて個別に判断した結果が示されている〕」という判断基準を示している（第2）。

　検討委員会意見は、こうした対象法人の確定の判断基準に関して、特殊法人等情報公開法（検討委員会意見における仮称。検討委員会意見では、特殊法人、独立行政法人および認可法人を「特殊法人等」といい、特殊法人等に関する情報公開法を「特殊法人等情報公開法」としていた）も行政機関情報公開法と同様に、主権者たる国民に対する政府の説明責務が全うされるようにすることを目的としている（第1）ことを踏まえた上で、次のように解説している。

　　「前記第1の目的を達成するためには、国民に対し、政府の諸活動についての説明責務を自ら有する法人を特殊法人等情報公開法における対象法人とする必要がある。

　　政府の諸活動は、行政機関のみならず、様々な主体と方法により実施されている。それらの主体のうち、政府の一部を構成すると見られるものは、行政機関と同様に、その諸活動について国民に対する説明責務を自ら有するものである。

　　特殊法人等については、各法人の組織、業務内容、国による関与等を規定する法律（独立行政法人にあっては、独立行政法人通則法……を含む。以下『設立法』という。）が定められているが、政策上の必要性から様々なものが設けられてきており、それらを一律に政府の一部を構成する法人と見ることはできない。政府の一部を構成すると見られるかどうかは、各法人の設立法で定められている組織・制度の趣旨により判断されるものであり、本委員会では、上記のとおりの判断基準を示した。その上で、法律上、対象法人を明確にし、国民に分かりやすいものとする観点から、対象法人を特殊法人等情報公開法の別表に掲げることとする……。

　　判断基準の考え方は、次のとおりである。

1　特殊法人、独立行政法人又は認可法人であって、設立法において、理事長等の法人の業務執行に関する最高責任者を大臣等が任命することとされているもの又は当該法人に対し政府が出資できることとされているものは、対象法人とする。すなわち、これらの法人は、設立法が、その組織・制度の最も根幹的な要素に政府が直接参画・関与することを規定していることから、政府の一部を構成すると見られ、政府の説明責務を自ら負う法人と考えられる。

なお、独立行政法人は、独立行政法人通則法において、行政を担う主体として定めている趣旨が明らかであり、また、上記の任命及び出資による基準にも該当することから、すべて対象法人とする。

2　以下の法人は、1の一般的判断基準にかかわらず、設立法の趣旨から、次のとおり取り扱うこととする」。（以下、列記の内容につき、省略）

以上で示された基準は、行政主体論における行政主体性の判別に関するそれと類似するものであり、検討委員会の委員長が行政主体論を提示した塩野であったことを考慮するまでもなく、その影響は明らかといえるだろう。すなわち、検討委員会での対象法人の確定作業は、設立法の趣旨に基づいて、政府の一部を構成すると見られるものを切り出す作業であり、第一に、大臣等による業務執行最高責任者の任命・出資の有無という基準を用いて判断し、第二に、設立法の趣旨に基づき個別的に判断したものであるが、行政主体論においても、実質的に国の一分肢たる行政主体にあたるものを切り出すために、法律上、国の行政事務を担当するものとして設立されたと見ることができるかという視点から判断し、それを判断するにあたり、法人の設立に際しての設立委員の政府任命に加え、法人の経営そのものに関する国の主体的かかわりあいの仕方、いいかえれば、法人に対する国の出資のあり方および運営費に関する国の支出のあり方にも着目するのが妥当であるとしていた。塩野自身も、「検討委員会の作業は、行政主体論一般論ではなく情報公開法制の適用範囲という枠内でのものであるという、検討委員会の性格からくる限定を有している」こと、自らの「行政主体性判別論は、公共的事務を行政事務として当該法人に行わせしめる点に着眼するという論理構成をとっている

が、検討委員会の報告書はそのことを明示してはいない」といった点で違いはあるものの、「検討委員会の作業は、行政主体論の情報公開法制における適用場面として理解することができる」としている[108)109)]。検討委員会での対象法人の確定作業は、全くのゼロから行われたものではなく、行政機関情報公開法で確立された開示請求権制度を特殊法人等に拡大するにあたって、その妥当性を各法人の根拠法令の組織法的解釈により行われたという特色を有する。そうした作業であるがゆえに、行政主体論はそのためのツールとして有効に機能し得たものと考えられる[110)]。

(4) しかしながら、注目すべきは、対象法人の確定作業と検討委員会意見について、同じく検討委員会に参画した舟田正之から、以上の塩野の読み方とは異なる読み方が可能であることが示されていることである。

舟田は、検討委員会意見について、「行政主体論＝組織論的アプローチをそのまま用いて開示請求権の対象とすべき法人を括り出したのではないと理解することが可能であると思われる」とした上で、「対象法人を行政主体か

---

108) 塩野・前掲注96)（法人論の変遷）416 頁。また、塩野・前掲注２) 117 頁においても、独立行政法人等情報公開法の対象法人について、「独立行政法人のような行政主体性の明確なものは当然として、本書の立場からすれば、対象となった特殊法人はもとより、形式的には、民間人の設立にかかる認可法人も実質的には行政主体性を有するものとして整理されたものとみることが可能である」としている。さらに、同「行政法における『公と私』」『行政法概念の諸相』（有斐閣・2011 年、初出 2009 年) 83、90 頁は、「情報公開制度の適用範囲を確定するに際して、これら国から切り離された独立行政法人、さらには従前から存在していた特殊法人の扱いが問題となった。結果的には国民主権の見地からする説明責任を全うするという見地から、情報公開制度適用法人の線引きが行われたことになる。筆者はかつて特殊法人について分析をし、そのなかから行政を担当すべく設立された法人を切り分け、これを行政主体として位置づけた。このような理解からすると、基本的には情報公開制度適用の範囲は行政主体ということになる」とする。

109) ただし、本文で後で述べる部分とも関係するが、塩野宏監修・日本銀行金融研究所「公法的観点からみた中央銀行についての研究会」編『日本銀行の法的性格』（弘文堂・2001 年）217 頁（塩野宏）では、検討委員会意見において、「行政府の一分肢とみられる法人」、「政府の一部である法人」という案に対して、「政府の一部を構成すると見られる法人」という表現が用いられた点について、行政主体概念を不要とする舟田正之の反対があったためであり、「政府の一部」という概念は、行政組織法一般理論上の行政主体の話ではないことを前提とし、「政府の一部」という表現を用いたからといって、行政主体概念が定着したわけではないということで舟田の納得が得られたと説明されている。

110) 橋本・前掲注82) 56 頁。

否かという観点から判断したのではなく、情報公開制度固有の理念に基づき、政府の説明責任が行政機関と同様に及ぶべき、特別の組織的および経営上の特徴を有する法人を『政府の一部を構成するとみられる法人』と捉えたと理解」でき（このような見方を、行政主体論を用いた「組織論的アプローチ」に対して、「情報公開制度に固有のアプローチ」とする）、検討委員会意見の説明文にある「『国民に対し、政府の諸活動についての説明責務を自ら有する法人を特殊法人等情報公開法における対象法人とする』とは、この意味である」と説明する。そして、「情報公開制度の観点から見て『特別の組織的及び経営上の特徴を有する法人』とは、各法人の設立法・根拠法の諸規定およびその合理的解釈として、国が当該法人に一定の事務・事業の遂行のために特別の法主体の設立に関与したと認めるべき法人のこと」であり、「少なくともこの意味の特別の法人に関しては、政府の説明責任、あるいは国民の『知る権利』が、行政機関と同様に及ぶべきであ」るとする理由として、「これらの法人の場合には、各法人の設立法を立法する際に、国が当該事務・事業の遂行につき、私人の自由な活動に委ね、あるいは私人への私法上の委託等によるのでは不十分であるとの判断に基づき、当該業務を適切・確実になすことを任務とする法人を設立した、またはそのために設立される法人が適切かどうかを認可において判断することとしたと理解されるから、そのような法人の事務・事業は、広義の『政府の諸活動』であり、国民からの開示請求に応ずべき法人である、と考えられる」とする。そして、このアプローチは、「組織論的アプローチのように、各法人の組織それ自体から判断するのではなく、情報公開制度の趣旨・目的から各法人を捉え直そうとするものであ」ると説明する[111]。

以上の舟田の見解は、情報公開制度の対象法人について、情報公開制度の趣旨・目的に即してその範囲が確定されたものと見ている点に特徴がある。すなわち、そこで対象法人とされた「政府の一部を構成すると見られる」法人とは、一般的な意味のそれではなく、情報公開制度という文脈における意味でのそれであり、その内容は、具体的には、舟田の表現を借りれば、政府

---

111) 舟田正之「特殊法人等の情報公開制度」小早川光郎ほか編『行政法の発展と変革上巻』（有斐閣・2001年）739、754頁。

第 3 節　行政主体の問題　67

の説明責任が行政機関と同様に及ぶものである。行政主体論＝組織論的アプローチによれば、情報公開制度とその他の制度とで対象法人は概ね一致することになると考えられるが、情報公開制度に固有のアプローチによれば、情報公開制度と他の制度において対象法人が異なることも十分あり得ることになろう。

　このように特殊法人等の情報公開をめぐって、組織論的アプローチ（＝行政主体論に基づくアプローチ）と情報公開制度に固有のアプローチが示されたのであるが、注目すべきなのは、同一の報告書およびそこで示された対象法人の判断基準に対して、二通りの読み方が可能であることが示されたということである。[112] そうすると、両者の見解の相違は、対象法人の違いではなく、なんらかの根拠で情報公開制度の対象法人とすることが妥当である法人について、その妥当性を、組織論的アプローチ（行政主体論）で基礎付けるのか、それとも情報公開制度に固有のアプローチで基礎付けるのかという違いであるということにもなりそうである。塩野は、もっぱら組織論的アプローチ（行政主体論）によって基礎付け、舟田は、もっぱら情報公開制度に固有のアプローチで基礎付けるという立場であるように思える。

　問題は、この二つのアプローチの関係である。もし両者が理論的に共存し得るものであるなら、両者の見解の相違は、二つのアプローチの守備範囲の違いということになり、ある法人については理論的にどちらの根拠からも基礎付けることができることもありうることになる。この点、舟田は、国・地方公共団体以外の行政主体を認めないという前記のような行政主体概念否定論をとることから、おそらく組織論的アプローチは認めないものと思われる。[113] しかし、先に述べたように、判別基準の内容の妥当性や判別の明確性の点で問題があるとはいえ、行政主体概念自体は否定しないとすると、情報公開制

---

112)　橋本・前掲注 82) 54 頁。
113)　ただし、舟田も、「組織論的アプローチに基づいて、前記の『政府の諸活動』という場合の『政府』（広義の政府）を、狭義の『政府』（すなわち行政機関情報公開法 2 条の定義する『行政機関』）、および前記の『特別行政主体』を中核としているとし、これに、情報公開制度の理念から一定の対象法人を加えたのが本意見の確定した対象法人であると理解することも可能であろう」（舟田・前掲注 111) 755 頁）とする。

度に固有のアプローチをとることは、組織論的アプローチ（行政主体論）を排除することにはならないように思われる。逆に、組織論的アプローチ（行政主体論）も情報公開制度に固有のアプローチを排除するものではない。実際、塩野は、情報公開制度に固有のアプローチの採用を必ずしも排除していないように見える。すなわち、塩野においては、前記のように、「検討委員会の作業は、行政主体論一般論ではなく情報公開法制の適用範囲という枠内でのものであるという、検討委員会の性格からくる限定を有している」としており、情報公開制度に固有の配慮を排除していないように見える。むしろ、前記のように行政主体論は、対象としない領域の処遇について沈黙していることと、判別基準の内容の妥当性、判別の明確性という点で問題を持っていたことを考えると、情報公開制度に固有のアプローチを併用することは、こうした問題点を補うものと評価できる。

(5) 二つのアプローチが共存できるものであるとすると、次の問題は、両者の守備範囲をどのように捉えるかということになる。この点で注目されるのは、中川丈久の見解である。

中川は、行政主体論を「政府機関（行政機関）か否かにつき国会の意図が明示されていない設立根拠規定に対して、他の規定を用いて立法意図を推測するための解釈上の補助線を提供しようとする議論」と評価した上で、次のようにいう[115]。

「政府機関（行政機関）という地位は、国会がその旨を明示し、または

---

114) この点、藤田宙靖は、後で紹介する「複数の補助線」に係る議論において、「『情報公開制度の固有のアプローチ』なるものが、……『政府の説明責任が行政機関と同様に及ぶべき、特別の組織的及び経営上の特徴を有する法人』とは何か、を問うものであるとするならば、そこに、組織法上の『行政主体』概念を（他の複数の補助線と並ぶ）一つの補助線として利用する可能性を見出すこと自体が、さほど不都合なことであることのようには、私には思われない。要するに、舟田教授の場合には、『行政主体』と『私人』との組織法上の区別ということにつき、いわば一種逆の意味での絶対性を前提とした理解をされ、そこでの区別をあらゆる場面における『二者択一性』を意味するものと考えた上でこれを排斥されることから、教授の『行政主体』概念批判が生まれているのではないか」と指摘する（藤田・前掲注 24) 101 頁)。

115) 中川丈久「米国法における政府組織の外延とその隣接領域」碓井光明ほか編『公法学の法と政策下巻』（有斐閣・2000 年）473、493 頁以下。

第 3 節　行政主体の問題　69

明らかにそのように解釈できる場合でない限り、創り出されるものではないとする解釈態度もまた考えられる」のであり、このように行政主体論を捉え直すならば、「設立根拠規定の次元で政府機関（行政機関）と解釈された法人……については、政府組織一般に妥当するガバナンスやアカウンタビリティが及ぶという推定が働くという考え方もあり得」るが、「しかしながら、ガバナンスやアカウンタビリティの項目は多岐にわたるため、政府組織というだけで必ずしも統一的に妥当するとは限らないところがあり……、そうした項目は、法人格ある行政機関とそうでない行政機関の別よりもむしろ、事務内容に応じて妥当する・妥当しないの判断が違ってくるのではないかと考えられる。また、国や地方公共団体の外にある非政府組織であっても、政府組織との近接性ゆえに……共通に妥当すべき項目というものもありうる。ガバナンスやアカウンタビリティの次元では、行政主体論を超えた概念づくりが必要と思われるのである」。

この中川の見解は、ガバナンスやアカウンタビリティの項目により、事務内容に応じて諸種の統制が及ぶかが決定されることを求めるものであり、後述の橋本博之や藤田宙靖の見解につながるものである。もっとも、（後で紹介する）藤田の指摘にあるように、そうした思考のもとでも、行政主体論が一つの補助線として機能し得ると考えるのであれば、行政主体論の守備範囲を考える上での重要な指摘もしているものといえよう。すなわち、ここで、中川は、行政主体論（組織論的アプローチ）に基づき、行政主体（政府機関・行政機関）であるとされ、そのことを理由として直接に情報公開制度の対象とするような諸種の統制が及びうるのは、国会がその旨を明示するか、明らかにそのように解釈できる場合に限定されるとしている。[116] 前記のように、行政主体論は、その射程を考える上で、判別基準の内容の妥当性や判別の明確性という問題を抱えていた。ここで中川は、こうした問題に対して、国会が明示し、あるいはそれに準ずるものに限定するという方法で、行政主体論が及ぶ領域

---

116)　中川・前掲注 115) 495 頁は、独立行政法人通則法に基づく独立行政法人がこれにあたると位置づけている。

を絞り込む形で対応したものといえる。

このような行政主体論の守備範囲を限定する対処法の問題として、行政主体論の本来の射程を取りこぼすことになるのではないか、守備範囲外で受け皿となる諸種の統制を及ぼすアプローチ（情報公開制度でいえば、情報公開制度に固有のアプローチ）が受け皿として有効に機能し得るのかという問題がある。行政主体論の目指すところは、特殊法人等の新たな組織形態の法人について、それを機械的に行政主体とすることを疑問視するとともに[117]、逆に、実質的に国の一部といえる特殊法人について行政組織法理論の外においておくのではなく、積極的に位置づけようとするところにあった。そうすると、行政主体論の及ぶ範囲を最小限に限定することにより、本来射程に入れなくてはならないものを取りこぼす可能性がある。また、そうした取りこぼしに対して、受け皿となるアプローチが行政主体論に代替する基礎を有効に提供し得るのかも危惧されることになる。そうすると、やはり、第一に、行政主体概念をどこまで拡張できるのかを検討するとともに、第二に、その枠外においてどのような根拠で諸種の統制がなされるのかをもう少し検討していく必要があろう。以下、この二つの問題について考えていく。

(6)　まず、後者の問題について、中川の見解を踏まえて述べられる、橋本博之、藤田宙靖の見解が、解決の方向性を探る一つのヒントになるように思われる。

橋本は、次のように述べる[118]。

「筆者は、官民の中間にある政府周辺法人につき国民に対するアカウンタビリティの質を高め、それを制度的に担保する法的仕組みを整えてゆくためには、アカウンタビリティの充実という側から理論構成を組み立てた法政策論の展開という、新しい議論の方向を探るべきである、と考える。この場合、設置法令実証的な解釈論によって行政主体を確定す

---

117)　塩野・前掲注23) 24頁は、「政府関係法人の名であれ、特殊法人の名であれ、新たな組織形態を有する法人を一律に国法上、実質上国の一分肢たる法人として行政主体の中に位置づけること」を問題視していた。

118)　橋本・前掲注82) 56-58頁。

るという法的論理操作には限界があることを認め、政府周辺法人のグルーピングと、アカウンタビリティ確保のための仕組みのオプションとを相関させた立法論を展開することが望まれよう」。そして、「アカウンタビリティの側から出発し、設置法令そのものに係る立法論を視野に入れた議論の方法が必要になるのではないか」。

橋本の見解は、設置法令の趣旨の解釈に依拠する点で行政主体論に限界を認め、アカウンタビリティの確保を議論の中心とし[119]、設置法令そのものに係る立法論を含め、それを実現する諸種の仕組みを探ることに議論の軸足を移そうというものである。ここでさらに問題になるのは、アカウンタビリティの確保のような諸種の統制を実現するための根拠をどの範囲で求めるかである。

藤田は、中川の見解に対して、「従来の『行政主体』概念批判論は、基本的にはいずれも、『行政主体』概念が『唯一の補助線』として機能せしめられることに対する懸念を表明するものであった」と位置づけた上で、次のように述べる[120]。

> 「ある法主体に適用される法規範ないし法原理を探し出すための『補助線』は、常に一つだけしか存在し得ないわけではない。とりわけ、過去に一定の理論的・制度的蓄積を持つ法分野（民法・刑法・行政法その他）にトータルとして属するとはいえない法分野（いわゆる特殊法人が登場する法分野は、多くこのようなものであろう）については、むしろ、複数の補助線の交錯線上（例えば商法、経済法、そして行政組織法等々の交錯線上）で手探り作業が続けられるうちに、最適の『解』が見出される、というのが実態であろう。問題は、こういった補助線として、いかなる見地からいかなる内容のものを明確に提示し得るのか、ということであって、『行政主体』概念の有用性もまた、そういった複数の補助線の間での総合的機

---

119) なお、橋本は、アカウンタビリティの概念について、「日本の実定法上の開示請求権制度を根拠づけている、国民主権から導かれる『政府の説明責任』よりも広いものを想定している」としている。橋本・前掲注82) 59頁。
120) 藤田・前掲注24) 99頁以下。

能の中で、それなりの位置づけを与えられるべきものであろうと考える」。

この藤田の見解は、行政主体概念を補助線の一つと位置づけ、他の複数の補助線との交錯線上で最適解が探り出されるというものである。ここで注目されるのは、諸種の統制を導く、他の複数の補助線として、商法や経済法があげられているという点である。この記述からは、諸種の統制をもたらす根拠について、公法分野のみならず、広く私法分野をも想定していることがうかがえる。この点、中川においても、「ガバナンスやアカウンタビリティのあり方を論ずるのに、設立根拠規定上の特徴だけから判定することは無理であり、事務内容にも目を配る必要がある」とした上で、「一般的な法人法（民商法、宗教法人法、私立学校法、社会福祉事業法、NPO法等）では、目的とする業務の性格に応じた組織編成が決められることを通じてガバナンスの効いた状態にあるよう規律され、かつ一定のアカウンタビリティの定められていること……が想起されるべきである」としており、この記述からは、ガバナンスやアカウンタビリティという概念を公法私法横断的な概念としていることがうかがえるところである。[121]

序章で触れたように、近年、公法規範の射程が及ばない領域に対する対応が問題とされているところであるが、以上の見解は、受け皿として私法分野の規範にも期待しているところに特徴があるように思える。行政主体論が及ばないところで、受け皿となるものが存在し、それが受け皿として有効に機能し得るのかという問題は、公法私法分野横断的に見ていく必要があるといえよう。[122]

---

[121] 中川・前掲注115) 494頁。橋本も、アカウンタビリティの仕組みを導入する別の観点として「マーケット」をあげており、やはり公法私法横断的な思考がうかがえる。橋本・前掲注82) 56頁。

[122] この点、商法を専門とする神田秀樹は、日本銀行の情報公開に関する座談会で、次のような発言をしており、興味深い。「情報公開の対象を画する基準として決め手となるのは、オーナーシップであると思います。……政府の場合、行政機関情報公開法の適用対象となる行政機関のオーナーは、実質的にみれば国民であるということになると思います。つまり、普通の株式会社であれば、オーナーである株主にはそれなりのガバナンスの権利、すなわち、会社の情報を収集する権利が商法上保障されており、法人に対するチェックが効くようなシ

第 3 節　行政主体の問題　73

(7)　次に、前者の問題（行政主体概念の拡張の問題）について、山本隆司の理論を紹介したい。

山本は、法人の基本的構成要素である目的と意思に立ち返り、その二要素を分析の出発点として用いることにより、従来の公法人論・行政主体論が有していた公法人・行政主体か否かという二元的な側面を解消し、多様な形態の法人を段階的・多元的に分節することを可能とする理論の構築を試みている[123]。そこでは、「組織の一構成要素である規約の上で、当該組織の存続・解散を決定する究極の主体」、「当該組織の意思決定機関に人を就ける究極の主体」を基準として、「国の組織」、「国における自治組織」、「国における公私混合組織」、「私的組織」に分類し、その組織面への民主主義原理の適用、基本権享有主体性、基本権拘束性等を論じている[124]。

山本の理論は、前述のように限定的な理論であった塩野の行政主体論と異なり、一般性をもった行政に関する主体論を指向するものである。塩野の行政主体論においては、根拠法は、ある法人が国の一分肢と位置づけられるかどうかの解釈に用いられていたのに対し、山本の主体論では、根拠法は、主として法人の構成要素である目的と意思を規定するものとして捉えられている。つまり、山本の理論は、制度解釈的な性格を持つ塩野の行政主体論に対して、法人理論としての性格をもつものということができる。加えて、塩野の行政主体論は行政主体に該当しないものの処遇については沈黙していたが、主体について細かく区分した上でそれに対する統制のあり方を提示している

　　ステムになっています。これに対して、国の機関の場合は、国が『責任をもってやる』と言っているだけですので、国民によるチェックの仕組みとして情報公開制度を設けるのだ、というように理解していました」。そして、このような観点からすると、「特殊法人等の情報公開制度の整備充実に関する意見」（＝検討委員会意見）における対象法人の判断基準は理解しにくいと述べる。さらに、日本銀行について、「日本銀行全体を情報公開の対象にするのであれば、その理由はむしろ日本銀行のオーナーシップに求めるべきであると思っていました。つまり、日本銀行の貸出業務が仮に『民』と捉えられたとしても、民間銀行の貸出には株主による牽制があるのに対して、日本銀行の現在の組織形態には、そうした牽制はありませんから、かわりに情報公開を行うというロジックです」と述べている（塩野監修・前掲注109）207、210頁）。私法上のロジックで情報公開が正当化される可能性を示すものといえよう。
123)　山本・前掲注73) 872 頁以下。
124)　山本・前掲注73) 872 頁以下、890 頁以下。

点で注目される。[125]

　この山本の理論に対しては橋本博之による批判がある。橋本は、山本の理論について、塩野の行政主体論を出発点としてこれまで日本で展開されてきた根拠法令実証的な分析方法による考察との接合を明確化することが必要であるとした上で、次のように述べる。[126]

> 「山本論文では、その思考の大前提として公私（国と私人）の峻別が所与のものとされていて、この意味で、かつて日本で展開されていた公共団体論の現代ヴァージョンが探求されているのではないか、という疑問がある。この点について、現在の日本の議論状況と現在のドイツのそれとは、同一ではなかろう。他方で、山本に日本の公法人＝公共団体論を再定義・再構築する意図があるのであれば、……日本の組織体の根拠法令実証的分析によって自説を正当化する必要がある」。

　しかし、この批判に対しては次のことがいえよう。まず、法人論的アプローチと根拠法令実証的アプローチは個別に機能し得るものであって、競合するものではない。根拠法令実証的アプローチ（行政主体論）は根拠法による評価を反映させるものであるが、山本の見解は、ドイツの学説を参照しつつ、まさに指摘されているように、現代版の公法人論を展開するものであり、理論として両者は共存することができるように思われる。[127]そもそも塩野の行政主体論は、政府関係法人の発想に基づいて公法人論を再構成したものであり、公法人論の一つの発展形態として捉えられるものではあるが、法人論としては、元の公法人論の構成をそのまま前提としているところがある。その点、山本の見解は、現代の行政主体論において十分に取り入れられていなかった法人論としての公法人論を積極的に掘り起こし、行政主体論の有する諸種の

---

[125]　山本・前掲注73)で示された理論のその後の展開として、山本隆司「日本における公私協働」稲葉馨ほか編『行政法の思考様式』（青林書院・2008年）171頁、同「日本における公私協働の動向と課題」新世代法政策学研究2号（2009年）277頁、同「行政の主体」磯部力ほか編『行政法の新構想Ⅰ』（有斐閣・2011年）89頁など。

[126]　橋本・前掲注82) 42頁以下。

[127]　山本自身の橋本に対する反論として、山本・前掲注125)（日本における公私協働）214頁以下。

第 3 節　行政主体の問題　75

問題点（対象の限定性、行政主体性の判別の不明確性等）に対応し得る理論を提示するものとして評価できるように思われる。

（8）　以上、行政主体の問題に関する日本の行政法学の対応を見てきた。そこで示された行政主体概念をどこまで拡張できるのかという問題を探りつつ、それを超えたところでどのような根拠で諸種の統制がなされるのかという点に焦点を当てて見ていくという方向性は、前節で検討した、判別問題が問題となる場面においても同じく見られた。すなわち、具体的にいえば、国家賠償法における賠償責任の帰属主体を確定するために、主体・権限・事務帰属の判別が必要とされる領域を踏まえ、それを超えたところで、直接に賠償責任を基礎付ける要素を探るという方向性が見られたのであり、共通するところがある。

　ところで、特殊法人の情報公開をめぐっては、外国法制に関する調査、特に各国の情報公開法制における対象法人の調査がなされている[128]。塩野は、各国の状況を閲して、ドイツでは公法人、フランスでは公役務といった概念が、行政法の基礎概念としてそれぞれの国の法制に定着し、情報公開法制のような新たな法制度を作るときにも、基礎的な概念として用いられているのに対し、日本においてはこのような基礎的概念は存在していないと評した[129]。ところで、イギリスにおいては、こうした基礎的な概念として、"public function" ないし "functions of a public nature" という概念が近年定着しつつある。"public function" は、民事訴訟手続規則において司法審査の対象を示す語として、"functions of a public nature" は、1998 年人権法 6 条 3 項（b）において人権規定の適用範囲を示す語として、それぞれ用いられている。この概念は、司法審査の対象についてのデータフィン判決とその後の判例の内容を意識したものと見られ、従来の基準を乗り越えたところで生み出された行政上の主体の多様化に対応し得る概念である。こうした概念が生み出されたこと

128）　総務庁（当時）の委託研究として行われた、特殊法人の情報公開の制度化に関する研究会の成果である「特殊法人の情報公開の制度化に関する調査研究」（季刊行政管理研究 83 号（1998 年）38 頁）では、アメリカ、イギリス、フランス、ドイツについて調査がなされている。
129）　塩野・前掲注 96）（法人論の変遷）415 頁以下。

は非常に興味深い。第 2 章では、データフィン判決に始まる司法審査の対象に関する議論と、この概念を採用した 1998 年人権法に関する議論を検討する。

第1章補論　公法人（公共団体）論の検討

1　はじめに

　現在の行政主体の理論において重要な位置を占める塩野宏の行政主体論は、その基本構造において、戦前の公法人ないし公共団体（以下、単に「公法人」とする。ただし、後で説明するように両者は必ずしも同一ではない）概念に一部依拠するところがあった。これに対して、第1章第3節の最後で見た山本隆司の議論は、法人論的視点から、戦前の公法理論における公法人概念を分析した上で、行政主体論等の分析を経て、現在の行政法理論において再構成することを試みていた。このような試みは、現代における行政主体の理論を構築する上で有効であると考えられる。もっとも、山本の研究は、組織法理論構築の目的から公法人概念の法人論的側面を中心に扱っているため、公法理論において公法人概念が有していた多様な意義を十分に取り上げていないようにも思われる。後で見るように、戦前の学説を代表する美濃部達吉の公法人概念は、地方団体、公共組合などを念頭に、実在の公法人の持つ複数の性質を理論的に正当化するいくつかの理論の集合体とも見るべきものであり、法人論的側面はその一側面に過ぎない。そうした公法人概念の有していた多様な意義を明らかにしておくことは、今後の検討においても有用であるように思われる。そこで、以下では、多少寄り道をして、戦前の公法人概念が有していた意義について検討しておくことにしたい。

2　公法人概念とその意義に対する批判

（1）　戦後の行政法学においては、公法人の一般的特徴の説明や戦前の学説の紹介を超えて、公法人概念およびそれが持つ理論的意義について立ち入った検討をするものはほとんどなく[1]、特に最近では、行政組織法に関する書物は別として、公法人概念について言及されることもあまりない[2]。このように

行政法学において関心を寄せられていないのは、公法人概念が理論的に既に克服された過去のものとして見られているためと考えられる。公法人概念が克服されたと考えられている理由としては、公法人と私法人の区別の相対化と公法人概念の実用性の否定があげられる。つまり、あらゆる法人を公法人と私法人に区別することは困難であること、そして公法人概念が実用性を持たないものと認識されたことから、公法人を私法人と区別し、その上でなんらかの意義を与えるという意味での公法人論は、過去の議論と見られているものと考えられる。

このような公法人と私法人の区別を不要とする主張は、当初、主として、行政法研究者よりも、「公法学の体系（システム）の構築にコミットしない立場」にある民事法研究者によりなされたといわれている。具体的には、1940年代の末弘嚴太郎論文、川島武宜論文が、そのような業績として取り上げられることが多い。しかし、以下で見るように、末弘論文と川島論文における

---

1) 詳細な理論的分析を行うものは、山本隆司「行政組織における法人」小早川光郎ほか編『行政法の発展と変革上巻』（有斐閣・2001年）847頁、（公法人の一つとしての公共組合に焦点を当てたものとして）松戸浩「公共組合と公権力の行使（1）（2・完）」法学雑誌（大阪市立大学）60巻3＝4号298頁、61巻1＝2号128頁（2014年）など少数に止まる。
2) 小早川光郎『行政法上』（弘文堂・1999年）135頁のように触れるものもあるが、少数に止まる。
3) 塩野宏『行政法Ⅲ』（第4版、有斐閣・2012年）90頁。学説史の観点から見た場合、公法と私法の区別一般に先行して論ぜられ、しかも、それが、いわば先導的意義を有していたという点については、同「公法・私法概念の展開」『公法と私法』（有斐閣・1989年、初出1976年）56、90頁以下参照。
4) ただし、宮沢俊義も、同時期に末弘嚴太郎と同様の指摘をしている。同「公法人と私法人の異同」『公法の原理』（有斐閣・1967年、初出1935年）31頁。
5) 山本・前掲注1）856頁。
6) 末弘嚴太郎「公法人私法人の区別（上）（中）（下）」法時13巻8号75頁、9号52頁、10号56頁（1941年）。なお、同論文は、その内容の面で法学協会雑誌に掲載された一連の大審院判例の判例評釈を基礎としていると見られる。後掲注10)の判例について、同「判批」法協49巻1号（1931年）182頁、後掲注11)の判例について、同「判批」法協49巻6号（1931年）173頁、後掲注12)の判例について、同「判批」法協49巻7号（1931年）204頁。
7) 川島武宜「営団の性格について」法時13巻9号（1941年）2頁。
8) 山内一夫「公法人論」『行政法論考』（一粒社・1965年）23、26頁以下、藤田宙靖「行政主体の概念について」『行政法学の思考形式』（増補版、木鐸社・2002年、初出1976年）65、72頁以下、塩野・前掲注3）（公法・私法概念の展開）91頁以下、山本・前掲注1）856頁以下など。

指摘は、行政法学における公法人概念自体に言及するものではなかったという点、「公法学の体系（システム）の構築にコミットしない立場」であるが故に、公法人概念の果たしている公法理論上の役割を十分に把握していなかった向きがある。公法人概念の検討に移る前に、まず、そうした民事法研究者の批判の内容を確認しておくことにしたい。

(2)　末弘嚴太郎は、公法人と私法人の区別が、単に無用なるのみならず、実際上有害であるとして次のようにいう[9]。以下、ポイントを抜粋する。

「従来通説に依つて公法人の範疇に属すと考へられてゐる法人の中には、上は国家公共団体の如き公的色彩が極めて濃厚にして何人も其公法人たることを疑はないものから、下は例へば水利組合・畜産組合の如き公的色彩が比較的稀薄であつて普通に私法人なりと言はれてゐるものと極めて近似してゐるものに至るまで、公的色彩の濃淡に著しい差等がある。それにも拘らず、通説は強いてそのすべてを公法人なる一範疇に押し込まうとする為に、理論上無理が起るのみならず、実際上も反つて無用の混乱を生ぜしめてゐる」。「同じく公法人に属すと言はれてゐる法人の中にも、国家の如き公的色彩の濃厚なものから比較的稀薄なものに至るまで多くの段階をなして存在してゐるのであつて、国家に……――其公的性格の故を以て――与へられる各種の特殊なる法的取扱をすべての他の公法人にも同様に与へようとすることそれ自身が抑も初めから間違ひではないかと思ふ」。「従つて、大審院のやうに、それ等の個々的に規定された取扱方から帰納して一概に当該法人を公法人であるかどうかを決めて仕舞はうとするよりは、問題の性質に応じ特にそれに関して明文あるものに付いては其明文に従つて取扱方を定め、特に明文なきものに付いては当該法人の性質と当該問題の性質とを考へ合はせて理論的に其取扱方を考案すべきである」。

ここで末弘が通説として批判している見解は、同論文でも引用する、公法人と私法人の区別を法的規律の内容と直接的に結びつける大審院判例の見解

---

9)　末弘・前掲注6)（「区別（下）」）56頁以下。

と考えられる。すなわち、大審院は、畜産組合は公法人であり、その総代会議員の選挙は旧刑法上の公選にあたる[10]、水利組合は公法人であり、その組合会議員は刑法上の公務員にあたる[11]、畜産組合は公法人であり、その総会の役員選任に関する決議を無効とする裁判は司法裁判所の管轄に属さない[12]、重要物産同業組合は公法人ではなく私法人であり、組合員に対する組合経費等の徴収権は私権であり、それを請求する訴えは司法裁判所の管轄に属する[13]、耕地整理組合は公法人ではなく私法人であり、組合もしくは組合長名義の文書を偽造・行使する行為には刑法上の私文書偽造・行使罪の規定が適用される[14]、というように公法人にあたるかどうかを直接的に法的規律の決定要素とする傾向にあった。大審院判例のこのような傾向を末弘は問題視したのである[15]。末弘によれば、同じく公法人にあたるといっても、国家から水利組合まで公的色彩において多様なものが存在するのであるから、それを単に公法人という同じ分類にあたるからといって、同一の取扱いをするのは不合理である。また、大審院は、実際には、法的規律の妥当性から、ある法人が公法人かどうかを判断した上で、さらに公法人概念を用いて法的規律を説明しているのであり、そうであるならば、当該法人の性質と当該問題の性質を踏まえた法的規律の妥当性の判断を正面に出すべきだというのである[16]。

10) 大判昭和4年8月27日刑集8巻423頁。
11) 大判昭和5年3月13日刑集9巻180頁（末弘は大判昭和5年1月13日刑集180頁と引用するが、本判決と思われる）。
12) 大判昭和5年4月7日民集9巻339頁。
13) 大判大正3年5月2日民録20輯363頁。
14) 大判大正5年3月3日刑録22輯318頁（末弘は大判大正5年2月25日刑録316頁と引用するが、本判決と思われる）。
15) 我妻榮『民法總則』（岩波書店・1933年）156頁以下もほぼ同様の立場をとる。
16) 重要物産同業組合法が、同業組合について、水利組合等と異なり、組合員に対する組合経費等の徴収について強制徴収の方法を定めていないことからすれば、立法者は、同業組合を公法人としていないことが推知でき、同業組合は私法人であるとするのが適切であり、したがって、組合経費等の徴収権は私権であって司法裁判所に救済を求めることができるとした大審院の判例（前掲注13)）について、「私の考へでは同業組合がかゝる訴を司法裁判所に提起し得るものと認めなければならぬ実質的の根拠は、法律が別に特別の強制徴収の方法を規定してゐないから司法裁判所への出訴を認めざる限り組合は実際上組合員に対して組合経費及過怠金を強要する道がないこととなつて不都合であると言ふ点に在るのだから、そのことを其まゝ率直に判決理由としさへすればいゝ訳で、かゝる規定なきが故に私法人なりと断言

末弘の批判は、戦後のいわゆる公法私法二元論批判の論理を先取りしたものとして、行政法研究者からも評価されているが[17]、次のような問題があった。

　第一に、大審院のとるような考え方は、既に指摘されているように[18]、当時の有力な行政法研究者においても基本的にとるところではなかったのであって[19]、その意味で、大審院判例に対する批判であっても、少なくとも行政法学における公法人概念の有する意義に対する批判にはあたらないものであった。

　第二に、第一の点と関連して、末弘は、公法人概念に基づいて多様な性格

　　した上、改めてそれを出発点として司法裁判所に出訴し得ると言ふ結論に達する必要もないし、又かくすることに依つて反つて不都合の結果を生ずるのである」という（末弘・前掲注6）（「区別（下）」）57頁）。

17)　山本・前掲注1）856頁。

18)　山内・前掲注8）26頁以下。

19)　前掲注4）で述べたように、宮沢俊義も同様の指摘をしていた。また、田中二郎は、「かやうに、先づ公法人なりや私法人なりやを判断し、その何れなるかによつて、右に述べた諸問題に付て、一律的な結論を引出さうとする態度は、実定法の解釈論的態度として、決して正当とはいへぬ」（同「公法人論の吟味」『公法と私法』（有斐閣・1955年、初出1942-43年）107、116頁）とする。美濃部達吉も、「例へば或る法人が公法人たる性質を有するとするも、是に依りて直に其の法人の職員は総て刑法の所謂公務員に、其の職務を執る場所は総て公務所に該当するものと為すべからず。又必ずしも其の法人と団体員との関係が常に公法上の関係にして之に関しては全く民事訴訟の提起を許さざるものと為すべからず」（美濃部・後掲注33）（総論）386頁）として、早い時期からこのような考え方を明確に否定していたし、この時期の大審院判例に対しても、「此の如き見解は甚だ不当であり、それは全然公法人の性質を誤解したものと為さねばならぬ」（美濃部達吉「公法人の観念について（一）」自治研究20巻2号（1944年）1、4頁）としている（この点、同「判批」法協34巻7号（1916年）122頁も参照）。この点、藤田・前掲注8）72頁は、「わが国の従来の行政法学は、まさに『公』法人イークォール『公法』人ではないことを明らかにするという意味において、（そして又、その意味においてのみ）"公法人"概念を"克服"して来たのである」と評価するところである。もっとも、そうした学説においても、公法人・私法人の区別について、全く意義を認めないわけではなかったように思われる。美濃部は、「或る法人が公法人であるからといふだけの理由を以つて、直ちに其の法人と社員との関係が必然に公法的関係であり、司法裁判所の管轄に属しないものと断定することの不当であると共に、或る法人の私法人であることが断定せらるるならば、其の法人と社員との関係は必然に私法関係であつて、仮令それが一方に於いて行政上の監督に服するとしても、それが為めに司法裁判所の管轄に属することを否定すべきではないと信ずる」（美濃部達吉「公法人の観念について（四・完）」自治研究20巻8号（1944年）1、2頁以下）とし、私法人であることに一定の意義を認めているように見えるし、また、佐々木惣一も、公法人の内部関係における行為は公法上の性質を有する行為であり、外部関係における行為は公法上の性質を有するかまたは私法上の性質を有する行為であるとし、両者の区別に一定の意義を認めているように見える（佐々木惣一「公法人と公法人の行為」法と経済4巻6号（1935年）1、13頁）。

を持った法人を一律に取り扱うことを批判するが、その前提となる公法人概念について特に立ち入った検討をしていない。末弘は、公法人という分類が、法的な取扱いを決定するであろう「公的色彩」の均一性を担保するものではないと主張しているのであるから、単に「公的色彩の濃淡に著しい差」があるというに止まらず、公法人概念に踏み込んで、その内容が各種の法的取扱いを理論的に導くものではないということもいうべきであった。

(3) 川島武宜は、営団の性格を論じる論文の中で、次のように公法人と私法人の区別を批判する。[20]

「公法人及び私法人の概念は公法と私法とが截然と別箇独立の法の領域として存在する場合に、その各法域の中に存在するところの法人である……。私法が国家より一応独立し自律的に運動するところの経済社会の法であることに対応して、私法の中にある法主体は一応国家から切りはなされた自由の主体である……。自然人たる個人が国家に対し独立の地位を有してゐるのと同様に、私法人も亦国家に対し一応独立し、自律によつて自己の法関係を形成してゆくものである。私法人はいはゞ近代型市民の Ebenbild たる第二の自然人である……。私法人就中法人企業（会社）は国家より切りはなされた自由経済の主要なる担当者であつたのである。これに対し、公法人は国家の Ebenbild である。それは、公法即ち自律的な経済を外部から支へ、障害を取除くことを目的とする所の国家権力の世界の中に位置し、国家と同様に国家権力の担ひ手である点において、私法人とは截然区別せられたのである。

しかるに、経済自身が自律的な、或は国家による、秩序づけ、統制を必要とする程度が増大するにしたがつて、『経済』の自律性に基く法的独自存在は次第に『国家』の法の体系に融合しはじめる。はじめは最小限度の、国家による『外からの』干渉乃至統制と、自律的な内からの統制を以て足れりとしたが、次第に前者は増大し、後者にも国家の助力が加はりついには国家がこれに乗りうつる。かくして現象的な面における

---

20) 川島・前掲注7）8頁。

『対立』の蔭にかくれてゐたところの、国家と経済との『内的関連』が次第に前面に進出し来り、『内から』と『外から』の規整の対立のかはりに、国家と経済の融合の基礎の上における、国家即ち経済による一つの規整が支配的となつてくる。国家と経済との二つの法的団体の複合性の減退は公法と私法との対立を薄弱ならしめ、このことは、必然的に、公法人と私法人との限界をも不明瞭ならしめる。かくしてすべての法人を強ひて公法人、私法人に分類することは、たゞに理論的のみならず、法運用の実際的側面においても無意義のものとなることは、夙に末弘教授、我妻教授の指摘せられた如くである……」。

この論文での川島の関心は、営団という新たな組織の法的な位置づけにあった。営団は、「その経営が全く政府によつてなされる」という重要な特色を持っていた。すなわち、営団の資本所有者は経営権を持たず、営団の経営は、政府の任命、解任するところの理事者に一任されているが、それは、国民経済の維持発展のために、企業の営利性を公益性との関係で妥協させるためのものであって、そこでは営団は、営利的な企業体でありながら、公益的側面を併せ持っていた。川島は、こうした二つの性格を併せ持った営団について、経済の国家の法の体系への融合、公法と私法の融合を背景とするものとして位置づけ、理論的に正当化することを試みる。そこでは、国家と経済、公法と私法の区別を前提とする公法人か私法人かという従来の区別は、もはや意味を持つものではなく、営団は、国家と経済、公法と私法の融合のもとに存在するものとして直截的に位置づけられることになる。

この川島の批判にも次のような問題があった。まず、川島は、国家と経済の融合により公法人と私法人の区別は意味を持たなくなるとしているが、そこでの主要な関心は、国家と経済の融合により、営団のような従来の公法人・私法人という枠におさまらない法人の存在が理論的に正当化されるとい

---

21) 具体的には、住宅営団法による住宅営団、帝都高速度交通営団法による帝都高速度交通営団、農地開発法による農地開発営団を検討対象としている。なお、『川島武宜著作集第六巻』（岩波書店・1982年）の解題によると、川島は、これらの法律の法案起草作業に参加しており、当該論文はそれを契機に執筆されたものである（341頁以下）。

22) 川島・前掲注7）6頁以下。

う点にあり、基本的にそれに止まる。そこでは、公法人概念の果たす役割には踏み込んでいない。確かに公法人概念が国家と経済の区別に依拠するものであるとするならば、両者が融合するなら公法人と私法人の区別もあり得ないという議論は一応成り立ちうるように見える。しかし、川島がいう国家と経済の融合は、国家と経済の区別の理論それ自体について深く踏み込んで主張されたというより、当時の統制経済体制や営団などの戦時国家体制における前例のない制度を説明し、正当化することに主眼をおいて主張されたもののように思われる。当時の行政法学は国家と経済（社会）の区別が持っていた理論的意義を十分に認識していなかったようにも思われるが、川島の見解は、少なくとも、これまで構築されてきた公法の理論体系を軽視するものといえ、すぐ後で述べるように、行政法学の側からは、実定法上採用された区別を無視するものであることが指摘された。そもそも、こうした正当化自体、国家と経済の融合という説明によることなく行うこともできたのであり、実際、美濃部達吉などは、国家と経済それぞれの役割の相対化に対応する理論的取り組みを行っていた。

(4) 以上のように、民事法研究者による批判は、いずれも、公法人概念および公法理論において公法人概念が果たしていた役割に十分立ち入るものではなかったといえる。ただし、公法人概念自体に踏み込まないのは、この時代の行政法研究者も同様であった。田中二郎は、主として川島説に向けて、実定法上公法人と私法人の区別が採用され、「公法人と私法人とによつてその法律的取扱を区別して居る場合が必ずしも少くないのであるから、その限度に於て――その範囲は実定制度上に或は拡張し或は縮小することが出来る――具体的の法人が、その何れに該当するやを論ずることは、実定法上の必

---

23) 本文引用箇所の末尾の内容からすると、法人の多様化が理論的に正当化された後は、法運用の面では、基本的に先に紹介した末弘説に合流するものと考えられる。
24) 藤田・前掲注8) 83頁以下。
25) 田中・前掲注19) 123頁以下。
26) 美濃部は、公法と私法という枠自体は維持したままで、両者を積極的に関連づけることで新たな形態の法制度の正当化を試みている。美濃部達吉「経済統制法令に於ける公法と私法（一）（二・完）」法時13巻10号2頁、11号2頁（1941年）などを参照。

要に応ずるもので、決して無意義とはいへない」と反論するが、歴史的類型的概念が実定法上の制度的な概念としても認められていることを主張するのみで、そこでは少なくとも、わが国における公法人概念に積極的に立ち入っておらず、また、その理論的意義を積極的に提示していたようにも思われない。このように、行政法学においても、公法人概念とその意義について十分に理解されていたとは必ずしもいえなかったことが、行政法研究者の側にも公法人概念とその意義について疑念を生じさせることになり、戦後、公法私法の区別に対する批判がなされると、それに連なるものとして位置づけられることになったものと考えられる。

3　美濃部達吉の公法人論

(1)　2で見たように、公法人概念を批判する学説の中でも、公法人概念が公法理論において果たしてきた役割は十分には認識されてこなかった。そこで、次に、公法人概念が公法理論においてどのように位置づけられてきたかを明らかにしていくことにしたい。

公法人概念自体は、日本行政法の黎明期から、多数の論者によって論じられてきているが、単なる外国法の紹介に止まらず、公法理論全体と関連づける形で論じられ、かつ、そのことが分析可能であるものは限られている。そこで、その公法理論の現在の行政法理論、特に行政主体論への影響の大きさという点から、ここでの考察は、美濃部達吉の公法人論に限定することにす

---

27) 田中・前掲注19) 124頁以下。
28) 公法私法の区別について方法的反省の必要性を強調し、後の学説に影響を与えた、宮沢俊義の論文「公法・私法の区別に関する論議について」(『公法の原理』(有斐閣・1967年、初出1935年) 1頁) の基礎には、公法人と私法人の区別に関する疑問が存在する (12頁以下)。
29) もっとも、同時代において、公法人概念の意義について立ち入った検討がなされていなかったわけではない。例えば、美濃部達吉の公法人概念に依拠して、公法人概念の持つ意義を検討するものとして、田上穰治「公法人の意義」法学新報45巻2号 (1935年) 1頁。
30) 公法人概念に焦点を当てた論稿として、例えば、穂積八束「公法人」上杉愼吉編『穂積八束博士論文集』(1913年、初出1903年) 649頁、織田萬「公法人の観念」法律学経済学内外論叢3巻4号 (1904年) 49頁、野村淳治「公法人及其自治」法協32巻8号 (1914年) 97頁など。
31) 例えば、佐々木惣一は、「公法人は、国家より委任せられたる事務を行ふことを目的とし

る。

(2) 美濃部達吉の公法人論を検討するにあたり、注意すべきは、その公法人概念が複合的性格をもつものであるということである。一般に美濃部の公法人論として扱われているものは、同一の法人（例えば地方団体）について、公法理論の対応局面ごとに存在する法人に関する複数の理論の集合体である。美濃部は、「公共団体」、「自治団体」、「公法人」を「何れも同意義」であるとしているが[33]、このことが、その公法人概念の複合的な性格をあらわしているといえよう。後述するように、美濃部の公法人概念は、公法上の特権を行使し公法に服するという点で、私法人と区別されるところの「公法人」と、行政活動の履行主体として国家・私法人等と区別されるところの「公共団体」ないし「自治団体」とが、法人理論を介して重ね合わされた形になっている。美濃部が、これらを「同意義」というのは、実は、典型的な公法人である地方団体など対象法人の同一性を意味するに過ぎず、公法人概念の理論的内容が一つであることを意味するわけではない。美濃部は、地方団体のよ

　　て存立し、法律関係の主体たり得る団体である。国家より公法人に委任せられたる任務を国家的事務といふ」（佐々木・前掲注19）6頁）と定義しており、美濃部とは定義や理論の内容において違いが見受けられる（山本・前掲注1）854頁）。ただ、行政主体論をはじめとする現在の学説との直接の関係という点から、ここでは取り上げないことにした。
32) 松戸・前掲注1）は、私人による公権力の行使の許容性の問題について、公共組合による公権力の行使に着目し、主として美濃部の公法人論を参照して検討している。現代行政法学における美濃部理論分析の有益性を示す論稿といえる。
33) 美濃部達吉『日本行政法上巻』（有斐閣書房・1910年）574頁（同書は、1909年刊行の『日本行政法第一巻』（有斐閣書房・1909年）と1910年刊行の『日本行政法第二巻』（有斐閣書房・1910年）を合冊したものである。引用の際には、1936年のものと区別するため、「旧上巻」とする）、同『日本行政法総論』（有斐閣・1919年）379頁、同『日本行政法上巻』（有斐閣・1936年）462頁以下。なお、前二者は、公法人という言葉を主として用いているのに対し、最後の『日本行政法上巻』は、公共団体という言葉を主として用いる。以下では、論文名・引用部分や、特に区別する必要がある場合を除き、こうした違いにかかわらず、公法人という言葉を用いる。なお、戦後著された、園部敏「公法人と私法人」田中二郎ほか編『行政法講座第二巻』（有斐閣・1964年）25頁は、公法人を公共団体よりも広いものとして捉えている。これは、戦中、戦後に登場した営団等を、公共的団体として、公法人として捉えつつ、公共団体にはあたらないとすることによる。すなわち、そこでは、公法人を、本来は、行政使命の担当者であり国の組織に入り込むものであるが、近時の（実定法上公法人とされている）公法人の中には、行政使命の担当者とみられず、特定の範囲において国家的事務と公権力的権能が認められるに過ぎないものがあり、それらは、公共的法人であり、公法人ではあるものの、公共団体と区別される（26、34頁以下）。

うな公法人性の明らかな法人の観察を通して、それら法人の有する複数の性質を見出すとともに、それら複数の性質を自らの公法理論と融合させる形で、公法人概念を構築しているのである。「公共団体……とは国家の下に於いて国家より其の存立の目的を与へられた法人である」という、現在でも参照される有名な公法人の定義は、「存立目的の国家的性格」という観念を基軸として、こうした公法人の持つ複数の性質を公法理論の中に取り込んだものと評価することができる。以下、公法人概念の公法理論における位置づけを順に見ていくことにしたい。

(3) 第一に、国家的特権・公法上の特権を保有し、公法に服するという点で、私法人と区別されるところの公法人概念がある。

美濃部は1944年に公表した論文において、次のように述べている。

> 「公法人と私法人とを区別する必要は、一に法律上の人格の異なることに依つて生ずる。其の人格が国家性を有するや否やが両者の区別の存する所以であり、公法人とは即ち国家的法人格を有する法人に外ならない。随つて問題は一に所謂国家的法人格とは何を意味するか、何に依つて其の人格の国家的なりや否やを判別し得べきかに在る。
>
> ……私は権利能力とは自己の目的を遂行する為めの意思力の意であると解して居り、即ち法律上の人格は目的と意思との二の要素から成り立つもので、法律上に人格を有する者たる為めには、自己の目的の主体として認めらるると共に、其の目的を遂行する為めの意思力を有する者たることを要するのである。併しながら、此の二の要素の中、意思の要素は目的を遂行する為めの手段であるに止り、……権利能力即ち法律上の人格の主眼たる要素は、専ら其の目的に在り、自己の独自な目的の主体として法律の認むる所たるものが、即ち法律上の人格を有するものたるのである。約言すれば、法律上の人格とは即ち独自の存立の目的であり、

---

34) 公法人に該当するものとして、地方団体、公共組合、公の営造物法人があげられている。美濃部・前掲注33)（旧上巻）587頁以下、美濃部・前掲注33)（総論）386頁以下、美濃部・前掲注33)（上巻）478頁以下。

35) 美濃部・前掲注33)（上巻）462頁。

36) 美濃部達吉「公法人の観念について（二）」自治研究20巻4号（1944年）1、9頁以下。

一個人即ち自然人でなくして法律上に目的の主体として認めらるるものが、即ち法人に外ならない。

　法律上の人格とは斯く独自の目的を意味するものであり、而して公法人と私法人との区別は一に其の人格の異なることに在りとすれば、両者の区別の標準は専ら其の目的に之を求めねばならぬことは、明瞭である。言ひ換ふれば、公法人は国家的の目的の為めに存立する法人であつて、法人の存立の目的が国家性を有するや否やが、公法人と私法人との区別の存する所以である」。

　ここで美濃部は、法律上の人格の構成要素のうち主たる要素は目的であるから、公法人と私法人を分けているのは、目的の国家性であるとしている。ここでの記述は、法律上の権利能力についての理論に依拠するものであるが、理論的にそういった区別ができるとしても、なぜ目的が国家性を持つかどうかで、公法人と私法人が区別されるのか、そしてそうした区別がどういった意味を持つのかについては説明されていない。これは、ここでなされている目的の国家性に基づく公法人と私法人の区別は、元々は、地方団体など公法人にあたることが明白な法人と私法人であることが明白な法人の区別基準の検討において見出した公法人が有する特徴を理論的見地から説明するものだからである。

　美濃部は、1906年の論文「公共団体（公法人）ノ観念ニ就テ」において、「公共団体の私の団体より区別せらるるの特徴は……専ら統治権を有することに在」るとしていた[37]。美濃部がここでいう統治権とは「他の人格者に対して無条件に其の意思を拘束し其の服従を強制し得る意思の力」をいい、当時の美濃部は、こうした内容の統治権は国家に専属するものであるとし、統治権を有するという点で国家を他の団体から区別していたが[38]、公法人もまた、「団体員か自己の意思に依らすして其の団体の一員となり又は自己の任意に其の服従を脱する能はさること」と「団体が自己の力に依り強制して其の経

---

37) 美濃部達吉「公共団体（公法人）ノ観念ニ就テ」法学新報16巻11号（1906年）1、4頁以下。
38) 美濃部達吉『日本国法学上巻上総論』（有斐閣書房・1907年）63頁。

費を徴収し得ること」という命令強制にあたる作用を行う点で統治権を有していると見られたため、このことについて、「国家以外に統治権を有するは凡て国家より与へられたるもの」と説明するとともに、この点を私法人との区別基準としたものと考えられる[39]。

しかし、この見解は 1910 年の『日本行政法上巻』（旧上巻）においては修正されている。すなわち、そこでは、「公法人か私法人と区別せらるゝは、公法人は普通の団体とは異なりて国家に類似したる性質を有するか為めなることは疑を容れす。而して国家か他の凡ての法人と区別せらるゝ要点は其の統治権を有することに在り、されは公法人の特色に付ても亦国家と同しく其の統治的権力を有することに在りとするは敢て誤なりと曰ふへからす」としつつも、「統治権の本質は命令を為し及自己の力に依りて其の命令を強制することに在りと雖も、今日の法律思想に於て命令し及強制することのみか統治権の作用たるに非らす。一方的に命令し強制する場合の外、凡て国家か公の利益を達するか為にする作用は等しく統治権の発動なり……統治権の作用といふは畢竟するに公の作用といふと同意義に帰し、随て公法人は統治権を有する団体なりといふも、其の意義は畢竟公法人は公の作用を目的とする団体なりといふと異なることなく、之を以ても明確に公法人と私法人とを区別すへき標準と為すには足らさるなり」として、統治権の有無が区別基準として不十分であることを指摘している[40]。つまり、統治権の作用について、官吏の任命、学校教育、道路河川の管理といった命令強制作用以外の作用も含められ、内容的に多様なものとされるようになると、もはや外形的に命令強制をしているかにより、統治権の有無を判断することはできなくなる。ここでは、統治権について、命令強制といった外観から導かれるものというよりも、「一方的に命令し強制するに非されとも、等しく公法に属する作用にして即ち統治権の作用に外なら」ないという言葉に示されているように[41]、法的な処

---

39) 以上につき、美濃部・前掲注 37) 4-7 頁。なお、山本・前掲注 1) 852 頁では、この見解を美濃部旧説として後の見解と区別している。
40) 美濃部・前掲注 33)（旧上巻）581 頁以下。
41) 美濃部・前掲注 33)（旧上巻）582 頁。

遇の妥当性、つまり公法に服するかどうかの判断が取り入れられていることが見受けられる。そうなると、統治権の有無は、依然として理論的な区別基準であっても、もはや公法人と私法人を判別するための具体的区別基準たりえないことになる。そこで、美濃部は、「或る単一なる標準を以て明白に公法人と私法人とを区別せんことは全く不可能」であるとした上で、次のように発想の転換をはかる。[42]

> 「公法人は国家的事務を其の存立の目的とする団体なり、国家は団体の目的とする所か国家的目的と相合一することを認むるに因りて特に之を保護し、之に与ふるに個人又は私法人の有する能はさる特別の国家的権能を以てし、之をして私法人とは異なりたる特別の地位を有せしむるなり。……或る団体か公法人なるか私法人なるかを決するには、唯其の団体法の全体に付て其の目的とする事業か果して国家的事業と認めらるゝや否やを見て決するの外なし」。

ここで、美濃部は、公法人の有する統治権の内容について、私人と異なった特別の取扱いを受ける理由となる特別の国家的権能として捉え直した上で、そのような権能を与えられた理由を目的が国家的事業と認められていることであるとし、存立目的の国家性を新たな区別基準としている。すなわち、統治権の内容を異なった取扱いを受けるべき作用であるとした上で、異なった取扱いがなされる理由を、命令強制といった外形的特徴ではなく、むしろ、存立目的の国家性に求めたのである。[43]

以上の見解は、1919 年の『日本行政法総論』において法人理論と明確に融合する。そこでは、「公法人と私法人との区別は専ら其の人格の差異に存す。法律上に於て人格とは権利能力の意にして、詳しく言へば生存目的を遂行するが為に法律上承認せらるゝ意思力の謂なり。其の要素は二あり、一は

---

42) 美濃部・前掲注 33)（旧上巻）583 頁以下。
43) なお、統治権という語については、美濃部は、その後、自著の誤りを訂正する論文の中で、「国家が其の総ての目的を遂行する基礎たる力」である「権利能力」としての意味と、「其の基礎たる力に基き特定の目的の為に人民に対して或る事を主張し得る力」である「権利」としての意味を区別することなく用いていたとする。美濃部達吉「拙著『日本行政法』上巻中ノ誤謬ニ就テ（一）」国家 30 巻 7 号（1916 年）107、109 頁以下。

其の生存目的にして一は其の意思力是なり。公法人と私法人との区別も亦唯是の二の點にのみ之を求むることを得」とした上で、両要素の特色について、「其の存立の目的に於ては公法人は公共の福利を目的とすること」とし、「其の意思力に於ては公法人は一般私法人に属せざる公法上の特権を与へらるること」であるとした上で、「要するに公法人とは国家の下に於て国家と等しく公共の福利を其の存立の目的と為すものにして、国家に依り其の目的の公共的なることを承認せられ、随て一般私法人には属せざる公法上の特権を与へられたる団体なり」としている[44]。

　ここでは、公法人について述べられた、特別の国家的権能とそれをもたらす目的の国家性は、法人の人格の構成要素である意思と目的に置き換えられているものといえよう。そして、1936年の『日本行政法上巻』において、「公法人と私法人との本質上の区別は、一に其の目的に求めねばならぬ。法律上の人格の要素を為すものは、意思と目的との二であるが、意思の要素は唯其の目的を達する為めの手段であるに止まり、真に人格の基本を為すものは、一に其の目的に在り、目的の異なるに因つて人格に差等を生ずるのである」とされ[45]、意思の要素が目的に従属するものであることが明示されることで、冒頭で示した私法人と区別されるところの公法人概念が確立されるのである。

　この意味での公法人概念を考える上で問題となるのは、目的の国家性の意味するところである。ここでいう目的の国家性ないし国家的目的とは、その具体的内容よりも、国家によって目的を与えられ設立されたという形式的要件によって規定されるものであることが明らかにされている。すなわち、美濃部によれば、「同じ種類の事業でも、私人が任意にこれを目的と定めて設立した法人は私法人であり、国家がこれを目的として遂行せしむる為めに設立した法人は公法人である」とされる[46]。ここでは、なぜそのような形式的要件によって目的の国家性が決定されるのかが問題となる。つまり、公法上の

---

44)　美濃部・前掲注33）（総論）382-85頁。
45)　美濃部・前掲注33）（上巻）466頁以下。
46)　美濃部・前掲注33）（上巻）468頁以下。

特権を持つ主体としての公法人概念のみを考えれば、目的が以上のような意味で国家的なものでなくても、同じ内容を持つ目的を達成するために公法上の特権を保有することは正当化されるはずである。

しかし、この点、このような形式的な要件による定義は、公法上の特権を持つ主体としての公法人概念とは直接に関係するものではないことが指摘できる。ここで目的の内容が形式的要件によるものに限定されているのは、この公法人の定義が、法人理論と融合し、その枠内で行われているためである。ここでは、公法人とされる地方団体などについて、法人の構成要素である目的が国家的なものであり、その達成のために公法上の特権を持つことが正当化できるという点だけ重要なのであり、その枠外にあるものについて、少なくとも直接的に否定的な評価をすることを企図するものではないことに留意すべきである。

ただ、依然として、国家が存立目的を定め設立したという形式的要件を満たしたものが、公法に服する各種特権を有することを、なぜ正当化することができるものであるのかという問題はある。この点については、次の自治行政の主体としての公法人概念と関連するので、そこで説明する。

(4) 次に、公共団体の行政ないし自治行政の主体としての公法人概念がある。美濃部は行政を、履行者ごとに、「国の直接の行政又は官治行政」、「国の授権に基づく公共団体の行政又は自治行政」、「国の委任に因る委任行政」の三種に分けているが[47]、公共団体の行政ないし自治行政(以下、「自治行政」とする)の主体としての公法人概念は、官治行政の主体としての国家、委任行政の主体としての公共団体・私法人等と区別されるものである。ここでいう委任行政は、既に見たように(第1章第2節第2款)、固有事務と委任事務の区別に由来するものであるから、ここでなされている履行者による行政の区別は、官治行政と自治行政・委任行政、固有事務と委任事務の区別を合わせたものといえる。つまり、国家が直接に行うかどうかにより、官治行政と、それ以外の自治行政・委任行政とに分けられ、さらに、行政活動が存立目的の

---

47) 美濃部・前掲注33)(上巻)38頁。

範囲かそうでないかにより自治行政と委任行政に分けられているのである。ここでは、官治行政と自治行政の区別が重要になるので、両者の区別が何を意味するかを見ていくことにする。

美濃部は次のように説明している。[48]

> 「行政権の本来の主体は国家で、特に他の者に授権し又は委任した場合の外は、行政は常に国家が自ら行ふ作用である。時として国内の他の者が行政の主体たることが有り得るとしても、それは国家から其の権利を与へられ又は其の義務を命ぜられた為めであつて、其の淵源は国家に発して居るのでないものは無い。行政の観念の定義として、行政が国の作用であると謂ひ得るのはそれが為めで、行政は必ずしも国が直接に自らこれを行ふものでないにしても、尚ほ本来国家に専属し、源を国家に発したものでなければ、公の行政たる性質を有しないのである。国家が自己の機関に依つて直接に自ら行ふ所の行政を普通に官治行政と称する。
>
> ……行政権の主体には国家の外に尚ほ国家の下に存在する公共団体（公法人）が有る。公共団体は国家から其の存立の目的を与へられて居る団体で、法人として自己の存立の目的を有するものであるが、併し其の目的自身が国家に其の淵源を発し、国家的な目的の為めに存する法人に外ならぬ。目的自身を国家から与へられて居るのであるから、其の目的の為めにする総ての作用は、何れも国家に其の淵源を発し、国家から授権せられたものであり、随つて国家自身の作用と同様に公の行政たる性質を有する。
>
> 公共団体の行ふ行政を普通に自治行政……と称し、随つて又公共団体自身をも時として自治団体……と称する」。

以上の説明にいう自治行政とは、国家に淵源を発するものでありながらも自己のものである存立目的を履行するものと位置づけられている。ここで特に意識されているのは、自己の目的を持たず国家の目的のために働く機関との区別であり、官治行政と自治行政の区別は、国家の目的のために働く機関

---

48) 美濃部・前掲注33)（上巻）38頁以下。

と(国家に淵源を発しながらも)自己の目的のために働く公法人という履行者による行政活動の区別を意味する。したがって美濃部は公法人と私法人の区別として、「国家の機関たると否とに求め、公法人は国家の機関たる法人であるとする説」に対しては、「国家の機関は其の機関たる地位に於いては、自己の目的を有せず、国家の目的の為めに存するもので、随つて法人ではあり得ない。公法人は自己の存立目的を有し、法律上の人格を認められて居るもので、単に国家の機関として存するものではない」と批判している[49]。このように、自らの目的において行政活動を行う公法人は、国家の目的を直接的に履行する国家の機関と区別されるのである。

　ここでの公法人の存立目的の内容についての説明は、私法人と区別される公法人概念のところで保留した、国家が存立目的を定め設立したという形式的内容が、公法上の特権を保有することを正当化する目的となり得るのかという問題と関係する。つまり、公法人の存立目的が、「自ら任意に定めたものではなく、源を国家に発し、国家から伝来したもので、本来は国家の目的であつたものを、国家が自らの事務として自らこれを遂行することを為さず、法人を設立してこれを其の法人の目的として遂行せしめ」たものであるからこそ[50]、その内容は国家的目的であるといえるのであり、国家がそうした目的について公法上の特権を保有しうるのと同様に、公法人についてもそうした目的について対応する意思の力を持ちうることが正当化されるのである。

---

49) 美濃部・前掲注33)(上巻)465頁以下。ただし、逆にいえば、法人は自己の目的を持っているものであるから機関ではないといっているのに過ぎないのであって、公法人が実質的に国家の機関として活動していることは次のように認めている。「公法人は固より単純な国家の機関ではなく、自分の存立の目的を有するものであるが、併し其の目的は自ら任意に定めたものではなく、源を国家に発し、国家から伝来したもので、本来は国家の目的であつたものを、国家が自己の事務として自らこれを遂行することを為さず、法人を設立してこれを其の法人の目的として遂行せしめるのである。公法人が屡々国家機関たる法人であると謂はれるのは、それが為めで、公法人は自己の目的の主体たるものであるから、これを国家の機関であるとするのは、言葉通りの意義に於いては正当ではないが、其の目的は本来は国家の目的であり、国家から与へられたものであつて、結局は国家の目的を遂行するものと謂い得るのであるから、此の意味に於いて、これを国家の機関であると謂ふのも、半は正当な思想を含んで居るものと謂ひ得る」(467頁)。

50) 美濃部・前掲注33)(上巻)467頁。

なお、私法人は自らの存立目的を持ちながらも、その目的が国家的ではない法人である。したがって、先ほどの私法人と区別されるところの公法人の概念に照らすと、その存立目的が国家的であることに対応する意思の力として説明される公法上の特権を保有することは正当化されない。しかし、このことは、私法人が一切の公法上の特権を持ち得ないことまでは意味しない。あくまで、自らの存立目的に対して持ち得ないというに過ぎないのであって、国家的目的を存立目的外の目的として当該私法人に付与し、正当化の根拠とすることは可能である。存立目的外に与えられた目的に属する事務（固有事務に対するところの委任事務）が国家的性格を持つ場合には、私法人が公法上の特権を保有することが正当化される（その履行が前述の委任行政にあたるものである）[51]。

　(5)　以上のように、美濃部の公法人概念は、公法に服する公法上の特権を持つという点で私法人と区別される公法人概念と、国家から目的を付与されることで自らの目的において行政活動を行うという点で、国家の機関と区別される自治行政の主体としての公法人概念が、目的・意思を構成要素とする法人理論を媒介として融合しているものであった。こうした美濃部の公法人

---

[51]　松戸・前掲注1）（公共組合(1)）311、327頁（注14）は、美濃部理論において、「《命令強制の権力》を有することを基礎づけるのは法律である」とし、美濃部・前掲注33）（上巻）651頁の「公共組合が如何なる限度に於いて國家的公權を享有するかは、各組合に付き法律の定むる所に依るべきもので、公共組合であるからと謂つて必ずしも常にさういふ公法的特権を与へられて居るものには限らない」という箇所を引用する。さらに、「土地収用権のように、私法人に対し自己の存立目的の為に《命令強制の権力》が与えられうること」を認められていることも、「改説後の美濃部博士にあっては法人の目的が《命令強制の権力》を有することを正当化するものとはされていないことを示しているものといえよう」と指摘している。本書本文の説明は、公法上の特権の（現実の）保有が法人理論上どのように正当化されるかという点に着目するものであるので、それとはやや視点を異にするものである。なお、松戸論文は、美濃部説の枠組みによれば、指定法人による処分は、委任行政ではなく、私の起業者による土地収用権の行使と同様、「私人に対する公権力の行使の認容」にあたるものと位置づけており興味深い（同322頁以下）。本書も、本文で説明した、公法人論（現在では行政主体論）、委任行政の理論以外にも、公法上の特権ないし「命令強制の権力」とされてきたものの保有を正当化する根拠があることを否定するものではない。例えば、斎藤誠「多様化する公共的主体の権利・権限・権能」公法研究78号（2016年）70、74頁以下で紹介される、小銃の所持・使用等が認められている海賊多発海域における日本船舶の警備に関する特別措置法上の確認特定警備従事者による特定警備を正当防衛・緊急避難の拡張として位置づける例など。

概念は、主として、公法人性の明らかな地方団体などの法人の性質を、公法理論の中で適切に位置づけることを目的としていたように思われる。したがって、美濃部の公法人概念について考える際には、その意味するところを十分踏まえる必要がある。加えて、そこで用いられた理論を再検討することにより、行政主体について現代的な議論を展開することも可能である。塩野宏の行政主体論は、第二の公法人概念の意義のうち、国家により存立目的が与えられることが自動的に目的の国家的性格に結びつくことを批判し、修正するものであったといえる。すなわち「国家と社会の複雑な相互関係を前提とするならば、国からその存在目的を与えられてはいるが、その業務それ自体は国の行政事務の分担遂行にあたるものではないような法人格の存在を肯定することは、論理的に不可能なことではないであろう……社会的に有用な業務の存在を前提とし、それが行政事務とされた上で国とは別の法人格（特別に設立された）にその遂行がゆだねられたときに、行政主体としての法人格の存在が認められることになるのである」という説明では[52]、国家による目的の付与とその目的を履行する活動の行政事務性の連結が否定されている。山本隆司の議論は、塩野が指摘した存在目的の取扱いをより一般化・緻密化した上、法人のもう一つの構成要素である意思について、法人における意思決定権の所在を検討内容に含めたものといえよう。

---

52) 塩野宏「特殊法人に関する一考察」『行政組織法の諸問題』（有斐閣・1991年、初出1975年）3、21頁。

第 2 章

イギリス行政法における対応

序論　検討の意義とイギリス司法審査制度の概要

1　検討の意義

（1）　本章では、比較法的見地からの検討として、データフィン判決（*R v Panel on Take-overs and Mergers, ex p Datafin plc*）に端を発するイギリス（イングランドおよびウェールズ）における司法審査（judicial review）の対象の変容に関する議論を見ることにする。[1]最初に、なぜこの議論を扱うことにしたのか理由を説明する。

　司法審査制度はイギリスにおける行政訴訟制度として位置づけられるものである。裁判所は、司法審査の請求を受け、中央政府（central government）や地方政府（local government）等の行う行政活動を中心とする司法審査の対象となる事項について、合法性の審査を行い、諸種の公法原則を適用することで、それらの活動の統制を行っている。データフィン判決は、ロンドンの金融市場における自主規制団体である「企業買収と合併についてのパネル」（Panel on Take-overs and Mergers）の自主規制基準に基づく決定が、その司法審査の対象となるとし、司法審査の対象を変容させる可能性のある判決として注目された。すなわち、この判決は、従来、司法審査の対象となるかについて、行使された権限に制定法の根拠が存在するかという、権力の淵源により判断する基準（以下、「権力の淵源の基準」とする）により判断されていたところ、（少なくとも明示的な形では）制定法に根拠を持たない団体の決定を、公的要素や権力の性質という新たな基準を用いて司法審査の対象としたことで注目を集めた。2で見るように、制定法の根拠は、議会主権の原則のもとで裁判所の司法審査を正当化するために必要なものであるとされていたので、データ

---

1)　*R v Panel on Take-overs and Mergers, ex p Datafin plc* [1987] 1 QB 815.

フィン判決において、この基準を満たさない（少なくともそのように見える）団体の決定が司法審査の対象となるとされたことは、従来の司法審査理論から説明することは困難であった。そのため、その後の判例で、データフィン判決の射程が検討されるとともに、学説においては新たな基準に対応するための新たな理論が模索されることになった。

　こうした司法審査の理論的正当化に関する問題もさることながら、本書の問題関心において重要なのは、データフィン判決が、公的要素や権力の性質という新たな基準によって、民営化 (privatisation)、契約による委託 (contracting-out) などによる行政機構改革により、権力の淵源の基準によって適切に捉えきれなくなった司法審査の対象とすべき活動の範囲に対応することを企図した判決として評価されていることである[3]。そして、そうした判決の内容を反映した、司法審査の対象とすべき活動の範囲に対応する "public function" という語が、司法審査の対象を示す語として民事訴訟手続規則において用いられ、その後、それと類似する "functions of a public nature" という語が、人権規定の適用範囲を示す語として1998年人権法等において用いられているところである。

　前章においては、日本における行政上の主体の多様化によって生じる問題への対応を検討し、主体・権限・事務帰属の判別が必要とされる領域を踏ま

---

[2] わが国の行政改革にも多大な影響を与えたイギリスの民営化等を紹介・検討する文献は、日本語によるものを含めて、ここで紹介しきれないほどの数があるが、最近の主要なイギリス行政法のテキストの多くは、その内容について、統治機構一般の説明等とともに一定の説明をしており、それを参照することによりその概略をつかむことができる。Peter Cane, *Administrative Law* (5th edn, Oxford University Press 2011) ch 2; William Wade and Christopher Forsyth, *Administrative Law* (11th edn, Oxford University Press 2014) ch 5; Paul Craig, *Administrative Law* (8th edn, Sweet & Maxwell 2016) chs 4-5; Peter Leyland and Gordon Anthony, *Textbook on Administrative Law* (8th edn, Oxford University Press 2016) ch 5; Mark Elliott and Jason NE Varuhas, *Administrative Law: Text and Materials* (5th edn, Oxford University Press 2017) ch 1. なお、民営化に関する公法上の諸問題について簡潔にまとめた論文として、ACL Davies, 'Public Law and Privatisation' in Mark Elliott and David Feldman (eds), *The Cambridge Companion to Public Law* (Cambridge University Press 2015) 172.

[3] Cane (n 2) 15. 民営化等とデータフィン判決とを関連付けて論じる重要な論稿として、Mark Aronson, 'A Public Lawyer's Responses to Privatisation and Outsourcing' in Michael Taggart (ed), *The Province of Administrative Law* (Hart Publishing 1997) 40.

え、それを超えたところで、直接に賠償責任を基礎付ける要素を探るという方向性、行政主体概念の内容・限界を探りつつ、それを超えたところではどのような根拠で諸種の統制がなされるのかを、適用される法規範を中心に見ていくという方向性があることを見出した。本章で行うイギリスの司法審査の対象に関する議論も、司法審査の対象を判断する基準として、従来の権力の淵源の基準の限界を踏まえ、新たな基準が用いられたという点で、そうした日本の議論と方向性を同じくするところがある。そのため、イギリスにおける司法審査の対象に関する議論を検討することは、日本における問題を考える上で参考になると考えられるのである。

(2) 本章では、次の順番で検討することにする。まず、第1節では、この議論の嚆矢となったデータフィン判決を取り上げ、その内容を詳細に分析する。続いて、第2節では、データフィン判決の内容が、その後の判例でどのように評価されてきたのかを見た上で、一部の判例では公法原則の適用という観点から司法審査対象性が論じられていることを示す。第3節では、公法原則の適用に焦点を当てる一部の判例で見られた動きに対する学説を検討する。最後に、第4節では、司法審査の対象についての判例を意識して制定されたと見られる、別の公法上の規範である1998年人権法における人権規定の適用範囲についての問題を見る。

2 司法審査制度の概要

(1) 具体的な検討に入る前に、イギリスの司法審査制度の概要を、本書の議論に必要な限りで説明しておくことにする。[4]

---

4) 戦後のわが国におけるイギリスの行政訴訟ないし司法審査制度を広く扱う研究として、古くは、佐藤立夫『イギリス行政訴訟法の研究』(早稲田大学比較法研究所・1968年)、高柳信一「行政行為の司法審査」『行政法理論の再構成』(岩波書店・1985年、初出1962年) 217頁、堤口康博「司法審査制の研究 (一)～(完)」早稲田大学政経雑誌 163号71頁、167号47頁、170号159頁、174号47頁 (1960-1962年)、山田幸男『行政法の展開と市民法』(有斐閣・1961年) 16頁以下、山本正太郎『英国行政法の研究』(弘文堂・1969年)などがある。ただし、これらの研究は、1960年代以前のものであり、判例法の発展、法制度の整備・改革などにより、司法審査制度が大きく発展した1970年代以降はカバーされていない。それ以後の時代の行政訴訟ないし司法審査制度を対象とする研究として、岡村周一「イギリスにおける司法審査申

イギリスの司法審査制度について意識しなくてはならないのは、それが裁判所が判例法によって形成してきた制度であるということである。現在、司法審査制度は法令上の根拠を持っている。すなわち、1977 年に改正された最高法院規則（Rules of the Supreme Court. 一般に RSC と省略される）オーダー 53（Order 53）において手続面を中心とする整備が行われ、現在は、オーダー 53 を置き換える形で導入された民事訴訟手続規則（Civil Procedure Rules. 一般に CPR と省略される）パート 54（Part 54）により規律される。また、オーダー 53 の内容を一部法律化した 1981 年最高法院法（Supreme Court Act 1981）において高等法院（High Court）の司法審査権限には制定法上の根拠が与えられてい

請の排他性（一）〜（七・完）」法学論叢 118 巻 1 号 1 頁、2 号 1 頁、119 巻 6 号 1 頁、122 巻 3 号 1 頁、126 巻 2 号 1 頁、127 巻 3 号 1 頁、5 号 1 頁（1985-1990 年）、岡本博志『イギリス行政訴訟法の研究』（九州大学出版会・1992 年）、榊原秀訓「行政訴訟に関する外国法制調査―イギリス（上）（下）」ジュリ 1244 号 238 頁、1245 号 168 頁（2003 年）などがある。なお、司法審査制度のみならず、司法審査の理論的基礎として位置づけられてきた議会主権の原則等のイギリス公法の基本的概念や、第 4 節で扱う 1998 年人権法の内容等、本書で扱うイギリス法に係る様々な事柄の概略を知るためには、イギリスの法制度全体を幅広く扱う、戒能通厚編『現代イギリス法事典』（新世社・2003 年）が便利である。

5）　以下で説明するように、イギリスの司法審査制度は判例法の産物であるが、そのためイギリス行政法の概説書・体系書では、判例による司法審査制度の歴史的発展、司法審査に関する理論、具体的な制度の内容と法原則などが別個に説明され、必ずしも体系的に記述されない傾向にある。以下の説明は、前掲注 1）にあげた文献および、Jeffrey Jowell, 'Administrative Law' in Vernon Bogdanor (ed), *The British Constitution in the Twentieth Century* (Oxford University Press 2003) 373; Harry Woolf and others, *De Smith's Judicial Review* (7th edn, Sweet & Maxwell 2013) 等の内容を参照しつつ、体系的な記述を試みたものである（なお、前掲注 2）であげた文献のうち、Cane (n 2) は、司法審査制度から、公行政を統制する枠組みとしての行政法の説明に焦点を当てたものへと再構成された関係で、旧版における司法審査制度に関する記述が一部削除され、また分散して記述されている（こうしたコンセプトの転換については同書のはしがきを参照）。そこで一部の引用は第 4 版（Peter Cane, *Administrative Law* (4th edn, Oxford University Press 2004)）によることにした）。ただし、その内容は本書の説明に必要な限りのものであるため、詳細は、原典や前掲注 4）の日本語文献を参照されたい。また、本書はデータフィン判決以降の司法審査の内容の変化を検討するものであるため、以下の説明はデータフィン判決当時の司法審査制度を中心として説明するものであることに注意されたい。したがって、近年の行政法システム改革、司法制度改革の内容についても基本的に触れない。榊原秀訓編『行政法システムの構造転換』（日本評論社・2015 年）、榊原秀訓編『イギリス行政訴訟の価値と実態』（日本評論社・2016 年）、榊原秀訓『司法の独立性とアカウンタビリティ』（日本評論社・2016 年）などを参照されたい。

6）　以下で記述する、発展の歴史を含めた司法審査に関する救済方法・手続の詳細については、特に、Woolf (n 5) chs 15-16 を参照。

序論　検討の意義とイギリス司法審査制度の概要　　103

る。しかし、これは、それまで裁判所が形成してきた司法審査制度を母体としたものであり、具体的内容については判例法の内容に依拠している部分がある。2004 年改正前の 1981 年最高法院法では、「高等法院は、この法律以前に高等法院が持っていた……権限を持つ」とされ、この点が明らかにされていた[8]。また、例えば、現在の民事訴訟手続規則パート 54 では、司法審査請求（claim for judicial review）は、立法（enactment）または、公的活動（public function）の履行に関する決定、作為または不作為（decision, action or failure to act in relation to the exercise of a public function）の適法性審査であると定義されている[9]。ここで司法審査の対象を表す「公的活動」という語は、以下で検討するデータフィン判決とそれ以後の判例の内容を反映したものであり[10]、その内容は判例法の内容に依拠するものである。なお、本章第 4 節で見るように、1998 年人権法では、人権規定の適用範囲を表す語として、この語の影響を受けた "functions of a public nature" という語が用いられている。

(2)　司法審査制度は、裁判所の各種大権的救済方法（prerogative remedies）による救済を中心に発展してきた[11]。公的機関が行う行政活動に対し、私法上の救済方法では救済されないものについて救済を欲する者が、裁判所に対して、移送を求めるサーシオレイライ（certiorari）、禁止を求めるプロヒビション（prohibition）、職務執行の義務付けを求めるマンデイマス（mandamus）という大権的救済方法により救済を求め、裁判所がその内容を審査した上で救済を行う仕組みが行政訴訟として発展してきたものである。大権的救済方法は、もともと王座裁判所（King's Bench）から発給される令状（writ）にその由

---

7)　本法の名称は、司法制度改革による、2005 年憲法改革法（Constitutional Reform Act 2005）により、Senior Courts Act 1981 に改名されている。
8)　Civil Procedure (Modification of Supreme Court Act 1981) Order 2004, SI 2004/1033 による改正前の s 29 (1)。
9)　CPR 54. 1 (2) (a).
10)　Woolf (n 5) 135.
11)　Administration of Justice (Miscellaneous Provisions) Act 1938 により、それまでのサーシオレイライ、マンデイマス、プロヒビションの三つの大権令状（prerogative writ）は、同名の大権命令（prerogative order）に置き換えられた。民事訴訟手続規則パート 54 においては、それぞれ、さらに、破棄命令（quashing order）、禁止命令（prohibiting order）、職務執行命令（mandatory order）に変更されている。

来を持つものであり、国王のみが利用可能であったが、その後民衆も発給を求めることが可能となり、裁判所に対して大権的救済方法による救済が求められるようになったものである。[12] このような歴史的経緯により、その訴訟は、形式上は国王と被告の間のものということになるため、事件名は、Aの決定についてBが司法審査を請求するときであれば、「R (Rex or Regina. 国王または女王、名目上の原告) v (versus) A (被告) ex p (ex parte. 〜のためにの意味) B (救済を求めている者、実際の原告)」と表記された。[13] ただし、これは形式上のことに過ぎないのであって、実際の訴訟は、実際に救済を求めた者と被告との間ですすめられる。

これらの大権的救済方法は、その射程などについて歴史的経緯に基づく限界が存在し、また訴訟手続の面でも不備が存在したため、その後、エクイティ (equity) 上の救済方法である、インジャンクション (injunction)、デクラレーション (declaration) が、より柔軟な救済方法であるという理由で、大権的救済方法の代わりに用いられるようになった。[14] これらのエクイティ上の救済方法は、司法審査を求めるための救済方法として既に定着していた大権的救済方法にとって代わることはなかったが、大権的救済方法と並行する形で司法審査に関する判例法を形成していき、1977年の最高法院規則改正による司法審査制度の整備により、大権的救済方法による司法審査と一本化されることになった。

ただし、この一本化により手続的排他性 (procedural exclusivity) の問題が発生することになる。最高法院規則オーダー53では、司法審査請求をする場合の救済方法として、インジャンクションとデグラレーションを用いることができるとしたが、それらを用いる場合の手続について、司法審査の方法によることができる (may be made) と規定した。それに対して大権的救済方法

---

12) ウエイドは、ライセンス付与の拒否やライセンスの剝奪など、私法的な救済方法によって救済できない公的機関の違法な行為に対する救済を目的として発展してきたと指摘する。Wade (n 2) 25.
13) Cane (n 5) 33. ただし、記述方法が変更され、現在では、R (B (実際の原告)) v A (被告) という形で記述されている。
14) Woolf (n 5) 875.

で司法審査請求をする場合には、司法審査の方法によらなければならない（shall be made）とされていた。この文言だけを見ると、インジャンクション、デクラレーションにより救済を求める場合には、特別の司法審査手続によらず、従来通り通常の民事訴訟手続によることができるように見える。しかし、仮にこれが許されるとすると、以前のように手続に問題点を抱えていた時代ならともかく、問題を解消する形で新たに司法審査手続を整備した意味がなくなってしまうことになり、また公的機関や行政活動の公益性に鑑みて最高法院規則オーダー53で設けられている短期の出訴期間や出訴許可制度の趣旨が潜脱されてしまうことになる[15]。この点、オライリー判決は[16]、司法審査を求める際には通常の民事訴訟手続により求めることは裁判過程の濫用にあたり許されないとし、司法審査請求を行う場合は司法審査手続を利用することが義務付けられることを明らかにした（いわゆる手続的排他性）。このような手続的排他性の帰結として、どのような事項を問題にする場合に司法審査請求として司法審査手続を用いることを強制されるかが問題となる。オライリー判決では、公法上の権利（public law right）の侵害があった場合であることが示されたが、公法上の権利の侵害とは何か、そして公法上の権利の侵害の問題が当該訴訟でどのような地位を占めている場合に司法審査手続を用いることが強制されるのかといった点について明らかにされなかったため、その後争われることになった。この問題については、日本における取消訴訟の排他的管轄の問題を想起させることもあり、既に日本においても十分な紹介・分析がなされているところである[17]。

（3） このような裁判所による救済活動は、議会からの授権に基づくもので

---

15) 司法審査手続では、勝訴の見込みの薄い請求や濫用的請求を排除するために、請求の追行につき裁判所の許可（permission、かつては leave）を受けることが必要とされている（現在の規定では、CPR 54.4）。また、3か月の短期出訴期間が設定されている（現在の規定では、CPR 54.5）。

16) *O'Reilly v. Mackman* [1983] 2 AC 237.

17) 岡村・前掲注4）（排他性（四））14頁以下、岡本・前掲注4）45頁以下、榊原・前掲注4）（調査（上））244頁以下、中村民雄「判批」藤倉皓一郎ほか編『英米判例百選』（第3版、有斐閣・1996年）98頁、八木保夫「イギリス行政訴訟における司法審査申立手続とその専属性」早稲田法学61巻3＝4号（1986年）279頁以下など。

はなく、裁判所が本来持つ権力に基づいて行われるものとして位置づけられてきた。しかし、他方で、制定法上の根拠に基づいて行われた行為に対して裁判所が自らの判断を介入させることは、憲法原理である議会主権（parliamentary sovereignty）の原則に反するように見える。なぜなら、ある公的機関が、制定法によって与えられた権限を行使して決定を行っている場合に、その決定に対して裁判所が自らの判断で取消し等を行うことは、主権を有する議会が制定法という形で表明した権限付与に関する意思に抵触する恐れがあるからである。この点、裁判所は、権限に関する審査（review）をしているという形をとることでこの問題を回避してきた。つまり、そこでは、裁判所が行うのは、権限の合法性の判断——当該行為についてそれが依拠している制定法の権限の範囲に適合しているかどうかの審査——であるとされるのである。制定法によって権限を与えられた者は、その制定法によって付与された権限の範囲内（intra vires）でのみ、合法的に行動できるのであり、制定法によって付与された権限を踰越（ultra vires）する行動は違法といえる。裁判所が行うのは、この意味での制定法による権限行使が合法であるかどうかの審査なのであって、当該決定・行為が正しいか間違っているかという当否（merit）に関する判断ではない。したがって、そのような営みである審査行為は、制定法が与えた公的機関の権限に立ち入るものではなく、議会主権の原則に反することにはならないことになる。このような司法審査理論が、ウルトラヴァイレス理論（ultra vires doctrine）と呼ばれる伝統的な司法審査理論であり、こうした権限に関する合法性の審査を行う権力は、実体的当否を判断することが可能な上訴管轄権（appellate jurisdiction）に対して、監視的管轄権（supervisory jurisdiction）と呼ばれてきた[18]。

　権限に関する審査という形のために、当初の司法審査は内容的にかなり限定されたものであったが、裁判所は、判例により審査の内容を充実させてきた。裁判所は判例により、審査の基礎（ground）となる、審査のための諸種の法原則を発展させている。このような法原則としては、ウェンズベリー判

18）　両者の相違についての簡潔な説明として、Cane (n 2) 248-49.

決で示された不合理性基準から発展した合理性原則や[19]、自然的正義の原則から発展した手続的公正性の原則がある。裁判所の司法審査で用いられてきたこれらの法原則は、GCHQ判決のディプロック（Diplock）裁判官により、違法性や、（将来的に認められる可能性があるものとして示されていた）比例性の原則とあわせて、公法原則（principles of public law）と呼ばれたことはよく知られている[20]。これらの公法原則の適用により問題となる決定・行為を統制することは、議会の意思の表明である制定法に照らした合法性の審査という建前に反するように見えるが、この点、これらの公法原則の適用によって要求される決定・行為を拘束する規範は、制定法に含意されているものであり、それらは議会の黙示の意思であると説明されることで、公法原則の適用による統制は理論的に正当化されてきた。

かくして、司法審査によって、狭い意味での権限の有無が審査されるだけでなく、公法原則の適用による活動の統制がなされるようになったが、逆にいえばこれにより、ある活動が司法審査の対象になるということは、当該活動を行う際には公法原則の適用によって求められる行為規範が課せられるということを意味するようになったともいえる[21]。そして、理論上は、司法審査の対象となる帰結として公法原則が適用されるところ、むしろ司法審査は、（私法では得られない救済を得るために）公法原則の適用を目的として求められるようになってきている[22]。このような現在の司法審査は、既に伝統的なウルト

---

19) *Associated Provincial Picture Houses Ltd v Wednesbury Corporation* [1948] 1 KB 223.

20) *Council of Civil Service Unions v Minister for the Civil Service* [1985] AC 374, 407. なお、イギリス司法審査制度の影響下にある国々において、コモンローにおいて認識されてきた公法原則を中心とする審査の基礎となる事項を法典化している例として、オーストラリアの1977年行政決定（司法審査）法（Administrative Decisions (Judicial Review) Act 1977）（ss 5 and 6）、南アフリカの2000年行政的正義促進法（Promotion of Administrative Justice Act 2000）（s 6）がある。

21) そのため、司法審査は、公的機関に公法原則を遵守させる統制の仕組みとして機能することになる。もっとも、司法審査による統制の仕組みは公行政をコントロールする仕組みの一つに過ぎず、その点をケインは強調する（Cane (n 2) 12-14）。この点に関しては、前掲注5）で触れたケインのテキストの最新版の特徴も参照。ケインのこうした認識をさらに発展させ、体系化した書物として、Peter Cane, *Controlling Administrative Power* (Cambridge University Press 2016).

22) Craig (n 2) 836.

ラヴァイレス理論に基づくものとはかけ離れたものとなっていたといえる。そうした司法審査の現実が、後述の司法審査理論の変容をもたらすとともに、公法原則の適用を中心とする司法審査の転換につながっていくのである（以上の司法審査の理論的正当化の問題については、本章第3節第1款で詳しく検討する）。

　なお、以上のような司法審査制度の発展の歴史的経緯、基本構造を踏まえると、司法審査の対象となるかは、司法審査理論が正当化する範囲、大権的救済方法等の救済方法の射程、司法審査手続による手続的保護の範囲など、複数の要因によって決定されることになるといえよう[23]。

　(4)　最後に本書の関心から、司法審査の対象について考える際の主体の意義について言及しておきたい。

　以上の説明からすれば、司法審査は、ウルトラヴァイレス理論に基づく伝統的な司法審査理論のもとでは、議会によって付与された制定法上の権限の行使について裁判所が行う統制であるから、司法審査の対象を考える際に問題となるのは、もっぱら活動を基礎付ける権限であり、権限を行使する者がいかなるものであるかは理論的には関係してこないはずである。つまり、司法審査は、裁判所が、制定法等の規範に照らして特定の決定・行為の合法性を審査するものであり、国のような特定の主体の行う活動を統制するという発想によるわけではない。現実に制定法上の権限を付与され行使する個人や団体は、中央政府[24]、地方政府の一部と見られるものが多いが、理論の上では、政府であるからその活動について司法審査の対象になる、あるいは政府ではないから司法審査の対象にならないということにはならないし、第1章で検討したように、日本におけるように、権限を有する者を、政府の機関や委任行政の主体と位置づけることで、政府と理論的に関連づける必要はない。司法審査の対象となるのは、政府を構成する個人や団体（の活動）ではなく、制定法による権限の行使なのである。

---

23)　司法審査の対象を画するこれらの複数の要因を個別に検討するものとして、Jack Beatson, '"Public" and "Private" in English Administrative Law' (1987) 103 LQR 34.
24)　中央政府という概念については、Andrew Le Sueur, 'The Nature, Powers and Accountability of Central Government' in David Feldman (ed), *English Public Law* (2nd edn, Oxford University Press 2009) 155.

以上のように伝統的な司法審査理論においては、活動が「政府の活動」であるということはなんらかの意義を持つものではないと考えられる。地方政府については、その存在と活動について制定法に根拠を持つため[25]、その限りで地方政府の活動かどうかは、当該活動が制定法上の権限の行使にあたるかどうかという点で意味を持つ。しかしこれは伝統的な司法審査理論から離れるものではない。問題は、こうした伝統的な司法審査理論から離れて、「政府の活動」であることがなんらかの意味を持つことがあるかである。この点、司法審査の対象とする際に「政府の活動」であることが考慮されていると見られる例がある。

　第一に、中央政府による大権的権力（prerogative power）の行使が司法審査に服するとされた例がある。中央政府の各部門は、制定法上与えられた権限のほかに、（国王の名において）大権的権力という権力を行使する場合がある。この大権的権力は、議会に淵源を持つ制定法上の権力ではないので、従来司法審査の対象となってこなかったが、GCHQ判決において司法審査の対象となるとされた[26]。これは制定法上の権限の行使を統制するという従来の司法審査理論の枠を超え、政府の固有権力としての大権的権力の行使を統制するものとして理解することができる。

　第二に、中央政府による制定法上の権限、大権的権力に基づく活動以外の活動が、司法審査に服するとされた例がある。こうした活動は、制定法に基づく権限、大権的権力と区別される意味で、第三の権限の淵源（third source of authority）に基づく活動であると説明されることがある[27]。コモンロー上の原則として、人は、法により禁止されていない限り、いかなることもすることができるといわれることがあるが、その原則は政府についてもあてはまる

---

25) 地方政府に関する法制度一般については、Andrew Arden and others, *Local Government Constitutional and Administrative Law* (2nd edn, Sweet & Maxwell 2008).
26) *GCHQ* (n 20).
27) 「第三の権限の淵源」という言葉について、BV Harris, 'The "Third Source" of Authority for Government Action' (1992) 108 LQR 626. ほかにも、"de facto powers" (Mark Elliott, *The Constitutional Foundations of Judicial Review* (Hart Publishing 2001) 166) など、論者により様々な呼び方がなされている。呼び方については、BV Harris, 'The "Third Source" of Authority for Government Action Revisited' (2007) 123 LQR 225, 226 を参照。

ものとされ、政府についても、制定法、大権的権力に根拠を持たない活動を行うことができるとされてきた。いくつかの判例では、こうした第三の権限の淵源に基づくとされる活動について司法審査を行っているとされる。例えば、ケイン（Cane）が紹介するところによると、ロンドンのグリニッジ区（Greenwich London Borough Council）が、環境大臣が配布した人頭税についての冊子の内容が不正確であるとして、司法審査を求めた事件で、裁判所は結論としては冊子の内容は誤解を招くものではないとして区の訴えを退けたが、その判決では冊子の配布が司法審査に服することが前提とされていたため、なぜ情報を流すという誰もが行うことができる行為を、大臣が行ったならば司法審査の対象となるのかが問題とされた。

以上は、それ自体、ウルトラヴァイレス理論による伝統的な司法審査理論に基づく司法審査の変容を示す判例として位置づけられるが、活動主体が政府であることが司法審査の対象性の考慮要素とされうることを示唆する例であるといえよう。

---

28) *Malone v Metropolitan Police Commissioner* [1979] Ch 344. 同判決は、政府による盗聴行為について、私人の場合と同じく禁じられていないとした。同判決の詳細な分析として、倉持孝司『イギリスにおける市民的自由の法構造』（日本評論社・2001 年）97 頁以下。
29) Cane（n 2）271. *R v Secretary of State for the Environment, ex p Greenwich LBC* [1989] COD 530.
30) Beatson（n 23）50 は、政府的権力を司法審査対象性の判断基準の一つとして検討する。

第1節　データフィン判決とその問題点

第1款　判決の内容

(1)　ここでは、データフィン判決の内容と判決が提示した問題点についての検討を行う。以下では、各裁判官の意見を詳細に分析する。このように詳細な分析を行うのは、このデータフィン判決が裁判官ごとに微妙な意見の違いがある判決であり、そのことが、その後、本判決の理解をめぐる混乱を生むことになったと見られるのであり、そうした微妙な意見の違いを説明するためには、各裁判官の意見の内容を詳細に見ておくことが必要と考えたためである[31]。

(2)　データフィン判決の事件の概要と各裁判官の意見について説明する。

データフィン（Datafin）社は、KIO社の買収についてノートンオパックス（Norton Opax）社と株式公開買付けにおいて競争関係にあったが、ノートンオパックス社が、シティ・オブ・ロンドンにおける企業買収・合併に関する自主規制団体である「企業買収と合併についてのパネル」（Panel on Take-overs and Mergers. 以下、「パネル」とする）の自主規制基準である「企業買収と合併に関するシティコード」（City Code on Take-overs and Mergers. 以下、「シティコード」とする）に違反したとして、パネルに対して申立てを行った。パネルが申立てを退けたので、データフィン社は、高等法院にパネルの決定の取消し等を求めて司法審査を請求した。そこでは、自主規制団体であるパネルの決定が司法審査に服するかという点が問題となった。

パネルは、企業買収分野の自主規制を担うべくシティの諸団体が設立した

---

[31]　わが国におけるデータフィン判決およびその後の諸判決の紹介・検討として、岡村・前掲注4）（排他性（六））23頁以下を参照。

自主規制団体で、諸団体を代表するメンバーから構成され、その議長と副議長は、イングランド銀行によって任命される。判決では、パネルは、シティコード違反についての判断を行うが、それ自体は直接的な法的効果を持つものではなく、そのエンフォースメントは、違反行為についての通知を受けた証券取引所等が、制定法や契約に基づいて違反者に処罰を行うという間接的な形で行われていたと認定されている。[32]

(3) ドナルドソン (Donaldson) 裁判官 (Master of the Rolls. 記録長官) は、パネルの果たしている活動は目に見える形での法的根拠を持たないが、それは直接的な形での根拠を持たないに過ぎず、見えない形・間接的な形での (invisible or indirect) 根拠は豊富にあるという。そして次の点を指摘する。[33]

①パネルによって認定されたシティコード違反は、事実上、証券取引所会員の違反行為とされ、シティコードに違反している場合、株式上場許可を取り消されるが、上場は証券取引所 (上場) 規則 (Stock Exchange (Listing) Regulations 1984, SI 1984/716) に従って証券取引所により履行される制定法上の活動であること、② 1983 年免許金融取引者 (行為) 規則 (Licensed Dealers (Conduct of Business) Rules 1983, SI 1983/585) は、企業買収について詳細な規定を置いていないが、それはシティコードの有効性と柔軟性を活用するのが得策であると考えたことが 1983 年 12 月に出された貿易産業省 (Department of Trade and Industry) の説明により示されていることから、もし非制定法上の権力と制裁が不十分であったり、EEC が制定法上の条項を要求するなら、制定法上の権力と制裁によって、支持され、維持される自主規制団体が存在することになるであろうことが、政府の行為として決定されていること、[34]③パネルは完全に公的な領域 (public domain) で活動しているといえるものであり、パネ

---

32) *Datafin* (n 1) 824-27. なお、パネルによる自主規制制度の沿革・内容等について、前田重行「証券取引における自主規制」龍田節ほか編『証券取引法大系』(商事法務研究会・1986年) 91、109 頁以下参照。
33) *Datafin* (n 1) 834-36.
34) 2004 年の株式公開買付けに関する EU ディレクティブ (Directive 2004/25/EC) により制定法上の根拠を持つことが要求されたため、現在、パネルとその活動は、2006 年会社法に根拠を持つ (Companies Act 2006, Part 28 ch 1)。

ルが、制定法上の直接的な根拠のもとで設立され、活動していても誰も驚くものではないこと、④パネルの権限はイギリス中に及び、シティコードと決定は、パネルに代表者を出している団体のメンバーのみならず、株式公開買付けや合併を行おうとする全ての者に平等に適用されること、⑤諸外国の制度と比較すると、直接的な制定法上の根拠を欠いていることは完全に偶然の産物といえること、⑥中央政府は、1958年詐欺（投資）防止法（Prevention of Fraud (Investments) Act 1958）と、1979年銀行法（Banking Act 1979）のような関連法のもとで、パネルを自身の規制ネットワークに組み込んでいくことで、詐欺防止を達成してきたこと。

　以上の点を踏まえて、ドナルドソン裁判官は、パネルの決定が裁判所の監視的管轄権に服するかどうかを検討する。ドナルドソン裁判官が、第一に問題としたのは、裁判所の司法審査の対象が、その権力が、制定法または大権的権力の行使に由来する団体に限定されるかどうかである。この点について引用されたのは、$R\ v\ Criminal\ Injuries\ Compensation\ Board,\ ex\ p\ Lain$（以下、「ライン判決」とする）である。[35] この事件は、政府によって設置された犯罪被害者補償委員会（Criminal Injuries Compensation Board. 以下、「補償委員会」とする）による補償決定について、補償委員会が、制定法に基づかず、大権的権力によって設立された委員会であると位置づけられたことから、[36] その決定が司法審査の対象となるのかが問題とされた。この判決で、パーカー（Parker）裁判官は、「サーシオレイライという古来の救済方法の正確な範囲は、決して特定される形で定義されてこなかったし、そうされるべきでもない。その範囲は、たびたび変化し、変化する状況に対応するために拡張されてきた。……その唯一の恒常的な限界は、関係する団体が……公的職務（public duty）を行っていたことである。私的審判所（private or domestic tribunal）は、それらの権限が契約、すなわち当事者間の合意のみに由来するものであるがために、

---

35)　$R\ v\ Criminal\ Injuries\ Compensation\ Board,\ ex\ p\ Lain$ [1967] 2 QB 864.
36)　ただし、補償委員会が狭い意味での大権的権力に基づくものであったかについては見解が分かれる。この点についてはロイド裁判官の意見を参照。

常にサーシオレイライの範囲外であったのである」と判示していたが[37]、この意見にドナルドソン裁判官は同意するとし、さらに同判決のディプロック（Diplock）、アッシュワース（Ashworth）両裁判官の意見を引用した後、ライン判決は、補償委員会のような依拠する先例のない新しい形式の団体に対して、裁判所が、単に管轄権を有し、司法審査の対象とすることを主張するだけでなく、その管轄権はその後も順応していくことができるものであることを示した判決であると評価する[38]。そして、このライン判決の示した方向性に従い新たな形式への順応をしていった判決として、オライリー判決[39]、GCHQ判決[40]等を引用する。その上で、次のように述べる[41]。

　「判例集から管轄権を生じさせる要素の一覧を発見することは可能である。しかし全てのそれらの要素の存在を必要不可欠なものとして見たり、他の要素を含まないものと見ることは重大な誤りである。おそらく唯一の不可欠の要素は、公的要素（public element）として記述されうるものであり、それは多くの異なった形をとることができるものである。そして司法審査管轄権から排除されるのは、同意により付託された権限のみを権力の淵源とする団体である」。

　そして、本件のパネルは、ライン判決において裁判所が留意していたものに見事に当てはまり、次の点から、パネルが公的職務であり重要な職務を行っていることは疑いないとする。すなわち、企業買収と合併の分野においては、立法を控えて、パネルを市場規制の中心として用いるという見解が貿易産業省により示されていたこと、市民の権利がパネルの決定によって間接的に影響を受けるが、そのうち、全員ではないにしても一定の者——例えば証券取引所会員——は、こうした状況に技術的な意味で承認していたといえるかもしれないこと、少なくともシティコードに違反しているかどうかの決定においては、パネルは司法的に行為する義務があり、その存在意義は株主間

---

[37]　*Lain* (n 35) 882.
[38]　*Datafin* (n 1) 838.
[39]　*O'Reilly* (n 16).
[40]　*GCHQ* (n 20).
[41]　*Datafin* (n 1) 838.

の公正の実現であると主張していること、権力の淵源は、一部には道徳的説得力と、団体とその会員の間の合意に基づくものであるが、最終的には、貿易産業省やイングランド銀行によって行使される制定法上の権力が控えていること。そして、こうした状況において、裁判所が、執行権力の現実を認識することができず、執行方法の複雑性によって惑わされることは許されないとして、結論として、パネルの決定は司法審査に服するものとした。[42]

(4) ロイド（Lloyd）裁判官は次のように判断している。

パネル側は、GCHQ 判決におけるディプロック裁判官の意見を引用し[43]、司法審査に服するかどうかの唯一のテストは権力の淵源であり、権力の淵源が従位立法を含む制定法、大権的権力以外であった判例は存在しないと主張していたが、ロイド裁判官はこの主張は誤っているとする[44]。

権力の淵源が、司法審査の対象となるかを判断する唯一の基準であるという点について、ロイド裁判官は、確かに、権力の淵源は、おそらくほぼ常に決定的な要素となり、もし権力の淵源が制定法や制定法に基づく従位立法であるなら、問題の団体は明らかに司法審査に服することになり、逆に、私的仲裁のように権力の淵源が契約であるなら、その仲裁者は、明らかに司法審査に服するものではないとする。しかし、この権力の淵源が、制定法等であるものと、契約であるものとの両極端の間に、権力の淵源だけでなく、権力の性質を見るのが有益な領域が存在するとし、その領域では、もし問題の団体が、「公法的活動（public law functions）」を行っていたり、その活動をすることが、「公法的結果（public law consequences）」を生じさせるものであるなら、そのことにより、その団体を司法審査に服するものとするのに十分であるとする。そして、「我々が参照した全ての判例を通してなされる本質的な区別は、私的審判所と、公的職務にあたる団体の間の区別である」として、ドナルドソン裁判官が引用したライン判決のパーカー裁判官意見などにおいてそ

---

42) ibid 838-39.
43) *GCHQ* (n 20) 409.
44) *Datafin* (n 1) 846-47.

のような見解がとられていたことを指摘する[45]。

制定法にも大権的権力のいずれにも権力の淵源を持たない活動について司法審査を認めた先例が存在しないという点については次のようにいう。そもそもライン判決は、権力の淵源を大権的権力に基づくものについての先例とされているが、ライン判決における補償委員会は、実は大権的権力に基づくものではなかったと指摘する。つまり、行政法学者のウエイド（Wade）の論文を引用して[46]、「大権」(prerogative) という語は国王 (Crown) に固有の権力に制限されるべきであって、政府によって補償のスキームがつくられたことは、そうした固有の権力の行使とはいえない（つまり、補償委員会は大権的権力に基づくものではない）[47]。そして、どんな基金や信託も、十分な資金があれば補償委員会と同じことができるのであって、補償委員会と私的基金や信託との間の区別は、明示的にせよ黙示的にせよ、課せられた職務の性質の違いにあるのであり、職務が公的職務であれば、司法審査に服するとする。そうすると、前述したように、権力の淵源だけでなく権力の性質を問題とする自身の見解は、ライン判決に反するものではないと結論づけている[48]。

さらにロイド裁判官は、仮に、以上の見方が間違っており、権力の淵源だけを見なくてはならないとしても、本件のパネルの権力の淵源は、少なくとも一部には、政府的（governmental）であるという。すなわち、ロイド裁判官は、権力の黙示の移譲があったと見ているのであり、設立経緯、イングランド銀行総裁が議長と副議長を任命すること、ドナルドソン裁判官が指摘したその他の事実などからすると、パネルは、「政府の権威のもと（under authority of the Government）」にあるものといえるとする。したがって、結局、権力の淵源だけを見ても、司法審査の対象となるといえるし、また、それだけでなく、権力の性質も見るならば、司法審査の対象であることはより強固に基

---

45) ibid 847-48.
46) HWR Wade, 'Procedure and Prerogative in Public Law' (1985) 101 LQR 180.
47) ここで大権的権力とされた権力は、制定法にも、（国王固有の権力という意味での）大権的権力にもあたらないという意味で、前述の第三の権限の淵源に基づくものとして位置づけられる。
48) *Datafin* (n 1) 848.

礎付けられるとしているのである。[49]

（5）　ニコルズ（Nicholls）裁判官は、ドナルドソン裁判官の引用したライン判決のパーカー裁判官の二分論（公的職務を履行する審判所と、同意のみに基づく私的審判所の区別）に依拠するとした上で、次の点を指摘する。

まず、パネルは、イングランド銀行の総裁によって、その議長と副議長が任命され、11の団体の代表者から構成されているなどしているが、それ以上に正式な根拠を持たない。しかし、法的拘束力のある契約があるかどうかにかかわらず、パネルのメンバーに代表者を出している団体の間には、団体の会員に対して懲罰手続その他の方法によって、シティコードとパネルの決定が遵守されるよう、合理的で適切な全ての対策を講じるという理解がある。イングランド銀行についても同様に、そのシティにおける影響力はパネルと同じ方向に向けられている。またイングランド銀行は、パネルの設立・運営において主導的役割を果たしており、このことからもパネルの本当の役割が評価されるべきである。[50]

次に、証券取引所との関係について述べられる。証券取引所の評議会は、過去の立場はどうであれ、今日では、上場許可と上場取消しを決定する際には公的職務を果たしている。証券取引所の評議会は、そうした権力を、1984年証券取引所（上場）規則において持つなどしているのであり、そうすると、証券取引所の評議会の上場要件の制定、当該要件違反の裁決は、司法審査の対象となる活動である。今日、これらの要件はシティコードの遵守を含んでいる。このように発展してきたシステムからすると、上場企業が遵守しなくてはならない基準と実例を詳述し、当該基準・実例違反かどうかを決定するという公法的任務（public law task）を証券取引所の評議会がパネルに委任しているのと効果の点で区別が付かない。[51]

以上のような、イングランド銀行がパネルについての問題において果たす主導的で継続的な役割、証券取引所の評議会の権力と職務が制定法上の権力

49）　ibid 849.
50）　ibid 850.
51）　ibid 851-52.

の淵源を有すること、シティコードによってカバーされる事柄の性質と重要性、遵守しない場合の公法的結果から、パネルはシティコードを規定、運用する際に公的職務を果たしており、パネルの決定は司法審査に服するとする。[52]

第2款　判決の分析と課題

(1)　続いて、以上のデータフィン判決の内容を分析し、司法審査の対象について本判決が残した課題を明らかにする。

ドナルドソン、ロイド、ニコルズの三人の裁判官は、いずれもライン判決の特にパーカー裁判官の意見に依拠する。従来の判例では、司法審査の対象となるかは、権力の淵源が制定法かどうかによって判断されていたため、ライン判決のパーカー裁判官の意見は、そうした限界を乗り越えるために用られている。すなわち、ライン判決は、制定法に基づかず政府によって設置された補償委員会による補償決定が司法審査に服するとした判決であるが、補償委員会の権力の淵源が大権的権力か第三の権限のいずれであるとしても、権力の淵源が制定法ではないものについて司法審査を認めたという点で、従来の司法審査の対象を判断するための基準を変容させる可能性を示した判決といえた。その点で、従来の基準を乗り越え、司法審査の対象について新たな領域を開くための直接の足がかりとされたのである。[53] ライン判決のパーカー裁判官意見では、司法審査の対象について、①当該団体が公的職務を履行するものであること、②私的審判所は（大権的救済方法である）サーシオレイ

---

52) ibid 851.
53) ただし、データフィン判決以前のライン判決の理解では、補償委員会が司法審査の対象となるのは大権的権力によって設立された団体であるためとされていた。そうした理解からすると、ライン判決は、単に権力の淵源が大権的権力である場合に司法審査を認めたものと理解することができる（HWR Wade, 'New Vistas of Judicial Review' (1987) 103 LQR 323, 324 は、パネルと異なり、補償委員会は、制定法上の根拠はなくとも、少なくとも政府によって設立され、その規則は議会において認められていたことを指摘する）。それに対して、データフィン判決のドナルドソン、ロイド両裁判官は、権力の淵源を制定法としないことに、より大きな意味を与え、権力の淵源との関係を切り離してパーカー裁判官の見解を理解しているように見えるという点で異なる。

ライの対象外とされてきたが、それは行使する権限が、契約当事者間の同意のみに由来するものであったためであることという二点が示されていたが、三人の裁判官は、①を司法審査対象性についての積極要件、②を消極要件と位置づけ、これらを権力の淵源に代わる(あるいはそれと並行する)基準として用いて、パネルの決定が司法審査の対象となることを認めたのである。

(2) しかし、各裁判官の判断を詳細に見ていくと、ライン判決の①と②の要件の理解において、異なるところがあることが分かる。以下では、特にドナルドソン裁判官とロイド裁判官の理解の違いについて見ていく。

まず、権力の淵源の基準と新たな基準の関係について意見の違いが見られる。ドナルドソン裁判官は、①について、唯一の不可欠の要素は公的要素として記述されうるものであり、それは多くの異なった形をとることができるものとして位置づけている。②について、同意により付託された権限を唯一の権力の淵源とする団体は司法審査の対象から外れるとしている。それに対してロイド裁判官は次のように考えている。第一に、権力の淵源が制定法または制定法に基づく従位立法であるなら、問題の団体は司法審査に服する。第二に、権力の淵源が契約であるなら司法審査の対象外である。第三に、権力の淵源が制定法または制定法に基づく従位立法、契約以外のものであるなら、権力の性質で判断を行うことになる。公法的活動を行っていたり、その活動の履行が公法的結果を生じる場合に司法審査の対象となる。以上の両裁判官の見解の相違点は、ドナルドソン裁判官が、①の積極要件を考える上で、(少なくとも厳格な形の)権力の淵源の基準を放棄し、公的要素の有無という基準に一元化しているのに対して、ロイド裁判官は権力の淵源の基準が利用できない領域(つまり制定法と契約に基づかない場合)に限り、権力の性質により判断をするという態度をとっているという点にある。つまり、ドナルドソン裁判官にとって、権力の淵源は、公的要素を判定するための一要素に過ぎないのに対して、ロイド裁判官にとっては、権力の淵源(が制定法または制定法に依拠する従位立法であること)は、依然として特別な要件であり続けるのである。

次に、①の積極要件の内容について意見の違いが見受けられる。すなわち、

ドナルドソン裁判官のいう「公的要素（public element）」と、ロイド裁判官のいう「公法的活動（public law functions）」、「公法的結果（public law consequences）」という権力の性質（以下、単に「権力の性質」とする）の内容は若干異なったものであることがうかがえる。ドナルドソン裁判官は、直接的には権力の淵源の基準を採らず、公的要素の有無で判断すべきであるとしているが、見えない形・間接的な形での（invisible or indirect）根拠として提示した諸点（①～⑥）の多くは、証券取引所による制定法に基づく権限行使、貿易産業省による消極的意味での立法の意思表示、詐欺（投資）防止法のスキームといったように、間接的な形で制定法あるいは政府の活動と関連づけることが可能なものである。この点において、ドナルドソン裁判官は、権力の淵源の基準を柔軟に解釈することを許容しただけである可能性がある。つまり、間接的な形で制定法や政府の活動と関連づけることができる場合には、権力の淵源の基準から完全に離れているわけではない。それらは、間接的であるにせよ、制定法や大権的権力、制定法に基づかない政府の第三の権限の淵源に基づくものといえるからである。それに対して、ロイド裁判官は、権力の淵源が制定法と契約以外の場合に、権力の淵源の基準を用いないものと考えているように思われる。ロイド裁判官は、仮に、「権力の淵源だけをみなくてはならないとしても」として、パネルの権力の淵源は（少なくとも一部には）政府的（governmental）であるといい[54]、設立経緯、ドナルドソン裁判官が示した諸点から、「政府の権威のもと（under authority of the Government）」にある（したがって司法審査の対象となる）としている。ここでいう「政府的」という語が、制定法等との関連性を意味するものであるとすると、ロイド裁判官にとって（そうした要素を評価する）ドナルドソン裁判官の見解は権力の淵源の基準で考えたものと整理されることになる。逆にいうと、ロイド裁判官が権力の淵源ではなく権力の性質で判断するという場合、制定法等との関連性がない場合においても、権力の性質から司法審査の対象となる場合があるということを

---

54) この部分を引用して、ロイド裁判官の見解はドナルドソン裁判官の見解と同一であると評価するものがある。Lexa Hilliard, 'The Take-Over Panel and the Courts' (1987) 50 MLR 372, 374.

意味するように思われる。ただし、ドナルドソン裁判官においても、パネルに関する公的要素に、権力の淵源の基準を柔軟に解したものと評価できるものが多く含まれているとしても、公的要素の内容がそれだけに限定されないことは依然としてありえるように思われる。それは、本判決だけでは判断することはできない。

　②の消極要件の評価にも違いが見られる。ロイド裁判官が権力の淵源が契約である場合を司法審査の絶対的排除理由としているように見えるのに対して、ドナルドソン裁判官がいう「唯一の権力の淵源」という文言を厳密に考えるならば、同意や契約のみに基づかない場合において結論に差がでてくる可能性がある。実際、ドナルドソン裁判官は、「権力の淵源は、一部には道徳的説得力と、団体とその会員の間の合意に基づくものであるが、最終的には、貿易産業省やイングランド銀行によって行使される制定法上の権力が控えている」とし、同意や契約に近いものの存在を認めていることがうかがえる。

　(3)　結局、データフィン判決では、厳格な意味での権力の淵源の基準だけでは判断しないこと、具体的にパネルの決定については司法審査の対象となるということが示されたものの、不明確な点がかなり残されていたものといえる。

　判決においては、司法審査の対象となるかを判別するための積極要件と消極要件が示されたが、そこでの基準は、特に積極要件について公的要素、権力の性質といった、具体性を欠くものであり、また積極要件と消極要件の関係も必ずしも明らかではなく、その内容については、パネルに対する各裁判官の実際の当てはめから読み取るほかなく、詳細に見ると、ドナルドソン裁判官、ロイド裁判官で微妙に異なっていた。これらの基準は、ライン判決のパーカー裁判官のいう公的職務、私的審判所を言い換えたものであったのであるが、理論的にも、なぜこうした基準により司法審査が認められるのかということも不明確であった。すなわち、なぜ公的職務を行っていれば司法審査の対象となるのか、私的審判所であれば司法審査の対象とならないのかは、判例によるという以上に理論的根拠が明らかではなかった。

(4) このような射程の不明確性は、判例法の常であるが、本判決は、ウルトラヴァイレス理論に基づいていた権力の淵源の基準からの離脱が疑われた判決であるため、司法審査についての理論的な裏付けが明らかでないことが内容の不明確性に拍車をかけたといえる。逆にいえば、データフィン判決の内容・射程は、それを支える司法審査理論によって画される面がある。この点、本判決の直後は判決の評価は必ずしも定まっていなかった。すなわち、本判決について、形式から離れて実質的問題に向かうという点において従来の司法審査の一般的発展傾向に立脚するものであり、その意味で革新的であるが革命的ではないと評価するものもあった[55]が、従来の延長線上では捉えられない可能性もあった[56]。こうした状況を踏まえれば、データフィン判決がその後の判例においてどのように評価されるのかはいまだ不明確なものであったといえよう。

ただし、データフィン判決自体の評価は必ずしも定まっていなかったものの、第3節で見るように、学説は、むしろデータフィン判決を契機として、従来のウルトラヴァイレス理論に基づく伝統的な司法審査理論の問題点に目を向けるようになり、司法審査理論の見直しおよび再検討作業に注力するようになった。その結果、現在では、制定法の根拠は、理論面での必要条件ではなく、制定法の根拠を持たない場合も司法審査の対象となることが認められつつある[57]。ただ、それはあくまでも理論的に司法審査の対象となりうるというに止まるのであって、伝統的司法審査理論における権力の淵源の基準がそうであったように、司法審査の対象について、新たな司法審査理論との関係で語られなくてはならない。そのためには、データフィン判決で示された基準の射程について、具体的事案に即した判断内容を見ることが重要である。第2節で見る判例においては、データフィン判決において明確には示されなかった公的要素や権力の性質の基準の内容、消極要件としての同意や契約の

---

55) CF Forsyth, 'The Scope of Judicial Review: "Public Duty" not "Source of Power"' [1987] PL 356, 362.
56) 判決直後の時期に、従来の司法審査理論に対して疑問を投げかけた論文として、Dawn Oliver, 'Is the Ultra Vires Rule the Basis of Judicial Review?' [1987] PL 543.
57) この点については本章第3節を参照。

存在する場合の処遇などの問題点について具体的事案に即して判断している。そこでは、データフィン判決で不明確であった点が様々な形で検討されており、注目に値する。

第2節　判例の展開と分析

第1款　判例の展開

　データフィン判決の翌年に出された広告基準機構判決から、司法審査の範囲についての評価が一応定まるアガ・カーン判決に至るまでの諸判決の内容の検討を行う。ここでは、それぞれの事例と各裁判官の意見の内容をできるだけ丁寧に分析、検討していくことにする。ここで、そうした詳細な分析、検討を行うのは、これらの判決では、結論は同じであっても、その背景にある考え方は必ずしも同じではないのであり、データフィン判決の内容や射程を探るという目的からは、こうした結論の背景にある考え方について詳細に分析し、検討することが必要であると考えるためである。なお、以下では、特に、データフィン判決において取り上げられた、公的要素や権力の性質を積極要件とする考え方（以下、「公的要素・権力の性質の基準」とする）と、決定主体が私的審判所であることや、決定が同意・契約に基づくことを消極要件とする考え方（以下、「同意・契約・私的審判所の基準」とする）に焦点を当てて見ていく。

1　広告基準機構判決[58]

（1）　本件は、広告基準機構（Advertising Standards Authority）の決定が司法審査に服するかが問題となったものである。

　自動車保険会社が自社の保険の宣伝用小冊子を配布していたところ、それを見た消費者がその内容が不適正であるとして広告基準機構に訴え出た。訴

---

[58] *R v Advertising Standards Authority Ltd, ex p The Insurance Service plc* [1990] 2 Admin LR 77.

えを受けた広告基準機構は、消費者の訴えを認める決定を行い、それを公表した。そこで自動車保険会社は広告基準機構の当該決定について司法審査を請求した。そこでは、当該決定が司法審査に服するのかが問題となった。

この広告基準機構による広告規制の仕組みは次のようになっている。広告基準機構は保証有限会社であり、その活動は、議長その他のメンバーからなる運営委員会によって運営されている。その目的は、高度な広告基準の促進と実施であり、関係者と協力して広告がイギリス広告実務コード（British Code of Advertising Practice）に反しないようにすることである。イギリス広告実務コードは、1961年に最初に作られて以来、広告実務コード委員会（Code of Advertising Practice Committee）によって改訂されてきた。広告基準機構の決定は、新聞その他のメディアに対して公表され、新聞その他のメディアは、コード違反であるとされた広告については修正がなされない限り掲載しないものとされてきた。

このコントロールシステムは、より広い法的枠組みの一部を構成している。1984年EECディレクティブ[59]は、加盟国に誇大広告規制のための有効な仕組みを作ることを要求し、それを受けて1988年誇大広告コントロール規則（Control of Misleading Advertisements Regulations 1988, SI 1988/915）が作られた。そこでは公正取引長官（Director General of Fair Trading）に権限が与えられている。公正取引長官は、誇大広告の訴えを受けて、当該訴えが他の手段で十分に処理されない場合に、自主規制団体によるコントロールの望ましさも考慮した上で、もし当該広告が誇大であると考えるなら、広告の公表に関係があると思われる者に対して、インジャンクションを求める訴訟を提起することができるとされていた[60]。そして裁判所は、公正取引長官の請求を受けて、それが適切であり、当該広告が誇大であると考える場合にのみ、インジャンクションを与えることができるとされていた[61]。以上からすれば、公正取引長官は、広告基準機構に対する訴えが満足のいく結果を作り出していないと考える場

---

59) Directive 84/450/EEC.
60) reg 5 (1).
61) reg 6 (1).

合に、その権限を用いることになっていたものといえる。

(2) グライドウェル（Glidewell）裁判官は、主たる先例としてデータフィン判決をあげ、ドナルドソン裁判官とロイド裁判官の意見を主として引用し、またその二年後、控訴院において再びパネルの決定が司法審査の対象となることを認めた判決を引用した後(62)、次のように判示した(63)。

　「広告基準機構の特徴は多くの点においてパネルのそれと類似している。広告基準機構は制定法またはコモンローによって付与された権力を持たないし、コントロールの対象である広告主と契約関係にあるわけでもない。にもかかわらず広告基準機構は、もし広告基準機構が存在しなかったら、公正取引長官によって間違いなく行使されるであろう公法的活動（public law function）を明らかに行っているのである。……主張されている機構とパネルの違いは重要なものとは思われない。それゆえに、私はためらいなく広告基準機構の決定が司法審査の方法によって裁判所のコントロールに服すると結論づけるのである」。

(3) 本件では、同意・契約・私的審判所の基準については議論されておらず、もっぱら公的要素・権力の性質の基準が問題とされている。

　公的要素・権力の性質の基準との関係で評価された点は、広告基準機構が、もし広告基準機構が存在しなかったら公正取引長官が行うであろう公法的活動（public law function）を行っていたという点である。本判決では、データフィン判決との関係でいうと、ドナルドソン裁判官がパネルに関して提示した諸要素のうち②と類似する特徴が広告基準機構に認められ、それが評価されたものと考えられる。すなわち、ドナルドソン裁判官は、パネルのコードによる規制がうまくいっているために貿易産業省がパネルの規制に委ねていることを指摘していた。本件事案では、EECディレクティブの要請による規則により公正取引長官が実際に権限を有しているという点でデータフィン判決とは若干異なるところがあるものの、広告基準機構とパネルの活動の類似性を指摘した上で司法審査の対象となることを認めたものと考えられる。

---

62) *R v Panel on Take-overs and Mergers, ex p Guinness plc* [1990] 1 QB 146.
63) *ASA* (n 58) 86.

本判決は、データフィン判決で提示された要素を大雑把な形で具体的な事例に当てはめた判決であるともいえる。しかし、本判決は、データフィン判決の公的要素・権力の性質の基準について、後の判例でしばしば登場する「もし〜がなかったなら〜がなされたであろう」という定式（以下、「仮定テスト」とする）で表現したという点で一定の意義を有するものといえる。

2　マッシングバードムンディ判決[64]

（1）　本件は、ジョッキークラブ（Jockey Club）によって任命された地方競馬の地方裁決委員（local steward）であったマッシングバードムンディ（Massingberd-Mundy）が、ジョッキークラブの懲罰委員会の決定について司法審査を請求し、当該決定が司法審査に服するかが問題となったものである。

　ジョッキークラブは長年にわたりイギリスの競馬を管理してきた団体であり、1970年には女王から特許状（royal charter）を与えられて法人化している。その特許状では、ジョッキークラブの目的は、それまで旧ジョッキークラブによって行われてきたイギリス全土における競馬のコントロールに関する活動を引き継ぎ、また、旧ジョッキークラブによって行われていたかどうかにかかわらず、競馬の適切な実行・促進に必要あるいは適切なあらゆる活動を受け持つことであるとされ、競馬レース、競馬開催、調教等に関する規則の作成等をすることとされていた[65]。

（2）　ニール（Neill）裁判官は次のように判示した[66]。

　　「特定の団体の決定が司法審査のプロセスによって審査されうるかどうかを決定するのに、一つのテストを適用するだけでは必ずしも十分ではないことは明らかである。多くの場合、問題の団体の権力の淵源が制定法であるかまたは大権的権力であるかを尋ねることで十分であろう。……しかしながら、他方で、当該団体が履行を求められる職務が公的領

64）　*R v Disciplinary Committee of the Jockey Club, ex p Massingberd-Mundy* [1993] 2 All ER 207.
65）　ibid 209-10.
66）　ibid 218-19.

域にあるものかどうかを決定するために、職務の性質を調べる必要があるかもしれない。当該団体の決定が司法審査のプロセスによって審査されうるかどうかを決定する最も確実な答えを提供しそうなのは、権力の淵源よりも当該団体の決定における公的な要素であるように思われる」。

そしてデータフィン判決のドナルドソン裁判官意見を引いた後、次のようにいう。[67]

「本件では、ジョッキークラブは特許状により設立されたが、その権力の淵源が大権的権力に由来するものと見なされるとは考えない。……特許状の内容とジョッキークラブに与えられた権力を見ると、その活動のいくつかの側面においてジョッキークラブは公的領域で活動しており、その活動は、少なくとも部分的には、公的または準公的な活動である。したがって、もし先例から自由であるなら、ジョッキークラブの決定のいくつかは司法審査のプロセスによって審査されうると結論づけたであろう。……しかしながら問題は先例から自由ではない。*Law v National Greyhound Racing Club Ltd*〔本書筆者注・以下、「ロー判決」とする〕において、[68] 控訴院は、全国グレイハウンドレーシングクラブ（以下、「NGRC」とする）の裁決委員が調教師のライセンスを停止する権限は、調教師とクラブの間の契約に完全に依拠するものであり、その裁決委員の地位は私的審判所のそれであるとした。そこで控訴院は、裁決委員の決定は公衆に影響を与えるかもしれないことは認識していたものの、その決定は公法の領域における決定ではないと判断した。私としては、現在の訴えを決定するにあたり、NGRC の裁決委員の地位とジョッキークラブの裁決委員の地位とを十分区別ができないのである」。

そして結論として、本件ジョッキークラブの決定は、司法審査に服さないと判断した。[69]

---

67) *Massingberd-Mundy* (n 64) 219.
68) *Law v National Greyhound Racing Club Ltd* [1983] 1 WLR 1302.

(3)　ロク（Roch）裁判官は次のように判断している。まず、司法審査の対象となるかについて次のようなテストを示す。①当該団体の存在の淵源、つまりどのような法形式によって設立されたか、②問題となる行為や決定の権力の性質や淵源、③問題となる行為や決定を行う個人や団体の果たす役割、それが国民的な重要性を持つか、公衆が一般に関心を持つ領域において独占的であるか、④司法審査が拒絶された場合に他の有効な救済方法が存在するか、⑤個人または団体が履行している特定の活動が、請求人の権利に主体として影響を与えるか、個人または団体にとって固有の方法で請求人の権利に影響を与えるものか。

　しかし、これらのテストはどれも決定的なものではなく、司法審査の対象となるかを判断するためには、様々な問題が考えられ、個別問題の事実に対して結論が出されなくてはならないとし、一つの基準によることができないことは、ライン判決のパーカー裁判官意見、データフィン判決のドナルドソン裁判官意見においても示されてきたとする。

　そして、先例から自由であるなら、ジョッキークラブが司法審査に服するという結論になるだろうとして、本件ジョッキークラブについて次の点を指摘する。①ジョッキークラブが定められた目的を持って特許状によって国王大権のもとで設立されたこと、②ジョッキークラブが国民的に重要な地位を占め、公衆が一般的に関心を持ち、多くの人々が生計を立てる領域で独占に近い権力を持つこと、③裁決委員だけでなく、馬主、調教師、騎手らも、ジョッキークラブとレース規則に拘束される契約関係にあるが、レース規則の制定・修正について参加権を持たず、レース規則を受け入れなければイギリス競馬から閉め出されるほかないこと、④請求人は訴訟手続において訴訟の許可を受けるために決定について十分な利益を有していることを示す必要があるのでジョッキークラブが訴訟の洪水にさらされる心配はないこと、⑤他方で、決定について正当な利益を持った人が、ジョッキークラブとの契約関係を示すことができないために、有効な救済方法を持たないケースもあるよ

---

69)　*Massingberd-Mundy*（n 64）220.
70)　ibid 221-24.

うに思えること。

　しかし、ロク裁判官は、結論としては、ニール裁判官と同様、先例としてロー判決等をあげ、NGRCとジョッキークラブは、組織、目的、規則、活動について非常によく似ており、両者を区別することはできないとして、ジョッキークラブの決定は司法審査に服するものではないとしている。

　(4)　本判決は、データフィン判決に基づいた場合に、ジョッキークラブの決定が司法審査に服しうることを認めつつも、データフィン判決以前の判例であるロー判決の存在を重視し、ジョッキークラブと区別できないほど似ている団体であるNGRCが司法審査の対象とならないとされていたことを理由に、ジョッキークラブの本件決定も司法審査に服さないとしたものである。ここでは、データフィン判決で提示された、公的要素・権力の性質の基準の内容と、同意・契約・私的審判所の基準の内容が事案に即して判断されるとともに、両者の関係が問題とされている。

　(5)　ニール裁判官は、権力の淵源ではなく、活動の内容に着目し、特許状とジョッキークラブに与えられた権力の内容から、ジョッキークラブの活動のいくつかは、データフィン判決のドナルドソン裁判官のいう公的要素の基準を満たすものであるとする。ニール裁判官が、公的要素の内容として意識する、「公的領域における活動」が具体的に何を意味しているのかは判示内容からは必ずしも明らかではないが、ロー判決との対比部分からすれば、決定の公衆への影響の大きさが公的要素として評価されているものと考えられる。

　これに対して、ロク裁判官の判断は、司法審査の対象判断のための様々なテストを提示している点で注目される[71]。このテストは、公的要素・権力の性質の基準の内容を具体的に示したものとして重要である。しかも、権力の淵源、活動の内容といった要素に加えて、有効な救済方法の存在、司法審査を認めることが訴訟の洪水をもたらすかといった手続的要素をも含めている点

---

71)　バムフォースは、ここでロク裁判官があげたテストを、データフィン判決にいう公的要素・権力の性質の要件のリストであると評価している。Nicholas Bamforth, 'The scope of judicial review: still uncertain' [1993] PL 239, 240.

で注目される。

　以上の判断は、データフィン判決との関係でいうと、公的要素・権力の性質の基準について、司法審査の対象を広く認める態度を明確にとっているものと見ることができる。すなわちデータフィン判決のパネルとその活動は、直接には制定法の根拠を持つものではなかったが、制定法の根拠と全く無縁であると言い切れるわけではなかった。しかし本判決では、公衆に影響を与えるとか、独占的活動であるといった、制定法の根拠とは関係しない要素が明確に評価されている。また、手続的要素についてはデータフィン判決では現れていなかったものである。

(6)　次に、同意・契約・私的審判所の基準の評価を見ていく。

　この点に関する本判決の特徴は、先例としてロー判決を取り上げ、その射程を検討している点にある。ロー判決は、データフィン判決においては、判決中ではその内容について特に言及されていなかった。ただし、データフィン判決において示された同意・契約・私的審判所の基準は、ライン判決のパーカー裁判官の「私的審判所は、その権限が契約、すなわち関係当事者の合意のみに由来するために、常にサーシオレイライの範囲外にあった」という意見に基づくものであり、ロー判決も、このライン判決のパーカー裁判官意見に依拠するものであるから、依拠する判例は実質的に同じである。[72]

　問題は先例としてのロー判決の捉え方である。両裁判官は、ともに、NGRCとジョッキークラブの決定をパラレルに捉えて、司法審査の対象となることを否定している。

　すなわち、ニール裁判官は、同意・契約・私的審判所の基準の内容について深く立ち入ることなく、NGRCとジョッキークラブが非常に似た性格の団体であることから、NGRCが私的審判所にあたるならジョッキークラブも私的審判所にあたると判断し、司法審査の対象とならないとしている。ここでは、NGRCと裁決委員が契約関係にあったことに着目していることから、契約関係に基づく契約の相手方に対する決定であった点も考慮している

---

[72]　三人の裁判官全員が、データフィン判決で引用されたライン判決のパーカー裁判官意見を引用している。*Law* (n 68) 1307, 1309, 1313.

ものと思われる。

　ロク裁判官も、その組織、目的、規則、活動の面で両者は非常によく似ており、区別することはできないことを理由としてあげ、基本的にはニール裁判官と同じく同意・契約・私的審判所の基準の内容に深く立ち入っていないように見える。しかし、ロク裁判官については、その判示の最後の部分で次のように述べている点が重要である。すなわち、ロク裁判官は、「ロー判決においては、請求人のライセンスを停止する裁決委員の権限は完全に契約に由来したが、ジョッキークラブの裁決委員の権限は、彼らとその行為や決定により侵害されている人との間の契約に由来するものではないかまたは完全には契約に由来しないケースがあるかもしれない」といい、そして「そのようなケースであれば、『ジョッキークラブのそのような行為や決定が司法審査に服するか』という問題は、ロー判決でなされたものとは違った答えが与えられたかもしれない」としている[73]。この部分からすれば、ロク裁判官は、ロー判決の射程を、完全に同意・契約に基づく決定に限定し、同意・契約に依拠しないかあるいは不完全にしか依拠しない場合には判決の射程外となる可能性を示していることになる。

　(7)　本件では、同意・契約・私的審判所の基準と公的要素・権力の性質の基準の競合が問題となっている。つまり、本件では、ジョッキークラブの活動が公的要素・権力の性質の基準を満たすと考えられたために、ロー判決によれば、同意・契約・私的審判所の基準のために、司法審査の対象とならないにもかかわらず、データフィン判決に照らせば公的要素・権力の性質の基準を満たし司法審査の対象となると考えられる場合にどのように判断すべきかが問題となっている。

　この競合問題に対してどのように判断すべきかは、データフィン判決では必ずしも明らかにされていなかった。データフィン判決のドナルドソン裁判官は、権力の唯一の淵源が契約である場合には司法審査の対象とならないとしていることから、関係のあり方によっては、契約の存在にかかわらず、司

---

73)　*Massingberd-Mundy* (n 64) 224.

法審査の対象となる可能性があるように読めた[74]。その意味で、ロク裁判官も示唆していたように、ドナルドソン裁判官の意見に依拠し、あるいはその考え方を進めれば、公的要素・権力の性質の基準の充足により、司法審査の対象となることを認めることも一応可能であったように思われる。他方で、データフィン判決のロイド裁判官は、決定が同意・契約によるものである場合は司法審査の対象とならないとしており[75]、またドナルドソン裁判官においても、ロー判決のようなケースについて司法審査の対象となることを明確に認めたわけではなかったため、本判決では一応ロー判決に従ったものと考えられる。

3 ラム判決[76]

(1) 本件は、ジョッキークラブが行った競馬場へのレースの割り当てに関する決定が司法審査に服するかが、問題となったものである。

ラム競馬場株式会社（RAM Racecourses Ltd. 以下、「ラム」とする）は、自らの競馬場にレースが割り当てられることを期待して新しく競馬場を作るために投資を行っていたが、ジョッキークラブは同社の競馬場にレースの割り当てを行わない旨の決定をしたので、同社が当該決定について司法審査を請求した。そこでは、当該決定が司法審査に服するかが問題とされた。

スチュアートスミス（Stuart-Smith）裁判官とサイモンブラウン（Simon Brown）裁判官はともに、マッシングバードムンディ判決に従い、ジョッキークラブの決定が司法審査の対象となることを否定している[77]。しかし、サイモンブラウン裁判官は、結論としては司法審査の対象となることを否定しつつも、傍論において司法審査の対象の問題について自らの考え方を詳細に述べているので、ここではその内容を見ておきたい。

---

74) 実際、既に指摘したように、データフィン判決において、ドナルドソン裁判官は、同意に基づくとまではいわないものの、道徳的説得力など、それに近いものは存在するとしていた。*Datafin* (n 1) 838.
75) ibid 847.
76) *R v Jockey Club, ex p RAM Racecourses Ltd* [1993] 2 All ER 225.
77) ibid 241, 245.

(2) サイモンブラウン裁判官の意見は、データフィン判決の司法審査対象性の積極要件である公的要素・権力の性質の基準の内容について自らの理解を明らかにしている点で重要である。

サイモンブラウン裁判官は、傍論において、データフィン判決は、「裁判所の監視的管轄権の真の範囲と限界に関する画期的判決であり、全ての以前の判例は、それに照らして、現在再検討されなくてはならない」とする。そして、そのドナルドソン裁判官意見においては、一方で、「十分に公的な要素を持った」司法審査に服する決定があり、他方で「その唯一の権力の淵源が管轄権への同意的付託である」団体（サイモンブラウン裁判官は、これは、ライン判決に従ったもので、仲裁者や私的社交クラブのようなものが含まれるものと認識されてきたとする）の司法審査に服さない決定があるとされているところ、データフィン判決は、この両極端の中に、ロー判決のパーカー裁判官意見で示されたような特定的に定義されず、またされるべきでなかった領域が存在することを再確認し、「公序（public policy）が我々のこの分野の法の発展をもたらすべきことを明らかに認識した」上で、「以前は最も重要なものと考えられていた『権力の淵源』（source of power）テストに対するところの『活動』（functions）テストを強調し、おそらくそれを優先的なものと考えることによって、その方向性を示した」ものと理解する。[78] そして、次のような見解を示す。

まず、司法審査の対象となるかどうかは、団体が公的なものかどうかではなく、活動の内容によって判断されるべきであるとされる。すなわち、制定法上の公的団体の活動の一部が司法審査に服するとしても、その団体の活動全てが司法審査に服するわけではない。例えば、判例では、公的機関であっても、労働関係のように私的組織と類似の資格で活動する場合には司法審査の対象とされていないことからすれば、逆に、通常は非政府的組織であると見なされる団体のある活動が、本質的に公的性格を持つように見える場合に司法審査の管轄権を拡大しない理由はないとする。[80]

---

78) ibid 246.
79) *R v British Broadcasting Corporation, ex p Lavelle* [1983] 1 WLR 23; *R v East Berkshire Health Authority, ex p Walsh* [1985] QB 152 を引用する。

次にサイモンブラウン裁判官は、活動の内容によって司法審査の対象性が判断されることを前提に、問題とされるジョッキークラブの活動の性質が司法審査に服するものであるかを検討する。裁判官は、この点、次のように述べて、先例（マッシングバードムンディ判決）がなければジョッキークラブの決定は司法審査の対象となるとする。

　　「競馬場を規制し、レースを配分する活動を行う、ジョッキークラブにより行使されている権力の性質は、制定法上のライセンス権力の行使と非常に似ているというベロフ（Beloff）氏〔筆者注・請求人側弁護士〕の主張に非常に魅力を感じる……。この活動を、公法的結果を生じさせる公法的団体の活動であると見ることに困難はない。……それは裁判所によって審査可能なものとして一般的に受け入れられている種類の決定と非常に類似しているものであるように思われる。そして同時に、私は、この特定の権力行使と、明らかに監視的管轄権の範囲外であろうような仲裁者やその他の私的団体のそれとを同一視することはできない」[81]。

　さらに、サイモンブラウン裁判官は、ジョッキークラブ側弁護士による四つの主張それぞれに対して、以下のように答えているが[82]、この回答には重要な指摘が含まれている。

　第一に、ジョッキークラブを法人化した特許状の持つ意義に関して、ジョッキークラブの活動は、特許状による法人化以前と変わるものではないから、特許状によって設立された団体であることを理由として司法審査の対象となるものではないという主張がなされている。それに対して裁判官は次のように述べている。「特許状に基づいて設立されたこと自体は司法審査の対象とするための決定的考慮要素ではありえないことには同意する」。しかし、「他方で、それは無関係ではなく、むしろ、公的生活の重要な領域において独占的権力を保有するジョッキークラブの地位の国民的重要性を（最も広い意味で

---

80)　*RAM* (n 76) 246-47.
81)　ibid 247.
82)　ibid 247-48. なお、ジョッキークラブ側弁護士の主張の内容について、さらに、ibid 243-44 も参照。

の)政府が認識していることを示すものであり、立法によって適切に規定されることもありえた」。

第二に、新規参入希望の競馬場の所有者に司法審査請求が認められるなら、ライセンスを通してジョッキークラブと契約関係にあり、通常の民事訴訟で争うことになる既存の競馬場の所有者との間に不均衡が生じることが主張される。すなわち、司法審査請求によれば決定が諸種の公法原則により拘束されることを主張できるのに対して、通常の民事訴訟によればこうした拡張的救済が受けられず、不利であるという主張がなされる。この点について裁判官は、この主張は誤った前提に基づくものであるとして次のように答えている。すなわち、 *Wandsworth LBC v Winder* を参照すれば[83]、「契約から生じる通常の私法上の義務の上にさらに公法上の義務を課すことは問題がないのであるから、同様に、既存の競馬場の所有者は、何らかの契約上の権利から離れて、適切な状況の下で公法上の救済方法をも用いることができるように思われる」。

第三に、過去の判例からすると、独占的地位にある団体による決定については、従来、私法上の「取引制限（restraint of trade）」において宣言的判決（declaratory judgement）についての権利が発展してきているのであり、それを前提にすると、裁判所の監視的管轄権の範囲をジョッキークラブのような団体のライセンス類似の活動にまで拡大する必要はないと主張される。この点について、サイモンブラウン裁判官は次のようにいう。問題の判例は[84]、「現在か数年内に起こっていたなら、司法審査手続に本来の居場所を見つけていただろう。実際の所、裁判所は、公序への考慮のために新しい私法上の創造物……をつくるように強いられていたのである。しかし、これらの判例の本当の性質、つまり本質的に公法的性質は、*Breen v Amalgamated Engineering Union* のデニング（Denning）裁判官の判示において明らかに認識されて

---

83) *Wandsworth LBC v Winder* [1985] AC 461.
84) *Eastham v Newcastle United Football Club Ltd* [1964] Ch 413; *Nagle v Feilden* [1966] 2 QB 633; *Breen v Amalgamated Engineering Union* [1971] 2 QB 175; *McInnes v Onslow-Fane* [1978] 1 WLR 1520 を引用する。

いたのであり、私としては、私法上の原則をさらに曲げるよりも公法のコンテクストにおいて今後これらの原則を発展させていくことが望ましいと判断したい」。

第四に、従来、スポーツ団体が司法審査に服するとされた例がないと主張される。これに対しては、「裁判所は、過去においては、私法上の原則を代わりに発展させることによって公序の要求に応えようとしていたのである。しかし……我々は現在、正義が要求する新しい状況をうまく包含できる法のダイナミックな領域にいるのである。データフィン判決をはじめとする……多くの判決がこの点を示している」。

(3) 以上のサイモンブラウン裁判官の意見は、傍論ではあるが、以下で見るように、データフィン判決を受けて、司法審査の対象性を活動の内容により判断することを示したものと評価できる。さらには、データフィン判決では、公的要素・権力の性質の基準と同意・契約・私的審判所の基準の関係が不明確であったが、ここでは、後者の基準の内容を限定的に解した上で、ほぼ公的要素・権力の性質の基準により判断されているものと評価できる。

まず、公的要素・権力の性質の基準については、司法審査の対象となる制定法上のライセンス行為との内容面での類似性という点から、司法審査の対象となることを認めているという点で重要である。この点、前述のようにデータフィン判決のドナルドソン裁判官の意見は、制定法あるいは政府の活動と関連づけることが可能であるという点で、権力の淵源の基準から完全に離れるものではない可能性があったが、このサイモンブラウン裁判官の意見は、従来司法審査が認められるとされた活動との内容面での類似性から司法審査が認められるとするものであるから、基本的に権力の淵源の基準から離れるものということができる。そもそも、サイモンブラウン裁判官に言わせれば、従来から、単に権力の淵源が制定法であるというだけで自動的に司法審査の対象となるとされていたわけではなく、活動の内容により絞り込みがなされていた、つまり、判例においては、労働関係のように私的組織と類似する資格で行われる活動については、制定法に基づく公的機関による活動であっても司法審査の対象とならないとされてきたのであり、このように活動の内容

によって司法審査の対象性が判断されるのであれば、逆に、制定法に権力の淵源を持たない場合であっても活動の内容によっては司法審査の対象となる場合があるのであって、本件では、（司法審査の対象となる）制定法上のライセンス行為と活動の内容面で類似するという理由で、ジョッキークラブによるレース割り当て決定が司法審査の対象となるとしたのである[85]。ここでは、基準となる活動の内容について、どのようなものであれば司法審査が認められるのかは必ずしも明らかではないが、ジョッキークラブ側弁護士の主張の第一点に対する回答からすると、独占的権力を保有する団体による公的生活の重要な領域における活動は少なくともそれに当たると考えられる。

　この点に関する本判決でのサイモンブラウン裁判官の意見はこのように解釈するのが自然であると考えられるが、ジョッキークラブ側弁護士の主張の第一点に対する回答では、「特許状による設立は全く関係のないものではなく、それは、公的生活の重要な領域において独占的権力を保有するジョッキークラブの地位の国民的重要性を（広い意味での）政府が認識していることを示すものであり、立法によって適切に規定されることもありえた」としていることから、後述の政府的要素の基準をとっているものととれないこともない。サイモンブラウン裁判官は、この点をとりあげて4のチーフラビ判決での見解と本判決での見解は一貫しているとする。

　次に、同意・契約・私的審判所の基準について、サイモンブラウン裁判官は、この点については正面から論じていないのであるが、それにより司法審査の対象から排除されるのは仲裁者のような私的団体の決定であると限定的に解しているようである。さらにジョッキークラブ側弁護士の主張の第二点に対する回答からすれば、契約関係にあり、通常の民事訴訟を用いることができるケースであっても、それによって司法審査の対象から排除されるものではなく、司法審査請求により決定に対する公法原則の適用を求めることができるとされている。

---

85) David Pannick, 'Who is Subject to Judicial Review and in Respect of What?' [1992] PL 1, 6 は、サイモンブラウン裁判官に賛成して、公法が介入する範囲は、その権力の性質と範囲、なんらかの公序に関する考慮、問題とされている決定のタイプに依拠するべきであるという。

ここでは、同意・契約・私的審判所の基準は、公的要素・権力の性質の基準に吸収される可能性がある。すなわち、私的団体の決定が司法審査の対象とならないのは、活動の内容が司法審査の対象となるものとは異なるものであると位置づけられるからであり、他方で、その活動の内容が司法審査の対象となる活動と類似しているならば、たとえ契約関係に基づくものであったとしても司法審査の対象となることが認められるように思われる。

(4) サイモンブラウン裁判官の意見は、ジョッキークラブ側弁護士の主張に対する意見において、司法審査請求およびそこで適用される公法原則と、通常の民事訴訟およびそこで適用される私法上の原則の関係について述べられている点で重要である。第三点、第四点に対する回答によれば、ここで司法審査の対象となるとされたジョッキークラブの決定のような活動の統制は、従来は民事訴訟における私法上の原則の発展によって対応されてきたものであるが、現在においては、むしろ司法審査請求と公法原則によって対応されるべきであるとされている。これは、すなわち、これら独占的団体の行う公的生活にとって重要な活動は、その活動の内容において、制定法に基づくライセンスに似た活動を行っており、このような活動は、本来、司法審査の対象とし、公法原則を用いて修正されるべきものであったが、裁判所は、私法上の原則を発展させてその問題に対応してきた。しかし、データフィン判決において公的要素・権力の性質の基準が提示されたことなどを踏まえると、今後は司法審査と公法原則によって処理されるべきであるということを意味するものと思われる。[86] このような裁判官の理解は、司法審査対象性とそこで公法原則として適用される規範との関係を意識し、司法審査の対象となる帰結として公法原則が適用されるというよりも、逆に公法原則が適用されることを考慮して司法審査の対象とするか否かを検討する、つまり司法審査は公法原則を適用して活動を統制する手段であるという考え方があるものと考えられ、司法審査の対象に関する考え方の変更可能性をはらむものであったと

---

86) スチュアートスミス裁判官も「サイモンブラウン裁判官と同様に、私も、もしこれらの事件がデータフィン判決以後に起こっていたならば、救済は私法ルートよりも公法ルートで適切に求められ、与えられてきたであろうと思う」という。*RAM* (n 76) 244.

考えられる。

　もっとも、以上のサイモンブラウン裁判官の判断は傍論として示されたものに過ぎず、また、後の判例でも支持されていない。

4　チーフラビ判決[87]

（1）　本件は、宗教団体の長であるチーフラビ（Chief Rabbi）の決定が司法審査の対象となるかが問題とされたものである。

　ワクマン（Wachmann）は、イギリスヘブライ集会連合（United Hebrew Congregations of Great Britain and the Commonwealth）に属する集会によって任命されたオーソドックスラビ（Orthodox Rabbi）であったが、非行があったとの申立てがなされた。申立てを受け、チーフラビは調査委員会を組織して事実を調査させた上で、ワクマンにはラビにふさわしくない非行があり、もはや宗教的、道徳的にラビの地位にふさわしくないと決定した。そこでワクマンの集会の執行部と評議会は、チーフラビの決定に照らして、ワクマンのラビとしての雇用を打ち切ることを決定した。それに対して、ワクマンはチーフラビの行った決定について司法審査を請求した。そこでは当該決定が司法審査に服するかが問題となった。

　チーフラビとは、イギリスヘブライ集会連合の宗教上の長であり、この連合はほぼ全ての正統派ユダヤ教共同体を含むものである。そこでのチーフラビの主たる役割は、ユダヤの法、儀式、法理に関する事項の助言・規律、儀式の主宰、そして宗教上の役職者が集会内でのそれぞれの役職につくのに宗教的、道徳的に足る者であるかを認証することである。チーフラビによって認められたラビだけが任命されると設立規定に定めている集会もある。本件でワクマンが所属していた集会では、設立規定により集会の宗教的指針はチーフラビの監督下にあると定められていた[88]。

（2）　以下、サイモンブラウン裁判官の判示の内容を見る。

---

87)　*R v Chief Rabbi of the United Hebrew Congregations of Great Britain and the Commonwealth, ex p Wachmann* [1992] 1 WLR 1036.

88)　ibid 1038.

まず、同意・契約・私的審判所の基準について判断している。そこでは、チーフラビの役割と権限は自ら望んでヘブライ集会連合に所属することを選んだ人と共同体に対してのみ行使されるものであり、ワクマンは同意によりチーフラビの管轄に服しているというチーフラビ側弁護士の主張に対して次のように述べている[89]。

> （ワクマンのようなラビがチーフラビの懲罰的決定を受け入れざるを得ないという点において）「ラビと、弁護士会や大学の構成員とは区別することができない。弁護士会と大学については、いったん監察官の管轄権が行使され、それが尽くされたなら、その後は裁判所は当該決定を審査することができる。すなわち、裁判所は、決定に不服のある者が、弁護士会や大学に入ることを強制されるのではなく自ら入ることを選んだからといって、司法審査を拒むものではない。私が思うに、同意により管轄に入ったことを理由とする司法審査からの排除は、仲裁人や私的審判所（private or domestic tribunals）にのみ適切に適用されるものである〔本書筆者注・ロー判決を引用する〕。……おそらく、この要件を完全に別個の基準と見なすのは形式上のことであり、問題の団体が本質的に公的な職務を果たしており、その決定が公法的結果をもたらすものであるのかという要件に次第に変化していくものである」。

次に、公的要素・権力の性質の基準について検討している。この点に関して、裁判官は最初に次のように述べている[90]。

> 「問題の団体の決定が、公法的結果をもたらす公法的決定であるということは、それらが、公衆が大きな関心を持つものであり、公衆に対して結果をもたらす以上のものであることを意味している。裁判所の監視的管轄権に入るためには、問題の決定を行う権力について、単に公的であるだけでなく、潜在的に政府の関心が存在しなくてはならない。そして、一般的に言えば、問題の権力行使は、単に公的生活のいくつかの重

---

89) ibid 1040-41.
90) ibid 1041.

要な領域の自主的規制であるだけでなく、ベロフ氏〔本書筆者注・チーフラビ側弁護士〕が『コントロールのツイントラック（twin-track）システム』と呼ぶものなのである。言い換えれば、非政府的団体がこれまで司法審査に服してきたのは、それらの団体が、一般的に、それ自体は非制定法的であるけれども、政府の関心が示された制定法上の権力や罰によって支えられている規制システムの不可欠な一部をなしている場合であった」。

そして、データフィン判決を含むその後の諸判決はそうした趣旨のものであるとして、イギリス製薬産業協会判決[91]、広告基準機構判決をあげ、ラム判決での自らの意見も同じ立場であったとする。そしてこれを本件に当てはめ、次のように続ける[92]。

「チーフラビは公的生活の領域を規制し、もしそれがなければ、政府が制定法による枠組みを課すであろうという意味で公的活動を行っているということはできない……。逆に、チーフラビの活動は、彼が規制の責務を放棄しても、政府が代わって履行することはできないし、しようとするものでもない、本質的に私的、精神的、宗教的な活動である。……決定が公法的結果をもたらすかどうかは、影響を受ける者への衝撃の大きさ以外のもので決定されなくてはならないのである」。

最後に、本件のような宗教的決定に関しては内容的に裁判所が立ち入るところではないことが示されるが、この判断は、次のように、さらに前述の公的要素・権力の性質の判断と関連づけられる[93]。

「この領域での決定作成を規制することを裁判所にためらわせる同一の政策的考慮が、先例によって確立されてきた意味での真の公法的特徴や公法的結果をそれが欠いていることをも示しているのである。チーフ

---

91) *R v Code of Practice Committee of the Association of the British Pharmaceutical Industry, ex p Professional Counselling Aids Ltd* (1990) 10 BMLR 21) をあげる。同判決は、広告基準機構判決と同じく、データフィン判決に依拠して、イギリス製薬産業協会実務コード委員会の決定を司法審査に服すると判断した判決である。
92) Chief Rabbi (n 87) 1041-42.
93) ibid 1043.

ラビは決定の作成において制定法上の根拠を持たないが、……裁判所は介入しないであろうし、そして議会も、前述したようにこの領域で立法をしようとは考えないであろう」。

このように述べた上で、結論として、本件のチーフラビの決定は司法審査の対象とならないとした。

(3) このチーフラビ判決は、ラム判決と同じサイモンブラウン裁判官による判決である。しかし、サイモンブラウン裁判官は、ラム判決においては、活動の内容によって判断するとし、ライセンスを行う権力の行使と似ているという理由により司法審査の対象となるとしていたにもかかわらず、本判決では、一転して、司法審査の対象となる公法的結果をもたらす活動であるためには、なんらかの形で政府が関心を寄せていることが必要であるとし、政府が関心を寄せる活動であるかどうかは、制定法上の権力や罰によって支えられている規制システムの不可欠な一部をなしているか、あるいは、もしその活動が行われていなかったら政府が行うものであるかにより判断するものとしている。ここでは、政府の関心の存在を判断するための基準として、やや内容の異なる二つの基準が用いられている点が重要である。

前者の基準は、判決中で「コントロールのツイントラックシステム」と呼ばれているものであり、既に政府により構築された制定法上の枠組みがあるということから政府の関心が存在することを判断するものである。

後者の基準は、政府の介入の蓋然性から政府の関心の有無を判断するものである。この基準は、広告基準機構判決で示された「仮定テスト」と類似するが、政府の関心との関係において少し異なることに注意する必要がある。広告基準機構判決の事案は、既に制定法による規制の枠組みがあり、もし広告基準機構の活動がなければ公正取引長官による活動がなされるというものであり、むしろ前者のコントロールのツイントラックシステムにあたるものである（実際、その例として広告基準機構判決が引用されている）。他方で、本判決で示された「仮定テスト」（以下、広義のものとして区別する）は、現在は制定法の枠組みは存在しないが、その活動内容に鑑みて、政府が介入することが予想できるというものも含まれるため、結局活動の内容から司法審査の対象と

なることを認めるのと変わらないことになる可能性がある。ただし、本件では、活動の内容が宗教的なものであり、政府が関心を示さないものであろうという消極的な意味での使われ方がなされている点に注意する必要がある。

(4) なお、同意・契約・私的審判所の基準については、ラム判決と同様に、仲裁人や私的審判所にのみ適用されると解されている。そのため、たとえ当該決定が契約に基づき、契約の相手方に対してなされたものであっても、司法審査の対象となると考えられている。加えて、ここでの仲裁人や私的審判所であるかどうかの判断は、そうした者の活動が司法審査に服さないものとして扱われてきたという判断から導き出されるが、このような判断は、今後は独立した要件として考えられるのではなく、司法審査に服するものかどうかを判断するための公的要素・権力の性質の基準と一元化する可能性が示されている点が注目される。

5 サッカー協会判決[94]

(1) 本件は、イングランドサッカー協会（Football Association. 以下、「サッカー協会」とする）の決定が司法審査に服するものであるかが問題とされたものである。

サッカー協会は、自ら運営するトップリーグとしてプレミアリーグ（Premier League）を作ることを決定し、サッカー協会が公認するサッカーリーグであるフットボールリーグ（Football League. 以下、「FL」とする）所属のサッカークラブの FL からの離脱を促すために、規則の改正を行った。すなわち、FL は、その規則において、リーグを離脱する3シーズン前に告知するか損失補償金を支払う旨の定めを置いていたが、サッカー協会は自らの規則を修正して、サッカークラブに協会規則で要求される以上の長い告知期間を要求することを禁止し、違反する規則は無効であるとの規定を置いた。そこで FL は、サッカー協会の行ったプレミアリーグ設立の決定、協会規則の修正について司法審査を請求した。そこでは、当該決定が司法審査に服するかが

---

94) *R v Football Association Ltd, ex p Football League Ltd* [1993] 2 All ER 833.

問題となった。

　サッカー協会は、1863年に結成され、1903年に株式会社として法人化された団体であり、イングランドにおけるサッカー競技の運営団体として、自らまたは加盟団体を通じてリーグと競技会、サッカークラブを公認していた。サッカー協会の権力と職務は、基本定款、通常定款と、協会のルールと規則に従った契約関係に由来している[95]。一方FLは、サッカー協会が公認するリーグの中で最も重要なサッカーリーグであった（組織形態は株式会社）[96]。FLは、直接にはサッカー協会の株主ではなく、また会員でもないが、毎年の公認申請によって、協会のルールに従ってFAに対して契約上拘束されてきたので、問題の決定がなされた時点および訴訟手続の開始時点においてともにFAとFLは契約上拘束されていたと認定されている[97]。

　(2)　本判決では、データフィン判決以前の判決、特にロー判決が、データフィン判決以後にどのような意義を持つのかが特に問題とされた。

　ローズ（Rose）裁判官は、データフィン判決とロー判決の関係について次のように述べる[98]。

　　「データフィン判決は、司法審査を大権の行使の結果以外の非制定法上の団体にまで拡大したものであり、その判決のレイシオデシデンダイは、ある団体がもし国民生活の重要な側面を規制するものであり、もしそれが存在しなければ国家がその活動をするための公的団体を作るであろうという意味で国家の支持を得てそれをしているならば、司法審査に服するとしたものであるというオリバー氏〔筆者注・FL側弁護士〕の主張は認める。しかし、私の意見では、データフィン判決は、……ロー判決を覆すものではない。ロー判決とデータフィン判決はともに私を拘束するものである」。

　このように、ロー判決とデータフィン判決は両立するものであると述べた

---

95)　ibid 836.
96)　ibid 836, 839.
97)　ibid 841-42.
98)　ibid 845.

上で、以前の判決はデータフィン判決に照らして再考されるべきであるという、ラム判決のサイモンブラウン裁判官の意見には賛成できないとしている。[99]

この点、FL 側弁護士は、ロー判決は、決定が公法的影響 (public law impact) を持つかどうかが問題となったものであり、データフィン判決は、特定の団体が司法審査の対象となるかが問題とされたものであると主張していた。[100] これは、ロー判決について、(公法的影響を持たない) 契約に基づく決定が司法審査に服するものではないとした判決であると理解した上で、サッカー協会の決定は、契約に基づくものであるが、サッカー協会の権力は、契約を超えて、なんら契約関係にない多くの人々の生活に影響を与えるものであり、データフィン判決によれば、サッカー協会によるこうした決定は司法審査に服するものであるとの主張と考えられる。[101]

これに対してローズ裁判官は、ロー判決を、契約に基づく権限行使を司法審査の対象外とした判決であると理解せずに、私的団体の決定を司法審査の対象としないとしたものであるとして次のようにいう。[102]

「私は、諸先例が、決定を見ている場合と決定を行う団体を見ている場合があることは認める。……しかし、ある決定がそれを行う団体から離れて真空の中で存在することは認めない。……私の判断では、ロー判決のレイシオデシデンダイは、決定を行う団体が私的団体であるから、当該決定を司法審査によって打ち倒すことはできないということであった」。

続いて、公的要素・権力の性質の基準の内容についての判断も含め、サッカー協会は私的団体であることから、契約関係にあった FL に対してだけでなく、その決定一般について司法審査の対象とならないものであることを明らかにして次のようにいう。[103]

「サッカー協会は、一般的にも、さらに特定して、契約に拘束されて

---

99) ibid 846-47.
100) ibid 848.
101) ibid 841.
102) ibid 848.
103) ibid 848-49.

いるFLに対しても、司法審査の対象となる団体ではない。その事実上独占的な権力と、その決定について契約により拘束されていない多くの公衆にとって重要であるにもかかわらず、私の意見では、サッカー協会は、権力が私法だけから生じ、職務が私法においてのみ存在する私的団体なのである。私には、国家の何らかの機関による直接的または間接的な支持や、潜在的な政府の関心のサインを見つけることはできない。また、もしサッカー協会が存在しないなら、国家が介入してその活動を行う公的な団体を作るであろうことを示す証拠もない。逆に、プロの試合における商業的利益からは、サッカーを運営しそうな者は、エンターテイメントビジネスに根ざしたテレビ等の会社か、現在いろいろな形でスポンサーとなっているような広告利益を求める会社であろう」。

以上のように、サッカー協会の決定は司法審査に服さないとした。

(3)　本判決で特に問題とされたのは、データフィン判決とロー判決の関係であった。すなわち、ロー判決は、契約に基づくNGRCの決定が司法審査の対象とならないとされた判決であったが、データフィン判決において司法審査の対象についての新たな基準が提示されたことにより、ロー判決の事案もデータフィン判決に照らせば司法審査の対象に含まれるようになっている可能性があった。つまり、ロー判決で司法審査対象性を否定した基準は、データフィン判決においても、認識されていたところであるが、その内容および公的要素・権力の性質の基準の内容の理解によっては、ロー判決は、データフィン判決によって既に覆されているという見方をすることも可能であった。しかし、ローズ裁判官は、ロー判決はデータフィン判決と両立する判決であるとして、両判決に依拠した上でサッカー協会の決定は司法審査の対象とならないとしている。

本判決のローズ裁判官は、両判決は競合するものではないと考えているが、それは二つの基準の内容についての次の理解による。まず、ローズ裁判官は、同意・契約・私的審判所の基準の内容については、団体の公私の区別に関するものであるとしているものと考える。次に、公的要素・権力の性質の基準の内容であるが、ローズ裁判官は、チーフラビ判決と同様に政府的要素を必

要とするものであると捉えている。すなわち、国家がその活動に対して直接間接的な形で支持をしていたり、もしサッカー協会がなければ国家が公的団体を作るであろうことが必要であるとしている（概ね、前者はチーフラビ判決にいうコントロールのツイントラックシステムにあたるものであり、後者は同じく広義の仮定テストにあたるものと位置づけられる）。二つの基準をこのように解釈した場合、ロー判決はデータフィン判決によって覆されたものと見る必要はなくなる。ロー判決がデータフィン判決により覆されたと見なければならないのは、公的要素・権力の性質の基準についての解釈によっては、ロー判決の事案について、公的要素・権力の性質の基準を満たしつつ、同意・契約・私的審判所の基準を満たすおそれがあるからであって、公的要素・権力の性質の基準について政府的要素を要求する場合には、ロー判決は否定されないことになる。

(4) このように、公的要素・権力の性質の基準を、政府的要素を要求する基準であると解釈する場合、それだけでサッカー協会の決定は司法審査の対象とならないことになるのであるから、本来、本判決において、ロー判決とデータフィン判決の関係をそれほど議論する必要はないはずである。本判決で、ローズ裁判官が、ロー判決がデータフィン判決によって変更されていないことを強調したのは、公的要素・権力の性質の基準について、ロー判決とデータフィン判決が競合する可能性のある解釈を念入りに否定しておくためであると思われる。そのような解釈として具体的に念頭に置かれていたと考えられるのは、ラム判決のサイモンブラウン裁判官の意見にあらわれていた、公法原則の適用されるべき活動であるかどうかを司法審査に服するかどうかを決定する判断基準とする解釈である。すなわち、ラム判決のサイモンブラウン裁判官は、通常の民事訴訟で争われた私的団体の決定に関する諸判決について、現在であれば司法審査手続において争われたであろうとしていた。[104] 本判決は、そうした考え方を明確に否定する。[105] その基礎には次のような先例の理解があるものと考えられる。すなわち、ローズ裁判官は、サイモンブラウン裁判官が引用する諸判決のうち *Breen v Amalgamated Engineering*

---

104) *RAM* (n 76) 248.
105) *FA* (n 94) 847.

Union[106]は、労働組合について自然的正義に従って行為しなくてはならないとしたが、大権令状によってコントロールされえない私的団体の決定過程に自然的正義の原則を注入した例に過ぎないとする。これは、諸判決のうち、*Breen v Amalgamated Engineering Union* と、サッカー協会とボクシング規制委員会の決定について同じく自然的正義の原則を適用した、*Enderby Town Football Club v Football Association Ltd* および、*McInnes v Onslow-Fane*[107] に対する、次のような評価による。[108][109]

> 「私は、これらの先例が、サッカー協会や労働組合、ボクシング規制委員会が、司法審査に服する公法的活動を履行する公的団体であると見なされるべきであるという見解を支持するものとは見ない。私の判断では、公的団体は自然的正義の原則の要件に従わなくてはならないが、多くの場合、私的団体もそうなのであって、従う義務それ自体が団体の公私を特徴づけるわけではない」。

ここでは、司法審査に服することによる公法原則の適用は、公的団体、私的団体という団体の性格に依拠するものと捉えられている。このことは別の箇所でも次のように説明されている。[110]

> 「サッカー競技の運営団体について、公的団体であるとして、政府やその創造物による権力の濫用をコントロールするために磨かれた原則を適用することは、今日の流行語でいえば、quantum leap と呼ばれるものであろう」。

つまりそこでは公法原則は、司法審査に服することにより公的団体に適用される原則として認識されているのであって、公法原則が適用されるという意味で、私的団体が公的団体になることはありえない。先例において、自然的正義の原則が、労働組合、ボクシング規制委員会などの決定に適用されるとされたことがあるが、それは、それらの原則が私的団体にも適用される原

---

106) *Breen* (n 84).
107) *Enderby Town Football Club Ltd v Football Association Ltd* [1971] Ch 591.
108) *McInnes* (n 84).
109) *FA* (n 94) 842-43.
110) ibid 849.

則であったからであり、そのことを理由としてそれら団体を公的団体であるとし、司法審査に服するとすることはできない。そしてそのような立場を明らかにするために、ロー判決がデータフィン判決により否定されていないことを示したものと考えられる。

6 アガ・カーン判決[111]

(1) 本件は、ジョッキークラブが行った決定が司法審査の対象となるかが問題とされたものである。

競走馬の所有者であるアガ・カーン (Aga Khan) の所有馬アリーサ (Aliysa) 号は、1989 年に著名レースであるオークス (Oaks) で優勝を果たしたものの、レース後の検査においてレース規則で禁じられている樟脳の代謝物質が尿から検出されたため、ジョッキークラブ懲罰委員会は、調査を行った上で、馬については失格処分、調教師については 200 ポンドの罰金を課すという決定を行った。それに対してアガ・カーンは当該決定について司法審査を請求した。そこでは、当該決定が司法審査に服するかが問題となった。高等法院では当該決定は司法審査に服さないとされたため[112]、控訴がなされた。

(2) ビンガム (Bingham) 裁判官 (Master of the Rolls. 記録長官) は、本件は、同じくドーピングによる失格処分が問題となったものとして、ロー判決と類似する事案であるから[113]、司法審査の範囲がロー判決以降大きく拡大していない限り、同様に司法審査の対象となることが否定されるとして、そのような拡大がなされたのかデータフィン判決の検討を行う。

ビンガム裁判官は、データフィン判決の三人の裁判官の意見を引用した後、次のように述べる[114]。

「データフィン判決は、その設立と構成はなんら政府的権力の行使に

---

111) *R v Disciplinary Committee of the Jockey Club, ex p Aga Khan* [1993] 1 WLR 909.
112) *R v Disciplinary Committee of the Jockey Club, ex p Aga Khan* [1992] COD 51.
113) ただし、ジョッキークラブが特許状で設立されたのに対し、NGRC は会社法上の保証有限会社であり、NGRC の方が歴史が短く、規模も小さいといった違いがあるとされる。*Aga Khan* (n 111) 918-19.
114) ibid 921.

よらないが、企業買収と合併の分野における公的規制の織物（fabric of public regulation）に織り込まれた団体にまで司法審査を拡大するものであった」。

そして、同じくジョッキークラブの決定が問題とされたマッシングバードムンディ、ラムの両判決、サッカー協会判決等を引用した後、次のように判示する。[115)]

「私は、ジョッキークラブが重要な国民的活動を有効に規制し、公衆に影響を与え、公衆の利益のために行使される権力を行使していることを認めることにためらいはない。もし、ジョッキークラブがこの活動を規制しないなら、政府がおそらくそれをするための公的団体を作るであろうということは積極的に認める。しかし、ジョッキークラブは、その起源、歴史、構成または〔とりわけ〕構成員の点で、公的団体ではない。特許状の付与は疑いなく公的な承認の証であるが、その本質的な性質、活動や立場を少しも変えるものではなかった。……ジョッキークラブは、競馬についてのなんらかの政府のコントロールシステムに織り込まれてこなかったのである。おそらく、それは、ジョッキークラブが競馬をうまくコントロールしてきたので、そのような政府システムの必要がなく、それゆえに存在しなかったのである。結果として、ジョッキークラブの権力は多くの点において公的なものと説明されるかもしれないが、いかなる意味でも政府的ではないのである」。

さらに、ビンガム裁判官は、同意・契約・私的審判所の基準についても意見を述べている。次のようにいう。[116)]

「ジョッキークラブがレース規則によって拘束されることに同意した人々に行使する権力は、当事者間の合意により生じるのであり、そのことから、司法審査に訴えることなく、デクラレーション、インジャンクション、損害賠償という有効な訴訟に依拠することができる私的権利が生じる……。私の意見では、司法審査による救済をそのような場合にま

---

115)　ibid 923.
116)　ibid 924.

で拡張することは、長年にわたる妥当な原則に反することになるだろう」。

ここで示されたビンガム裁判官の見解は、同意や契約が存在することで、その相手方は私法上の請求が可能であることが指摘されている点で特徴的である。そのため、ビンガム裁判官は、請求人が当該団体と契約関係にない場合には、また違った考慮が働く余地を認めている。ただし、その具体的内容についてはここでは保留している[117]。

(3) ファーカーソン（Farquharson）裁判官もビンガム裁判官と同じく司法審査の対象となることを否定する。

裁判官は、最初に、「歴史的に、サーシオレイライの命令は、私的審判所の決定の審査に対しては決して与えられなかった」とし、ライン判決のパーカー裁判官の意見を引用した上で、このような二分論はロー判決で採用されたところであるとする[118]。そして、データフィン判決とその後の諸判決を引用した上で、先例に照らせば、問題は、「ジョッキークラブがその権力を同意的に行使する私的団体であるのか、ジョッキークラブの活動にそれを司法審査に服させるような公的要素が存在するかどうか」であるとする[119]。

ここで、ファーカーソン裁判官は、ロー判決は、権力を同意的に行使する私的団体は司法審査の対象とならないとする確立された原則を適用した判決であり、他方で、データフィン判決は、公的要素が存在する場合に司法審査の対象となることを認めた判決であるとし、データフィン判決はロー判決を変更するものではないと理解しているものと考えられる。このような理解によれば、ここでの問題は、ジョッキークラブが、単なる私的な団体に止まるか、それとも司法審査の対象となる公的要素を持つものであるかということになる。この点、次のように述べる[120]。

「私には、ジョッキークラブの立場と権力について、データフィン判

---

117) ibid 924.
118) ibid 925.
119) ibid 928.
120) ibid 929-30.

決で説明されたような意味でのなんらかの公的要素を見つけることはできない。……ジョッキークラブが委員会を通して行う決定の多くはクラブと関係のない公衆に影響を与えるだろう。しかし、公衆に影響を与えうるものと公的職務となるものとは異なるのである。この特定の牝馬を失格にすることは、どれほどそのレースが重要なものであっても、ジョッキークラブの役割を私的なものから公的なものに変えうるものではない。裁判所は、常にスポーツ団体による当該スポーツのコントロールへの介入に消極的であったのであり、もしジョッキークラブが解散したなら、なんらかの政府的な団体がレースのコントロールを担うであろうなんらかの根拠を利用可能な資料の中に見つけるものではないのである。
当該枠組みと、ルール、活動のいずれにおいても、ジョッキークラブは政府的な役割を果たしていないのである」。

この判断は、ビンガム裁判官と同様、データフィン判決にいう公的要素は、単に活動が公衆に影響を与えるだけでは足りず、政府的であることを要求しているものと解し、ジョッキークラブの当該決定について基準を満たすことを否定しているものといえよう。

なお、ファーカーソン裁判官は、請求人が契約関係にない場合について、たとえば、もしジョッキークラブが差別的な規則を作り、特許状のもとでの義務を守らないのであればそれにより影響を受ける人々は公法上の救済方法を利用できる可能性を示唆しつつも、本件においては、ビンガム裁判官と同様、通常の民事訴訟が利用可能であり、そちらによるべきであるという。[121]

(4) ホフマン (Hoffmann) 裁判官は、冒頭、私的クラブであるジョッキークラブはその権力を理由に司法審査の対象とはならないとして次のようにいう。[122]

「問題は、ジョッキークラブによって行使される権力が、その決定を公法の領域のものとし、そのために司法審査の対象とするものであるかである。私はそのようなものであるとは考えない。ジョッキークラブの

---

121) ibid 930.
122) ibid 930-31.

権力がどれほど強烈なものであっても、ジョッキークラブは完全に私的領域で活動しているのであり、その活動は私法によって支配されるのである」。
　そして、ホフマン裁判官はデータフィン判決について次のように評価する[123]。
　　「データフィン判決は、制定法や大権的権力のような正式の公的権力が存在しないことは決定的ではないことを示している。政府的権力は、法的（de jure）にだけではなく、事実上（de facto）行使されるかもしれない。しかし、その権力が性質上政府的なものとして認められることが必要である」。
　その上で、データフィン判決のドナルドソン裁判官の意見を引いた後、次のようにジョッキークラブはデータフィン判決の基準にあてはまらないとする[124]。

　　　（データフィン判決のパネルの活動は）「政府自体の活動（business）を民営化したものである。同じことは広告基準機構と投資管理規制機関（Investment Management Regulatory Organisation Ltd.）……にもあてはまると判例上されてきた。これらは、ともに、業界によって設立された私的団体であるが、制定法の規制システムに統合されてきた（integrated into a system of statutory regulation）のである。私の意見では、ジョッキークラブはそのような地位にはない。なるほど、ジョッキークラブは特許状によって設立されたが、これは国王がレースに好意を持っていることを示しているだけのように思われる。ジョッキークラブは競馬賭け金徴収委員会の三人のメンバーを指名しているが、これは、徴収の利益を享受しているレース産業の異なる私的な利益を代表するためのものである。もしジョッキークラブが自発的にレースの規制をしなければ、政府がその目的で制定法上の団体を設立する義務があるとは感じないだろうし、そうする気があるということを示すものもない」。
　続いて、ホフマン裁判官は、データフィン判決とロー判決の関係に言及す

---

123) ibid 931.
124) ibid 931-32.

る。裁判官は、両判決の関係について次のように述べる。

> 「ロー判決において、裁判所は、NGRC は、ジョッキークラブが競馬をコントロールしているのとほとんど同じように、ドッグレースビジネスの大部分を支配しているにもかかわらず、司法審査に服さないと判断した。NGRC は、その権力の淵源が契約のみであるという理由で純粋な私的審判所であるとされた。この判決はデータフィン判決以前の判決であるので、権力について公的な淵源がなんらないにもかかわらず、NGRC が事実上の政府の代行機関である可能性は考えられなかった。もし NGRC が事実上の政府の代行機関にあたるなら、私は、データフィン判決で示された法理とロー判決で実際なされた決定は競合し、ロー判決が本件を依然支配するものであるかを再検討する必要があることを認めるだろう。また、パネル……のような政府的権力を行使する団体が、会員と契約関係にある場合であっても公法に服することも認めている。しかしながら、私の意見では、NGRC もジョッキークラブも政府的権力を行使するものではなく、それゆえにロー判決は本事件においても拘束力を持つのである」。

ここで、ホフマン裁判官は、ロー判決は、権力の淵源が契約のみである純粋な私的審判所であるため司法審査の対象とならないとした判決であると位置づけられること、したがって、会員と契約関係にあり、当該決定が当該契約に依拠して会員に対して行われる場合であっても、パネルのように、事実上の政府の代行機関であると見ることができる場合には、司法審査の対象となること、NGRC は政府的権力を行使するものではなかったため、ロー判決とデータフィン判決は競合するものではないことを認めているものといえよう。

なおホフマン裁判官は、最後に、権力の統制と司法審査の関係についての自らの考え方を次のように明らかにしている。

> 「残された問題は、ジョッキークラブが権力を持っているという事実

---

125) ibid 932.
126) ibid 932-33.

である。しかし、権力を持っているという事実は、それが経済活動の重要な領域における場合であっても十分ではない。混合経済においては、権力は公的であると同時に私的でもあるだろう。私的権力が公的利益や多くの人々の生活に影響を与えることがあるだろう。しかし、そのことは、それを公法のルールに服させるものではない。もしコントロールが必要なのであれば、それは、契約法や、取引制限の法理……やその他の私的権力の行き過ぎを抑制するための法において利用できる全ての他の方法において見つけられなくてはならない」。

これは、権力の抑制を理由として司法審査により公法のルールに服させることを否定し、私的権力の統制は私法のルールによって行われるべきであるというホフマン裁判官の立場を明らかにするものと評価できる。

(5) 以上の各裁判官の意見を整理、分析する。

まず、本判決ではデータフィン判決にいう、公的要素・権力の性質の基準について、政府的要素が必要であることが明示されている。すなわち、三人の裁判官は、ジョッキークラブは私的団体であるとした上で、政府的要素を内容とする公的要素・権力の性質の基準を満たす場合にのみ司法審査の対象となるという点で一致している。具体的な判断基準を見ていく。

ビンガム裁判官は、ジョッキークラブが公的規制に織り込まれた団体であるかどうかというテスト（以下、「織り込みテスト」とする）を行っている。この織り込みテストは、「もし～であれば、～する」という仮定テストのうち、現実に制定法による枠組みが存在することを要求するものと内容的に重なるものと考えられる。仮定テストは緩やかに解釈すると、その内容の重要性等から政府が放置しておかないであろう活動も司法審査の対象とすることになるが、他方で厳格に解釈すると、単なる可能性だけでなく、政府の意思が表示されていたり、既に制定法の枠組みが存在するなど、政府の規制（構想）が現実に存在することが要求されることになる。ビンガム裁判官は、「もし、ジョッキークラブがこの活動を規制しないなら、政府がおそらくそれをするための公的団体を作るであろうということは積極的に認める」としており、広義の仮定テストは満たすことを認めていることからすると、ここでの織り[127]

込みテストは、厳格な仮定テストの水準を求めているものと考えられる。

　ホフマン裁判官の意見はビンガム裁判官の意見に近い。すなわち、ホフマン裁判官は、データフィン判決や広告基準機構判決等を踏まえ、当該私的団体の活動が政府自体の活動を民営化したものであり、そうしたものとして制定法の規制システムに組み込まれたものであるかどうかを検討している。仮定テストも行っているが、これも具体的な政府の規制枠組みを要求するものと考えられる。

　ファーカーソン裁判官は、ジョッキークラブが私的団体であることを前提として、データフィン判決で認められた公的要素の有無を検討するが、そこで公的要素として具体的に検討された事項は、ジョッキークラブが解散したなら政府的団体がレースのコントロールを行うであろう証拠があるかどうか、規制の枠組み、ルール、活動などが政府的なものであるかどうかである。これは、広義の仮定テストをとっているように見えるが、より具体的に政府が自ら規制に乗り出す根拠があるかどうかを要求することで絞り込むものであり、やはりビンガム裁判官の意見に近いように思われる。[128]

　(6)　続いて、同意・契約・私的審判所の基準の内容と、同基準と公的要素・権力の性質の基準との関係について各裁判官の見解を見ていく。

　ホフマン裁判官は、「ロー判決において、裁判所は、NGRC は、……ドッグレースビジネスの大部分を支配しているにもかかわらず、司法審査に服さないと判断した。NGRC は、その権力の淵源が契約のみにあるという理由で純粋な私的審判所であるとされた」との判示からすれば、同意・契約・私的審判所の基準について、当該団体自体の権力の淵源が契約である場合には、当該団体は私的団体（私的審判所）であるとして、司法審査の対象にならないとしているものと考えられる。次に、同意・契約・私的審判所の基準と公的

---

127)　ibid 923.
128)　Gordon Anthony, *UK Public law and European law* (Hart Publishing 2002) 39 (n 86) は、ビンガム裁判官が仮定テストを満たすとしているのに対し、ファーカーソン裁判官とホフマン裁判官は満たさないとしていると説明しているが、ビンガム裁判官が行っているのは広義の仮定テストであり、ファーカーソン裁判官とホフマン裁判官が行っているのは、政府の規制枠組み等の存在を要求する厳格な仮定テストである点に注意する必要があろう。

要素・権力の性質の基準との関係については、このような私的団体は、原則として司法審査に服さないが、その私的団体とその活動について前述の公的要素・権力の性質の基準を満たす場合には例外的に司法審査に服するものと考えている。これは、ロー判決は、私的団体が司法審査に服さないとされた判決であり、データフィン判決は、私的団体が公的要素・権力の性質の基準を満たすため、例外的に司法審査の対象となるとされた判決であるとの理解に基づくものと考えられる。同意・契約・私的審判所の基準についてこのように解釈しているため、ホフマン裁判官は、当該決定が契約の相手方に対してなされている場合も、公的要素・権力の性質の基準を満たしている場合には司法審査の対象となることを認めている。

それに対して、ビンガム裁判官は、同意・契約・私的審判所の基準について、ホフマン裁判官と同じく当該団体の公私の区別の基準として捉えるだけでなく、別の内容も含むものと捉えているように思われる。すなわち、ビンガム裁判官は、契約の相手方に対する決定については、通常の民事訴訟で争うことが可能な事案であり、そのような場合に司法審査の対象を拡張する必要はないとしており、同意・契約・私的審判所の基準について、異なった内容の解釈も含めているように見える。このビンガム裁判官の意見は、裁判官が、当該権力の行使により「私的権利が生じる」としていることからすると、当該決定に関する紛争は、私的権利に関する民事訴訟において争われるべきものであり、司法審査の対象とするべきではないとしたものと解釈するのが自然である。しかし、ここで問題になるのは、民事訴訟で争われるべき問題であると同時に司法審査の対象とするべき問題でもあった場合にどのような処理がなされるかである。特に本件で、あえて民事訴訟ではなく司法審査を求めたのは、当該決定に対して自然的正義の原則等の公法原則の適用を求めたかったためであると考えられることからすると[129]、私的権利が存在し、民事訴訟で争うことができる事案であるという理由で司法審査の対象とならないとされるのは不合理とも思われるが、この点に関する立場は明らかではない。

---

129) Craig (n 2) 836.

なお、ファーカーソン裁判官は、請求人が契約関係にある場合について民事訴訟が利用可能であるからそれによるべきであるとし、また、ジョッキークラブがその権力を同意的に行使する私的団体であるのか、またはジョッキークラブの活動にそれを司法審査に服させるような公的要素が存在するかどうかという議論の立て方をしており、ビンガム裁判官の立場に近いように思われる。

　(7)　なお、付言すると、ホフマン裁判官が、残された問題として述べる、権力の統制と司法審査の関係についての考え方は、ラム判決のサイモンブラウン裁判官の意見とは対照的なものである。サイモンブラウン裁判官は、私法上の原則を発展させることで実質的に公法原則の適用を認めたとされる諸判決について、[130] 現在であれば司法審査で取り扱われたであろうとした。ホフマン裁判官はこの意見に同意しない。ホフマン裁判官は、サイモンブラウン裁判官の意見に対して、「労働組合は、現在、立法によって課された公正性の義務を負っているが、もしそれがなかったとしても、裁判所が、労働組合を公法に服させることによってそのギャップを埋めようとしたであろう」かは疑わしく思うとし、サッカー協会判決のローズ裁判官の意見と同じく、「私的団体に対して利用できる救済方法を、それらが政府の機関であると装うことによって調整しようとするべきとは思わない」と述べている。[131] ここには、司法審査と公法原則の関係について基本的な考え方に違いがあることがうかがえる。

第2款　判例の分析

　以上、データフィン判決の内容に係る問題について、アガ・カーン判決までの判例における判断内容を詳細に検討してきた。しかし、その判断内容は相当に複雑で入り組んだものとなっている。そこで、次に、ここまで検討した判例で示された見解を、「公的要素・権力の性質の基準」と「同意・契

---

130)　前掲注84) の諸判決を参照。
131)　*Aga Khan* (n 111) 933.

約・私的審判所の基準」に分けて、改めて整理し、それぞれの見解の背景にある考え方を検討していくことにする。

なお、以下の整理にあたっては、各裁判官の意見を適宜次の形で示す。広告基準機構判決グライドウェル裁判官→①、マッシングバードムンディ判決ニール裁判官→②、同判決ロク裁判官→③、ラム判決サイモンブラウン裁判官→④、チーフラビ判決サイモンブラウン裁判官→⑤、サッカー協会判決ローズ裁判官→⑥、アガ・カーン判決ビンガム裁判官→⑦、同判決ファーカーソン裁判官→⑧、同判決ホフマン裁判官→⑨。

1 公的要素・権力の性質の基準

(1) 公的要素・権力の性質の基準の内容については、大きく、活動の内容を判断基準とするものと、政府的要素を判断基準とするものとに分けることができる。

前者は、団体の活動が、公衆に影響する国民的に重要な活動である、あるいは重要な領域における独占的活動であるような場合に当該活動が司法審査に服することを認めるものである（②③④）。この基準（以下、「活動内容の基準」とする）は、具体的には、そうした性格を持つ、制定法上のライセンス権力の行使との類似性や、公法原則と実質的に同内容の私法上の原則が適用されていた活動との内容面での類似性から司法審査の対象とすることを導いている（④）。

後者は、公的要素・権力の性質の基準を満たすために政府的要素を要求するものである。政府的要素の判断の仕方によりいくつかのパターンが存在する。

まず、政府の仮定的な意思を問題とする仮定テストがある。これは、もし当該団体による活動が行われていなかったら、政府がなんらかの方法で対処をするであろう場合に司法審査に服することを認めるものである（①⑤⑥⑧⑨）。一口に政府の仮定的な意思を問題にするといっても、政府の意思をどの程度要求するかでさらにいくつかのタイプに分けることができる。政府による制定法の枠組みが既に存在し、その中に当該団体の活動が組み込まれて

いたり、現実に政府の制定法による枠組みが存在しなくても政府がそれに活動を委ねている旨の意思表示を行っている場合など、当該団体の活動が政府の積極的消極的規制構想に組み入れられているため、当該団体の活動が存在しなければ政府がなんらかの対処を行うことが予測されるような場合を念頭に置く狭義のものといえるタイプ（①⑤⑥⑧⑨）、より広く活動内容の重要性等から政府が介入しそうであるか推測するタイプ（⑤⑥）がある。

　次に、織り込みテストがある。これは当該団体の活動が政府の規制枠組みの一部をなしているかどうかを判断するものであるが（⑦）、このテストは、仮定テストのうち前者のタイプについて、既に既存の制定法上の仕組みが存在するタイプと見れば、両者は一定程度重なりあうものと思われる。[132]

　(2)　以上の、公的要素・権力の性質の基準に関する二つの基準は、従来の権力の淵源の基準との関係では、一応、次のように整理することができる。

　前者の基準は、純粋に活動内容から司法審査の対象性を判断するもので、活動内容が司法審査に服することが適切か、司法審査に服させて公法原則を適用することが適切かという視点から判断するものであり、権力の淵源が何であるかとは関係なく司法審査の対象となるかどうかが決まる。したがって、この基準は権力の淵源の基準から離れているものと評価できる。

　それに対して、後者の政府的要素を内容とする基準（以下、「政府的要素の基準」とする）は、権力の淵源の基準の延長線上にある基準として評価できる。すなわち、織り込みテストは、制定法上の枠組みの一部となっていることを要求するものである。また、仮定テストは、どのタイプをとったとしても、当該団体の活動がなければ政府による対処がなされるかという政府の仮定的な意思を問うものであるが、これは言い換えると、当該団体の活動がない場合に、政府が介入して制定法等の権力の淵源に基づく活動が行われるように

---

132)　なお、本文で行った以上の分類は、Julia Black 'Constitutionalising Self-Regulation' (1996) 59 MLR 24, 35 における、政府的関心（governmental interest）テストと、それをさらに細分した分類である、仮定（but for）テストおよび統合（integration）テスト、に概ね対応するものであるが、分類の内容等について異なる点もある。なお、仮定テストが有する問題点については、Colin D Campbell, 'The Nature of Power as Public in English Judicial Review' (2009) 68 CLJ 90, 92-96 に詳しい。

なるかどうかを問題とするものである。そこでは、制定法等の権力の淵源に基づく活動が司法審査に服するものであることを前提として、当該団体の活動がそうした活動が行われてしかるべきである活動かどうかが判断されていることになる。したがって、この政府的要素の基準では、当該活動について制定法等の権力の淵源に基づく活動が行われる蓋然性が問題とされているという点で、依然として権力の淵源の基準の延長線上にあるものと見ることができる。[133]

そうすると、データフィン判決以後の各判決での議論の後、公的要素・権力の性質の基準について、活動内容の基準を否定し、政府的要素の基準を採用した判例が優勢になったことは、従来の権力の淵源の基準の延長線上に止まることが明らかにされる形で、データフィン判決に関する議論に一応の決着が付けられたことを意味しているようにも見える。[134]

(3) しかし、二つの基準を、従来の権力の淵源の基準との関係で以上のように整理することができるとしても、二つの基準の内容は実際には相対的な面がある。

まず、活動内容の基準についても、権力の淵源の基準によって説明が全く不可能であるとまではいえない。なぜなら重要な活動に対しては、政府が関

---

133) Murray Hunt, 'Constitutionalism and Contractualisation of Government in the United Kingdom' in Michael Taggart (ed), *The Province of Administrative Law* (Hart Publishing 1997) 21, 32 は、仮定テストは議会の仮想的な意思を問題にするものであり、そのように議会の仮想的な意思を問題とするのは、「公法において裁判所が行う全てのことは、議会の意思を参照することによって正当化しなくてはならない」という裁判所の認識によるものであり、そのような手法は伝統的司法審査理論の考え方に基づくものであるという。

134) 本文中でも触れたように、形式によらず実質的に判断する動きであり、革新的であるが、革命的ではないという評価はデータフィン判決の直後から見られた。Forsyth (n 55) 362. また、ウエイドも、「『公的要素』はおそらく政府的または準政府的要素を意味するものと意図されている」と評価していた。Wade (n 53) 325. Bamforth (n 71) 245 は、アガ・カーン判決について、データフィン判決の背後には規制的権力のコントロールという意向が存在したにもかかわらず、伝統的司法審査理論に依拠したものと評価している。なお、このような現在の判例の大勢に対して、司法審査は独占的権力を対象とすべきであると主張するものとして、Colin D Campbell, 'Monopoly Power as Public Power for the Purposes of Judicial Review' (2009) 125 LQR 491 がある。キャンベル論文は、独占的権力について、その性質上、司法審査の対象とし、公法原則に服させることが妥当であることを論証するものであり、本章第3節第2款で扱う内容の次元の問題とも関係する論文である。

心を寄せ、制定法等の権力の淵源に基づく活動が行われてしかるべきであると見るなら、政府的要素の基準である仮定テストのうち、活動内容の重要性等から政府が介入しそうであるかを推測するタイプに近いものとなるように思える。実際、アガ・カーン判決のビンガム裁判官は、「私は、ジョッキークラブが重要な国民的活動を有効に規制し、公衆に影響を与え、公衆の利益のために行使される権力を行使していることを認めることにためらいはない。もし、ジョッキークラブがこの活動を規制しないなら、政府がおそらくそれをするための公的団体を作るであろうということは積極的に認める」としており、ジョッキークラブの活動が仮定テストを満たすことは認めつつも、織り込みテストは満たさないとして司法審査の対象とはならないとし、同じ政府的要素の基準において仮定テストと織り込みテストを区別していた。

　もっとも、このことは、もう一つの政府的要素の基準である織り込みテストにもあてはまるのであって、当該団体とその活動を消極的な形での政府のコントロールシステムの一部であると捉えることも可能である。ビンガム裁判官は、「ジョッキークラブは、競馬についてのなんらかの政府のコントロールシステムに織り込まれてこなかったのである。おそらく、それは、ジョッキークラブが競馬をうまくコントロールしてきたので、そのような政府システムの必要がなく、それゆえに存在しなかったのである」とするが、これはジョッキークラブにコントロールを委ねるという意味での消極的な政府のコントロールと見る余地もあるように思える。

　(4)　このように両者の内容には相対的な面があり、政府的要素の基準は、運用次第で前者の基準に近づくことになる。しかし、こうした方法により司法審査の対象を拡大するほど、政府的要素の基準が依拠する権力の淵源の基準の本来の射程から離れることになる。このように二つの基準の内容が相対的であることを踏まえると、政府的要素の基準と活動内容の基準の違いは、具体的な内容の違いというよりも、むしろ、権力の淵源として制定法と間接的形式的にでも関連づけることを必要と考えるかどうかという、司法審査の

---

135)　*Aga Khan*（n 111）923.
136)　ibid 923.

理論的正当化に対する態度の違いとなるのではないかと思われる。

　この点は、次節で見るように、伝統的司法審査理論自体の抱える問題として議論されてきたものである。伝統的司法審査理論は、司法審査による公法原則の適用を、対象となる活動の根拠となる制定法に込められた議会の意思の実現であると説明するため、司法審査の対象となるためには当該活動が制定法に根拠を持つことが必要であり、このようにして権力の淵源の基準は伝統的司法審査理論と結びついていた。しかし、後で触れるように、特にデータフィン判決において、少なくとも直接には制定法に根拠を持たない団体の活動が司法審査の対象となるとされたことをきっかけとして、学説は、現実には裁判所が創造してきた公法原則を、制定法に込められた議会の意思であると説明する伝統的司法審査理論を批判し、司法審査が裁判所のイニシアティブによるものであることを積極的に認める理論の構築を進めてきた。このような伝統的司法審査理論に対する批判を踏まえると、政府的要素の基準によって、制定法等の権力の淵源と間接的に関連づけを行い、それにより当該活動を正当化することに意味があるのか考え直す必要があろう。ただ、問題が生じたのは、伝統的司法審査理論で本来カバーできないものについてまで射程を無理に拡張したためであり、また従来の司法審査対象性の判断の蓄積を考えれば、伝統的司法審査理論と権力の淵源の基準が完全に排除されるべきものであるかについては、なお検討が必要である。

　伝統的司法審査理論によって説明することが不可能であるものが、説明が不可能であるという理由だけで司法審査の対象から自動的に排除されるべきではなく、また、ある活動を司法審査の対象とするために伝統的司法審査理論の見地から無理に説明する必要はないという点に留意しなければならない。ここで重要となるのは、どのような活動がどのような理由によって司法審査の対象とされるべきかという問題に対して取り組むことであろう。

　この点、活動内容の基準において、ある内容を持った活動がなぜ司法審査の対象となるのかという点に関するサイモンブラウン裁判官の判断が参考になる。サイモンブラウン裁判官は、ジョッキークラブの決定がライセンス類似のものであることを理由に司法審査の対象とすることを認めるのであるが、

この考え方によれば、当該活動が議会の意思に関連づけられるかとは関係なく、裁判所が、司法審査の対象とし、公法原則の適用が適切であると考える活動に対して、司法審査が行われ、公法原則が適用されることになる。そして、サイモンブラウン裁判官は、一定の私的団体の決定に関する諸判決について私法上の原則を発展させて対応してきたものとした上で、今後は司法審査と公法原則によって処理されるべきであるとしていた。[137] これは、当該活動内容に対して適用されてきた私法上の原則と公法原則の内容的類似性を物語るものであり、類似の私法上の原則の適用範囲を探ることは、活動内容に即した公法原則の適用範囲を明らかにすることに資するのではないかと思われる。また、このような考え方は、伝統的司法審査理論が議会の意思を出発点として公法原則の適用を導いていたのに対し、逆に、活動の内容を見て、司法審査の対象とし、公法原則を適用することが妥当であるかという見地から判断する方向性を含むものといえる。もっとも、サイモンブラウン裁判官自身は、チーフラビ判決において、このような解釈を否定し、ラム判決の見解は、政府的要素の基準をとったものであると説明している。

　このサイモンブラウン裁判官の考え方は、その後のいくつかの判決において批判されている。サッカー協会判決においてローズ裁判官は「サッカーの運営団体に対して、それが公的団体であるとして政府やその創造物による権力の濫用をコントロールするために磨かれた原則を適用することは、今日の流行語でいえば、quantum leap と呼ばれるものであろう」とし、アガ・カーン判決のホフマン裁判官もこのローズ裁判官の見解に賛成している。[138]

2　同意・契約・私的審判所の基準

(1)　同意・契約・私的審判所の基準の内容については、各裁判官の立場が分かりにくいところがあるが、大まかに、私的団体であるとするもの、特殊な私的審判所に限定するもの、契約の相手方に対して契約に基づいて行う活動であるとするものに分けることができる。これらはいずれもロー判決とそ

---

137)　*RAM* (n 76) 247-48.
138)　*FA* (n 94) 849; *Aga Khan* (n 111) 933.

れが依拠するライン判決を意識するものである。

まず、当該活動を行う団体が私的団体であることを理由に司法審査に服さないとするものがある。どのような団体を私的団体であるというのかについては、団体の権力と職務が私法のみから生じる団体である（⑥）、団体の起源・歴史・構成・構成員から公的団体でない団体である（⑦）、権力を同意的に行使する団体である（⑧）といった点が指摘されている。なお、⑨が、権力の淵源が契約のみである場合、純粋な私的審判所であるとしているのもこちらの立場に近い。

次に、当該活動を行う団体が私的審判所であるため司法審査の対象とならないとするものがある。この見解は、当該活動を行う団体が、司法審査の対象とされてきた活動とは異なる性格を持つ活動を行うことや、あるいは当該団体が仲裁人や私的審判所といった特殊な性格の団体であることから（④⑤）、司法審査の対象としないとするものである。

最後に、契約の相手方に対して契約に基づいて行う活動を司法審査の対象外とする見解がある。この見解は、活動が契約に基づき契約の相手方に対してなされた場合には、その契約に基づいて通常の民事訴訟で当該決定を争うことができることを理由に司法審査に服さないとするものである（⑦⑧）[139]。具体的には、「ジョッキークラブがレース規則によって拘束されることに同意した人々に対して行使する権力は、当事者間の合意により生じるのであり、そのことから、司法審査に訴えることなく、デクラレーション、インジャンクション、損害賠償という有効な訴訟に依拠することができる私的権利」を生じさせるため、そちらで争うべき事案であるなどとされる[140]。

(2) 以上の諸見解は、公的要素・権力の性質の基準との関係で次のように整理することができる。

まず、私的団体とする見解は、私的団体性を基礎付ける内容としてあげられているものの多くが権力の淵源に関するものであることから分かるように、[141]

---

139) マッシングバードムンディ判決の両裁判官もこの立場であるように思われるが、司法審査の対象とならない理由について、ロー判決に依拠するよりほかは明らかではない。
140) *Aga Khan* (n 111) 924.

権力の淵源の基準において司法審査の対象となるために必要な権力の淵源がない場合には、原則として司法審査の対象とならないことをいうものといえる。これらの団体の活動は、権力の淵源の基準によれば司法審査の対象となることを否定されているため、権力の淵源の基準が厳格に維持される限りは司法審査の対象とならないが、異なった、あるいはより柔軟な基準である公的要素・権力の性質の基準を満たした場合に司法審査の対象となるかが検討されなくてはならない。この点は、ロー判決とデータフィン判決の競合の有無の問題として検討された点である。すなわち、公的要素・権力の性質の基準について、活動内容の基準をとった場合には、ロー判決の事案は、権力の淵源の基準を満たさないが、公的要素・権力の性質の基準を満たす可能性があり、そのような場合に司法審査の対象となるかが問題とされることになる。他方で、公的要素・権力の性質の基準について、政府的要素の基準がとられた場合には、ロー判決の事案は、どちらの基準も満たさないということになり、データフィン判決と競合しないということになる。

次に、私的審判所であるとする見解は、司法審査の対象となる活動とは性質の異なった活動を行うこと、あるいは当該団体が特殊な性格の団体であることを司法審査の対象とならない理由としてあげるものである。これは、私的団体とする見解が、主として権力の淵源に着目して司法審査の対象とならないというのに対し、団体の活動の内容や団体の性格に着目して司法審査の対象とならないというものといえる。したがって、私的団体とする見解と異なり、ロー判決の射程は限定的に解されることになり、そのため、公的要素・権力の性質の基準の内容についてどのような立場をとるかにかかわらず、データフィン判決と競合することはない。この見解は、特定の団体とその活動を取り上げて、それを司法審査の対象から外すものともいえるが、⑤では、「この要件を完全に別個の基準と見なすのは形式上のことであり、問題の団体が本質的に公的な職務を果たしており、その決定が公法的結果をもたらす

---

141) なお、後で説明するように、⑦は、権力の淵源ではなく、団体と活動の内容から私的団体性を導いているため、むしろ次の私的審判所であるとする見解が公的要素・権力の性質の要件と一元化したものに近いと考えられる。

ものであるのかという要件に次第に変化していくものである」とされており[142]、そこで指摘されるように、公的要素・権力の性質の基準の内容に一元化して考える方が自然であるように思われる。ジョッキークラブについて、団体の起源・歴史・構成・構成員から公的団体ではないとしつつ、織り込みテストにより政府的要素の基準を満たすかどうかを判断した⑦は、両者を一元化して考えているように思われる。このように一元化して考えるようになると、結局、司法審査の対象となるかは、公的要素・権力の性質の基準を満たすかどうかにより判断されることになるため、私的団体であるとする見解との相違点はほとんどなくなる。

　最後に、契約の相手方に対して契約に基づいて活動する場合とする見解は、通常の民事訴訟によって争うことができることを理由とする。この見解は、同じく契約による権力の行使を司法審査の対象外と考えるものであってもデータフィン判決におけるロイド裁判官の見解とは内容が異なる。ロイド裁判官が契約による権力の行使を司法審査の対象外としているのは、権力の淵源の基準において、権力の淵源が契約であることを権力の淵源が制定法であることの対極として捉えているためである。このような考え方は、司法審査請求による必要がないという理由により、司法審査の対象となることを否定する⑦⑧とは異なるものである。

　この見解が、民事訴訟で争うことができる事案は必ず民事訴訟で争うべきであるという強い主張をするものではなく、単に民事訴訟で争うべき事案である場合は民事訴訟によるべきであるというものであるなら、公的要素・権力の性質の基準を満たし、司法審査の対象とするべき事案である場合には、契約の相手方に対して契約に基づいて活動する場合であっても司法審査の対象となるものと思われる。

3　課　題

　以上で見てきたアガ・カーン判決までの諸判決の内容からすると、データ

---

142) *Chief Rabbi* (n 87) 1041.

フィン判決で提示された基準は、概ね次のような評価で落ち着いたのではないかと思われる。

　第一に、公的要素・権力の性質の基準については、概ね、純粋な活動の内容についての評価だけで司法審査の対象となるわけではなく、司法審査の対象となるためには政府的要素が必要である。この政府的要素が要求される考え方は従来の権力の淵源により司法審査の対象となるかを決定する考え方の延長にあるものである。

　第二に、同意・契約・私的審判所の基準については、当該団体の活動が司法審査の対象となるのに必要な権力の淵源を持たないという意味での私的団体の活動は司法審査の対象とならないとするものであり、やはり権力の淵源の基準と関係するものである。このような私的団体の活動は、権力の淵源の基準を柔軟化した政府的要素の基準を満たした場合には司法審査の対象となりうる。なお、異なった意義を与える解釈として、当該活動を行う団体が私的審判所であるために司法審査の対象としないとした上で、公的要素・権力の性質の基準と一元化して考えない考え方や、契約関係にあり、民事訴訟において争うことができる場合にそのことを理由として司法審査の対象としないという考え方も示されていた。

　そうすると、データフィン判決は、概ね、権力の淵源の基準とそれが依拠する伝統的司法審査理論から大きく外れるものではない判決であったと評価されたものといえる。しかし、そこで権力の淵源の基準を柔軟化して政府的要素の基準を導入したことは、学説における、司法審査を議会の意思の実現であるとする伝統的司法審査理論の枠組みを疑問視する動きにつながる。アガ・カーン判決までの事案のように、業界団体等の活動で、政府的要素の存在を否定しやすい事案ではなく、政府活動の民間委託のような、より複雑な事例において、政府的要素の存在に関する微妙な判断を裁判所が求められる[143]

---

143)　制定法のもとで、地方機関との協定に基づいて行われる民間団体の居住施設提供行為に関する決定が司法審査に服するかが問題となった事件として、*R v Servite Houses, ex p Goldsmith* [2001] LGR 55. わが国における同判決の分析として、岡村周一「イギリスにおける公的サービス提供の受託者と司法審査」岡村周一ほか編『世界の公私協働』（日本評論社・2012年、初出 2009 年）33 頁。

ようになる中、学説では、司法審査の対象として公法原則の適用対象とするのが適切な活動であるのかという問題に目が向けられるようになり、伝統的司法審査理論を乗り越えるための理論的な検討がなされていくのである。[144]

---

144) ただし、その後、司法審査に関する判例そのものにおいては、必ずしも大きな変化は見られない(アガ・カーン判決に従い、ジョッキークラブの上訴委員会の決定を司法審査に服さないとしたものとして、*R (Mullins) v The Appeal Board of the Jockey Club* [2005] EWHC 2197 (Admin) [2006] ACD 2)。しかし、近年、このような(司法審査手続による)司法審査の範囲の限界を踏まえ、むしろ民事訴訟において実質的に「司法審査」を行う動きが見られる。この動きについては、次節第2款4で扱う。

第3節　学説の検討

　以上のようにデータフィン判決およびその後の判決においては、一部で新しい方向性が見られたものの、その大勢は基本的に従来の司法審査理論と司法審査の対象から大きく離れるものではなかったと評価できる。しかし、このような判例の展開とは対照的に、学説においては、データフィン判決を、司法審査の対象性の判断において、権力の淵源について制定法の根拠を不要であるとした判決と評価した上で、従来の権力の淵源の基準を支える伝統的司法審査理論を再検討し、新たな理論を構築する動きが現れた。このような学説の展開は、データフィン判決で可能性が示されつつも、ある意味、停滞した判例の発展を理論面で先取りしているものといえるだろう。

　権力の淵源について制定法上の根拠を持たないという意味での事実上の権力の行使を司法審査の対象とし、公法原則の適用等によるコントロールを及ぼすことができると考える場合に、本章序論で紹介した伝統的司法審査理論に照らして解決すべき問題は、裁判所が行う司法審査の理論的正当化の問題と、司法審査において適用される公法原則の具体的内容の理論的位置づけの問題の二つである。すなわち、本章序論で見たように、伝統的司法審査理論においては、裁判所の行う審査は、議会の制定した制定法に沿っているかどうかの合法性の審査なのであり、それは当該活動の合法性について参照するための制定法の根拠があってはじめて成り立つものであるから、制定法の根拠がない場合に裁判所の審査がどのような根拠で正当化されるのかが問題となってくる。また司法審査制度において裁判所が発展させてきた公法原則は、伝統的司法審査理論においては、議会が制定法に込めた黙示の意思の内容であると位置づけられていたため、そのような議会の意思が込められるべき制定法が存在しない場合には、適用される公法原則の出所が問題とされることになる。つまり伝統的司法審査理論においては、裁判所が発展させてきた公

法原則は、議会の黙示の意思の内容であるとして済ませることができたのに対して、制定法の根拠がない場合に司法審査が及ぶことになるとすると、そこで適用される公法原則の内容について、それがどのようなものであるのかという問題に正面から取り組まなくてはならないことになる。制定法に基づく活動であることの帰結として公法原則が適用されるというのではなく、活動の内容に依拠して公法原則が適用されるのであるとすれば、どのような活動内容に対して公法原則が適用されるのかという問題を解決することが不可避となるからである。

以下、本節では、以上の司法審査に係る問題について、理論的正当化の次元と内容の次元という二つの次元で学説の検討を行う。しかし、理論的正当化の次元での問題については、わが国においても既に十分な紹介・検討がなされていること[145]、イギリスの憲法原則である議会主権原則のもとでの議会と裁判所の関係といったイギリス憲法固有の問題が大きく関係する問題であること[146]、伝統的司法審査理論に代わる新たな正当化理論として提示された二つの理論のいずれをとったとしても、制定法の根拠を持たない権力の行使に対する司法審査は認められ、また公法原則の内容が裁判所の創造物であることは認められているために本書の議論の展開には直接影響してこないと考えられることから、議論の概略を紹介するに止めることにする。

第1款　理論的正当化の次元の問題

(1)　司法審査の理論的正当化に関する議論の直接の契機は、データフィン判決において直接には制定法に根拠を持たない事実上の権力の行使が司法審

---

145)　議論の詳細な内容および関係文献は、この問題の詳細な研究である、深澤龍一郎「イギリスにおける司法審査の憲法的基礎」『裁量統制の法理と展開』(信山社・2013年、初出2003年) 157頁を参照されたい。

146)　イギリス議会主権原則形成に関する歴史研究として、Jeffrey Goldsworthy, *The Sovereignty of Parliament: History and Philosophy* (Oxford University Press 1999). なお、欧州統合との関係で生じたイギリスの議会主権原則の変容に関するわが国における研究として、中村民雄『イギリス憲法とEC法』(東京大学出版会・1993年) 参照。

査の対象とされたことであった。確かに、データフィン判決以前においても、大権的権力[147]や、第三の権限の淵源による権力の行使が司法審査の対象とされたこともあり[148]、これらの事例も、制定法に根拠を持たないという点で、ウルトラヴァイレス理論に基づく伝統的司法審査理論からは説明がつかないものであったが、従来の権力の淵源の基準の枠組み自体は維持する（大権的権力の行使の事例）か、少なくとも攻撃するものではなかった（第三の権限の淵源の事例）ために、例外的に制定法以外の権力の淵源による権力の行使を司法審査の対象とすることを認めたものと位置づけることもでき、それほど問題視されていなかったように思われる。それに対して、データフィン判決では、制定法の根拠を必要としないことが正面から認められており、また、権力の淵源の基準に代わる基準として公的要素・権力の性質の基準が提示されたため、もはや例外として位置づけることはできなくなり、司法審査理論の問題に正面から取り組まれることになったのである[149]。

　このようにデータフィン判決は司法審査理論に関する検討の契機となったが、その議論は、データフィン判決のような事実上の権力に対する司法審査をどのように理論的に正当化するかという問題に止まらなかった。データフィン判決を契機とした司法審査理論への関心は、むしろ、ウルトラヴァイレス理論に基づく伝統的司法審査理論自体への批判に発展し、伝統的司法審査理論に代わる正当化のための理論が模索されることになった。

　(2)　伝統的司法審査理論の問題点として特に指摘されたのは、裁判所が司法審査において適用する公法原則が議会の意思の内容であるとされていた点である[150]。伝統的司法審査理論においては、裁判所の審査は、制定法に込めら

---

147)　*GCHQ* (n 20).

148)　*Greenwich LBC* (n 29).

149)　関係する文献は多いが、2000 年までに公表された主要な論文は、Christopher Forsyth (ed), *Judicial Review and the Constitution* (Hart Publishing 2000) に収録されている。また、Mark Elliott, *The Constitutional Foundations of Judicial Review* (Hart Publishing 2001) は、後述の修正ウルトラヴァイレス理論を提唱するものであるが、これまでの学説における議論の流れを分析・整理しており、議論の状況を把握するのに有用である。

150)　他に、アニスミニック判決（*Anisminic Ltd v Foreign Compensation Commission* [1969] 2 AC 147）で問題とされたような司法審査排除条項の問題等も議論されているが、ここでは扱

れた議会の意思の実現であるとされていたが、司法審査において適用される公法原則が議会が意図した内容であるとする点について、その非現実性が指摘されていた。すなわち、司法審査において適用される合理性原則や公正手続原則について、その内容を議会が制定法に込めた意思の内容であると説明することは、それらの公法原則が実際には裁判において発展してきたことからして非現実的である。[151] この非現実性について、裁判官である、ローズ（Laws）やウルフ（Woolf）は、その論文において、公法原則の内容は実際には裁判所が創造したものであり、それを議会の意思であると説明するのは司法審査の現実を覆い隠す「イチジクの葉（fig-leaf）」[152]や、「おとぎ話（fairy tale）」[153]であると批判した。

このような批判を受け、司法審査で適用される公法原則の具体的内容が裁判所の創造物であるということは、現在、学説において認められているといってよい。問題は、適用される公法原則の具体的内容が裁判所の創造物であることを認めつつ、いかに司法審査を正当化するかである。この点に関して学説は、コモンロー理論と呼ばれる立場と伝統的なウルトラヴァイレス理論を修正する立場に分かれている。両説の主たる違いは、議会の意思を審査の正当化根拠として維持する必要があると考えているか否かである。

(3) コモンロー理論は、ローズらによって提唱されている理論である。[154] このコモンロー理論は、公法原則は、裁判所が、法の支配の原理に基づいて発展させてきたコモンロー上の創造物であり、従来の正当化根拠であった議会の意思とは無関係なものであるとして、議会の意思と関連づけてその内容を正当化する必要はないとするものである。このように議会の意思と切り離すことによって、裁判所によって現実に行われている公法原則の作成を正面から認めることができ、判例において公法原則が発展し続けることを矛盾なく

わない。

151) Paul Craig, 'Ultra Vires and the Foundations of Judicial Review' (1998) 57 CLJ 61, 68.
152) Sir John Laws, 'Illegality: The problem of jurisdiction' in Michael Supperstone and James Goudie (eds), *Judicial Review* (Butterworths 1992) 51, 67.
153) Lord Woolf, 'Droit Public—English Style' [1995] PL 57, 65.
154) 関係する論文について、Craig (n 2) 13 (n 28) 参照。

説明できるようになる。また、問題の端緒となったデータフィン判決のように、制定法に根拠を持たない権力の行使に対する司法審査も正面から認めることができる[155]。

　このコモンロー理論は、伝統的司法審査理論の非現実性を指摘し、司法審査の実態を正面から受け入れるものであるが、他方で、伝統的司法審査理論において議会の意思が果たしていた機能である、司法審査による裁判所の介入を議会主権原則のもとで正当化する機能についてあまり配慮していないという問題があった。この点について、フォーサイス（Forsyth）は、公法原則の内容を議会の意思から切り離してしまうことは理論的に議会主権原則に反する結果になると指摘する[156]。すなわち、フォーサイスによれば、議会が禁止していないことについては議会は明示的または黙示的に授権していることになるとし、裁判所が、議会が制定法に基づいて授権した活動を（議会の意思とは関係ない）公法原則の適用により違法であるとすると、それは議会が禁止しておらず、したがって議会が授権していることになる活動を違法であるとすることになり、議会主権原則に反することになるという[157]。

　このような理由から、フォーサイスは、公法原則の内容自体は裁判所が創造しているものとしながらも、議会主権原則のもとでは、司法審査を正当化するために議会の意思との関連づけを依然として維持する必要があるとする[158]。

---

155) Paul Craig, 'Competing Models of Judicial Review' [1999] PL 428, 429.
156) Christopher Forsyth, 'Of Fig Leaves and Fairy Tales: The Ultra Vires Doctrine, the Sovereignty of Parliament and Judicial Review' (1996) 55 CLJ 122 において、フォーサイスは、公法原則の内容が議会の意思であるとすることへの批判を弱い批判（weak criticism）、議会主権への批判を強い批判（strong criticism）と呼び、弱い批判をすると結果的に強い批判になるとする。
157) フォーサイスは具体的に次のような例をあげる。議会が大臣に規則を作る権力を与え、それに基づき大臣が曖昧な規則を作った場合に、伝統的司法審査理論に基づいて考えるなら、裁判所は、議会は当該大臣に対して曖昧な内容の規則を作る権力は付与していないとして当該規則を（与えられた権限を踰越するものであり）違法であるとすることができる。しかし他方で、コモンロー理論に基づき曖昧な内容の規則は違法であるという（裁判所が名実ともに創造した）法原則に照らして当該規則を違法であるとすることができるならば、議会は曖昧な内容の規則を作ることも含めて当該大臣に規則を作る権力を与えているのであるから、裁判所が自らのルールによってその規則を違法であるとすることは議会の権力付与の意思に抵触し、議会主権の原則に反することになる。ibid 133-34.
158) ibid 136.

この点、次のような説明をする。すなわち、議会は具体的な公法原則の内容を表明していないが、黙示的意思（implied intention）表示をしている。つまり、法を創造する裁判所の作業は憲法的な真空（constitutional vacuum）の中で行われているのではなく、いつでも介入することができる主権を有する議会の存在を背景にして行われている。しかし、議会は司法審査の拡張と発展を覆すための措置を現実にはとっていないことから、そのことは裁判所の役割の創造性を受け入れてきたものとして合理的に受け取ることができる。[159) フォーサイスはこのように説明することで、裁判所が公法原則を創造していることと議会の意思を実現していることを両立させようとする。

以上のフォーサイスの考え方を基礎としてエリオット（Elliott）が発展させたのが、修正（modified）ウルトラヴァイレス理論と呼ばれる理論である。エリオットは、フォーサイスの説明では伝統的司法審査理論の問題点を回避することはできるが、裁判所が司法審査において創造する法の内容についての理論的な説明が不足していると指摘し、関連づけられる議会の意思の内容は、裁判所が法の支配の原理に沿った形で法を発展させることであると主張する。つまり、裁判所が現実に行っている法創造活動は法の支配の原理に沿ったものであるが、そのような活動を行うことが議会の意思であるとする。[160)

(4) この二つの学説の対立点は、直接的には、公法原則の内容と議会の意思との関係を維持するべきか否かという点にあり、フォーサイスのいう、議会が禁止していないものは明示的黙示的に議会が認めているものであるという前提が成り立ちうるかどうかという点にある。[161) フォーサイスとエリオットは、この前提に基づき、議会の意思と公法原則の内容を切り離すことを批判するのに対し、[162) コモンロー理論を採る論者は、議会が賛成も反対もしていない場合があるとし、このような前提は成り立たないと主張している。[163) しかし、

---

159) ibid 134-35.
160) Elliott (n 149) 99.
161) Paul Craig and Nicholas Bamforth, 'Constitutional Analysis, Constitutional Principle and Judicial Review' [2001] PL 761, 768.
162) Elliott (n 149) ch 3.
163) Sir John Laws, 'Illegality: The problem of jurisdiction' in Michael Supperstone and James

二つの学説の本質的な違いは、コモンロー理論をとる論者が司法審査をルールの適用による統制活動として捉えているのに対して、修正ウルトラヴァイレス理論をとる論者は、伝統的司法審査理論と同じく権限踰越の監視活動であると捉えているという、司法審査活動に対する見方の違いにある。すなわち、伝統的司法審査理論によれば、裁判所の役割は議会が与えた権限を踰越しているかどうかを監視するものとして位置づけられていたのに対し、コモンロー理論によれば、裁判所の役割はそのような監視活動ではなく、自ら創造した法原則を適用し、ルール違反を統制する活動となる。こうしたコモンロー理論の司法審査観に対して、修正ウルトラヴァイレス理論をとる論者は、裁判所が積極的な役割を果たすことを少なくとも正面からは認めず、形式的であれ裁判所の役割を権限踰越監視活動に止めようとするものである。この点、伝統的司法審査理論が、そもそもは裁判所の議会に対する敬譲的な姿勢に基づき、自らの活動を監視活動に止めることに由来していたものであるとすると、コモンロー理論をとると、単に理構論成を変えるに止まらず、従来の裁判所と議会の関係の変化を承認することになるという点が重要である。このように両説の違いは、裁判所と議会の関係の捉え方の違い、そしてそれに依拠する司法審査観の違いに基づくものであり、その議論の実益を疑うものもあるが、単に表面的な理論構成の問題に止まらない重要な問題であるといえる。[164]

　ここでは、この問題について本格的に論じる準備はないが、さしあたり次のような理由から、修正ウルトラヴァイレス理論よりも、コモンロー理論の方が適切であると考えている。

　第一に、司法審査が、裁判所による権限踰越の監視活動として捉えられてきたにせよ、長年の積み重ねを経て司法審査の範囲は拡大し、現在の司法審査は単なる権限踰越の監視活動に止まらず、公法原則の適用を中心とする行

　　Goudie (eds), *Judicial Review* (2nd edn, Butterworths 1997) 4. 17-18); Craig (n 161) 768. さらに、ウルトラヴァイレス理論を修正する立場からの反論として、Christopher Forsyth and Mark Elliott, 'The Legitimacy of Judicial Review' [2003] PL 286.

　164)　TRS Allan, 'The Constitutional Foundations of Judicial Review: Conceptual Conundrum or Interpretative Inquiry?' (2002) 61 CLJ 87.

政活動に対するルール違反の統制活動となっている[165]。このような状況のもとでなされるべきは、裁判所の活動を理論的にはあくまで権限踰越の監視活動であると言い張るのではなく、議会主権原則との関係で許容されるものであるかどうか正面から議論することであり、修正ウルトラヴァイレス理論のように、このような現状を承認しつつ、理論的な面においてのみ従来の監視活動的司法審査観を維持することが妥当であるのか疑問である。

第二に、修正ウルトラヴァイレス理論をとる論者においても、制定法、大権的権力に権力の淵源を持たない、事実上の権力の行使について司法審査の対象となることを認めているが、この事実上の権力の行使に対する司法審査については、コモンロー理論に依拠するとしている[166]。これは、事実上の権力の行使については[167]、権限踰越を判断するために参照する制定法や大権的権力という具体的権限の範囲を示すものが存在しないためである。したがって、修正ウルトラヴァイレス理論では、制定法と大権的権力に基づく権力の行使については権限踰越の監視活動としての司法審査が行われ[168]、事実上の権力の行使については公法原則の適用によるルール違反の統制活動としての司法審査が行われていると見ていることになり、結果的に同じ司法審査の中に二つのスタイルが併存しているということになる。この点、権力の淵源の種類によって司法審査観を変えること、すなわち、事実上の権力の行使についてはコモンロー理論を受け入れておきながら、権力の淵源として制定法か大権的権力が存在する場合にのみ権限踰越型の司法審査観をとることについて、一

---

165) それまでの判例で形成されてきた諸種の法原則を公法原則として整理したGCHQ判決（*GCHQ*（n 20））では、そのような裁判所の態度を見て取れる。中村民雄はこの点を次のように説明している。「17世紀の先例と……本件との重要な違いの一つは、現代の司法審査では、行政権限がその範囲内で行使されたかどうか（権限踰越（ultra vires）・『違法性』がないかどうか）という境界線監視にとどまらず、境界線内の権限行使であっても『不合理性』や『手続違背』がないかどうかをも監視しうる点である」。中村民雄「判批」藤倉皓一郎ほか編『英米判例百選』（第3版、有斐閣・1996年）101頁。

166) Elliott（n 149）193.

167) 本章序論において第三の権限の淵源に基づく活動として説明したもの。

168) エリオットは、大権的権力の行使に対する司法審査についても、参照する権限が存在することを理由として、制定法に基づく権力の行使と同様、権限踰越監視型の司法審査として位置づけている。Elliott（n 149）185.

貫性を欠くという批判がある。[169]しかし、このような併存自体は問題になるとは思われない。なぜなら、コモンロー理論をとる場合でも、制定法の明文の規定に違反する場合などは権限踰越型の司法審査を行うわけであり、裁判所が、場面ごとに、権限踰越監視と法原則の適用による統制を行うと見ることそれ自体に特に問題があるわけではないからである。問題なのは、むしろ、司法審査観の区別が、権力の淵源の種類によって行われているという点にある。本来、権力の淵源が制定法であることが司法審査理論において意味を持ったのは、それが裁判所の行う権限踰越監視の際に参照する権限の範囲を具体的に画するものであったためであり、したがって、権限の範囲を具体的に画する制定法・大権的権力が存在する場合に、権限踰越の監視活動としての司法審査が行われているとし、公法原則の適用については裁判所による統制活動であると位置づけるならともかく、権力の淵源として制定法・大権的権力が存在する場合は公法原則の適用も含めて権限踰越の監視活動であり、そうではない場合はルール違反の統制活動であるとする区別は、権力の淵源の基準の本来の趣旨と合致しないように思われる。このように、本来の趣旨とは離れたところで権力の淵源の種類による区別を残存させる必要があるのは、フォーサイスが述べたような理論的問題が存在するためであるとされる。しかし、このような区別を真に要請しているのは、おそらく、フォーサイスのいうような相当に複雑な理論的問題ではない。このような区別を真に要請しているのは、むしろ、裁判所が権限踰越の監視活動の延長線上に司法審査活動を拡大させてきた経緯の尊重という点にあると考えられる。すなわち、司法審査は、権限踰越監視活動として出発しながらも、判例の発展により、実質的にはそれを超え、なし崩し的に裁判所の創造した公法原則の適用によるルール違反の統制活動と化してきたのであり、こうした経緯を踏まえると、裁判所による本来の趣旨と離れた権限踰越監視活動に対して、実質に沿った理論を提示する代わりに、そうした形式を正当化するための理論を提示しようとする態度も一応ありえるところで、修正ウルトラヴァイレス理論はその

---

169) Craig (n 151) 77.

ような意識に基づくものであるように思われる。[170]しかし、このような経緯を踏まえ、形式的に権力の淵源の基準を維持することは、司法審査の実質的判断に影響をもたらす可能性がある。修正ウルトラヴァイレス理論では、現状の司法審査を、制定法の根拠や大権的権力が存在し、権限踰越監視活動として一応説明が可能な部分についてはそのように説明しつつ、説明が不可能な事実上の権力の行使についてコモンロー理論で説明するというスタイルをとるが、このような形式的正当化の部分を残存させるスタイルをとった場合には、既に実質的意義の多くを失っている形式的基準に依然として大きな意義が与えられることによって、本来なされるべき実質的判断に悪影響を及ぼすおそれがある。前節で検討したように、データフィン判決が、事実上の権力の行使に対する司法審査を認め、従来の司法審査理論から離脱するものであると学説において捉えられながらも、その後の判例においては、結局、権力の淵源の基準から大きく離れるものではないと解される結果に終わったことは、このような形式的正当化を維持することの問題を示しているようにも思われる。

第2款　内容の次元の問題

　伝統的司法審査理論に代わって現れたコモンロー理論と修正ウルトラヴァイレス理論は、司法審査観において違いはあるものの、いずれも裁判官による公法原則の創造を認め、それを理論的に正当化しようとするものであった。このように司法審査の内容（公法原則の内容）が裁判所の創造物であることが受け入れられるとなると、もう一つの問題として、裁判所が行う司法審査の内容と適用範囲に関心が向けられることになる。以下では、この問題を内容の次元の問題として検討していく。

---

170) フォーサイスが、「裁判所による創造が司法審査の内容を形成していることを知らないほど誰も無知ではない。しかし、ウルトラヴァイレス理論を固守することによって、裁判所は、自らの適切な憲法上の地位を守っていることを示し」ていると述べるのは、こうした意識に基づくものと考えられる。Forsyth (n 156) 136.

1 functional アプローチ

(1) 司法審査の対象に関する判例に見られた動きを理論的に整理している論者としてケイン（Cane）の名前があげられる。ケインによって示された枠組みは、内容の次元の問題を分析する枠組みとして有用であると考えられるので、検討の出発点として見ておくことにしたい。

(2) ケインは、その著書において、判例において見られた司法審査の対象を判断するための新たなアプローチを functional アプローチと呼んでいる。ケインは、大権的権力の行使が司法審査に服することを認めた GCHQ 判決にはじまり[171]、データフィン判決で明確化する司法審査の対象の変容について、次のように述べている[172]。

> （GCHQ 判決の）「基礎をなす基本原理は、行政法規範の適用可能性は、決定をする権力の淵源、すなわち、制定法やコモンローではなくて、決定の内容や性質によるべきであるということであった。裁判所は、裁判所が当該決定を審査するのに憲法上適切な機関であるか、またその手続やその構成員の適性から、それを行う能力があるのか、言い換えれば、当該決定が『裁判可能』かどうかという関係する問題を問うことによって、この問題にアプローチしてきた。この行政法の範囲の定義の種——functional な立場と呼ばれるようになったものにおける——は」、補償

---

171) *GCHQ* (n 20). なお、ケインは、司法審査の変容の起点を、大権的権力の行使について司法審査を認めた GCHQ 判決であると捉えている。確かに、それ以前に司法審査に服することが明確に認められていたのは制定法上の根拠に基づく権力の行使であることからすると、大権的権力の行使に対する司法審査を認めた GCHQ 判決は、変容の端緒であると見ることができる。しかし、GCHQ 判決の時点では、こうした司法審査理論にかかわる問題はそれほど意識されていたわけではなかったように思われる。なぜなら、そもそも大権的権力に基づく活動は、全く裁判所による審査に服さなかったわけではなく、権限の存否と権限の範囲についての審査はなされてきたのであり（大権的権力の行使についての司法審査の詳細は、Elliott (n 149) ch 5 を参照）、GCHQ 判決ではそれに加えて制定法に基づく活動と同様に公法原則の適用があるという意味で司法審査の対象になるとされたものである。その点で、判決の時点では単に権力の淵源の種類の例外と見る余地もあったのであり、権力の淵源の基準からの変容の明確化は、データフィン判決を待たなくてはならなかったといえよう。

172) Cane (n 2) 15. なお、以下で説明する司法審査の対象についての institutional アプローチと functional アプローチという捉え方については、クレイグの論文（Paul Craig, 'Public Law and Control over Private Power' in Michael Taggart (ed), *The Province of Administrative Law* (Hart Publishing 1997) 196) でも採用されていた。

委員会の決定を司法審査に服するとしたライン判決に見られたのである。そして、こうした行政法の範囲に対する functional アプローチは、裁判所に、サッチャー政権下での民営化等の発展を扱うための法的リソースを裁判所に与えたとし、続けて、画期的な (ground-breaking) データフィン判決を経て、もたらされた変容について次のようにいう。[173]

「この約20年の間に、我々は行政法と司法審査の領域が定義される方法に基本的な変革があるのを見ることができる。その間、焦点は、(中央と地方) 政府の機構 (institutions) のコントロールから、政府あるいは非政府の主体によって履行されているかどうかにかかわらず、……ガバナンス活動 (functions of governance) の履行をコントロールすることに移ってきたのである」。

ここでケインは、司法審査の対象の判断が、権力の淵源ではなく決定の内容や性質により行われることになったことについて、裁判所が審査をするのに憲法上適切な機関であるか、あるいは裁判所の審査適性の見地から判断されるようになったこと、そしてそのような審査の基本原理に沿って、具体的な審査対象が、政府の機構からガバナンス活動に変化してきたとし、司法審査対象性を判断するためのこうした新たなアプローチを functional アプローチと表現しているようである。[174] ここでは、「決定をする権力の淵源ではなく決定の内容や性質について行われることになった」ことについて、審査対象の権力の淵源が制定法ではない場合であっても裁判所は憲法上不適切な機関であるとは考えられなくなったという司法審査の正当化理論の面での変容と、裁判所の審査能力の見地から審査の内容と範囲が考えられるようになったという具体的な司法審査の内容と範囲という面での変容が意識されていると考えられる。前者が本書でいう理論的正当化の次元の問題であり、後者が内容の次元の問題にあたるものといえる。

もっとも、ここでいう、functional アプローチへの転換は、単純に、従来

---

173) Cane (n 2) 15-16.
174) なお、ケインのテキストの旧版 (第4版) においては、こうした行政法の領域または範囲の転換について、"functional turn" という言葉で表現していた。Cane (n 5) 10.

の政府機構（institution）を統制する権力の淵源の基準から、決定の内容や性質、すなわち本書でいう、主として活動（function）に対する評価にかかる公的要素・権力の性質の基準へ転換したということを意味するものではない。この点、ケインがいわんとすることは、彼の 2003 年の論文 'Accountability and the Public/Private Distinction' における 1998 年人権法に係る説明を参照することで、より明確になる[175]。そこでは、functional は、institutional と対置される公私の区別のアプローチの性格を表す形容詞として用いられている[176]。この 2003 年論文において、ケインは、institutional アプローチは、「ハードエッジな事実基準」に基づくものであるという[177]。これは、当該区別基準それ自体が、区別基準としての価値を持つと考えられる基準であることを意味するものと考えられる。それに対して、functional アプローチは、（個々の市民の生活を規制する際に社会が正当に主張できる利益についての）「価値判断（value judgemens）」に依拠するものであるという。そして、その評価的な性質のために、functional アプローチにおいて、「どの活動が公的でどの活動が私的であるかは、区別を引こうとする目的」によるものとされる[178]。この 2003 年論文の内容を踏まえると、ケインのいう司法審査の範囲の変容とは、司法審査対象性の判断における、それ自体が価値を持っていた権力の淵源の基準から、当該活動の内容や性質について、司法審査の対象とするという目的を踏まえた価値判断に基づき判断する公的要素・権力の性質の基準への転換を指すということになる。もっとも、一口に、活動の内容や性質を踏まえた判断といっても、先ほど検討したように、公的要素・権力の性質の基準の内容として、活動内容の基準と政府的要素の基準とが存在した。このうち、活動内容の基準が純粋な活動内容に対する評価によることは明らかである。また、政府的要素の基準も、権力の淵源の基準の延長線上に捉えられるものであるが、この基準もまた司法審査の対象となる活動の内容（実施のコンテクスト）

---

175) Peter Cane, 'Accountability and the Public/Private Distinction' in Nicholas Bamforth and Peter Leyland (eds), *Public Law in a Multi-Layered Constitution* (Hart Publishing 2003) 247.
176) ibid 249.
177) ibid 254.
178) ibid 254.

面を捉えて、形式的に権力の淵源の基準を満たさない場合であっても司法審査の対象とするものであり、また、前記のように活動内容の基準と相対的なところもあることからすれば、functional アプローチで用いられる functional な基準の一種として捉えることができよう。[179]

なお、後で触れる内容とも関係するが、ケインは、先ほどの引用部にも示されていたように、institutional アプローチについて、中央・地方の政府のような、特に組織に係る制度的側面に着目するアプローチ、functional アプローチについて、活動面に着目するアプローチと考えているようである。もっとも、組織に係る制度的側面に関する基準が事実基準であり、活動面に関する基準がその適用について価値判断を伴う基準であると明確な対応関係があるわけではないように思われる。にもかかわらず、そのように考えられているのは、この議論が、特に、組織に係る制度的側面に関する基準が事実基準として定められ、活動面での基準が価値判断を伴う基準として定められていると解される、次節で紹介する1998年人権法の人権規定の適用範囲に関する問題を主として想定し、また、民営化や契約による委託のような活動の履行主体の政府から私人への移転現象を念頭に、モデル化したものであることと関係しているように思われる。[180]

しかし、functional アプローチが導入されるとしても、直ちにそれに一元化されるわけではないという点に注意する必要がある。すなわち、データフィン判決では、権力の淵源の基準自体を否定したものではなく、今後も権力の淵源の基準は用いられていくことになるだろう。ケインがいうように、「コモンローはゆっくり発展していく」がゆえに、「functional アプローチは、それ以前の全てをご破算にしてしまったわけではな」く、現状においては「司法審査（行政法規範がエンフォースされるメカニズム）の領域は、functional な

---

179) Cane (n 5) 39 は、純粋な (purely) functional アプローチに対するところのコンテクスト的 (contextually) functional アプローチとして区別している。

180) 旧稿においては、政府的要素の基準を、権力の淵源の基準の延長線上にあるとして、institutional な基準と評価していたが、それぞれの概念の内容を再検討した結果、本文のように見解を改めた。

指標と institutional な指標の複雑な組み合わせにより定められる」のであり、[181]
判例は、従来の権力の淵源の基準により画される範囲と、活動の内容・性質に基づく判断により画される範囲がせめぎ合う状況となる。

(3)　なお、ケインがサッチャー政権下での民営化等への対応を意識していたように、こうしたアプローチの転換は、行政活動が、制定法の根拠に基づいて政府により行われていた単純な時代から、民営化や契約による委託、データフィン判決でのパネルの活動のような私的団体の自主規制活動の活用等により、広い意味での統治活動が様々な組織と活動形式で行われる時代においては、必然的に要請されるものであるという議論もなされる。[182]

すなわち、伝統的司法審査理論のような考え方をとらないとすると、司法審査は、実質的には裁判所による公法原則の適用による統制活動であることが認められることになるが、このような司法審査観によれば、こうした司法審査における functional アプローチの議論は、従来の権力の淵源の基準では十分把握できなくなった複雑化した統治活動のための組織と活動形式に対応するため、公と私の属性がボーダーフリー化した統治活動を把握するために必然的に生じたものであるとも思われる。1980年代以降行われた行政改革では、国有企業の民営化、公共サービスの契約による委託などが行われ、それによって、従来は中央政府や地方政府により、制定法に基づいて行われていた活動が、民間企業により、（制定法の定める枠組みの中にある場合も含め）その活動それ自体について制定法に基づかずに行われるようになってきた。そこでは、従来は、権力の淵源の基準によって対象となりえた活動が司法審査の対象外となってしまうことになる。権力の淵源の基準を、それ自体が価値を持つ institutional な基準として捉えた場合、それにあてはまらないものについては司法審査の対象外とするということでよいのかもしれない。しかし、司法審査の活動が、裁判所によるガバナンス活動に対する統制活動であり、

---

181)　Cane (n 2) 16.
182)　アロンソンはこの状況を政府的権力と産業権力の混合体制として捉え、従来の公的権力と私的権力を区別する公法理論においてはうまく対応できないことを指摘している。Aronson (n 3) 46-47.

権力の淵源の基準が、実質的には、裁判所が中央政府や地方政府が権力を行使するという形でのガバナンス活動を想定し、その統制を行うための対象を十分に把握するための基準として見出され、固定化していったものであったなら、民営化や契約による委託等によりその想定が崩れ複雑化した社会においては、新たな基準が見出される芽がでてくる。そして、そのことにより、司法審査の対象とすることがいかなる意味を持つかという点について再検討がなされ、司法審査の対象とすることの妥当性という見地から司法審査の対象となることが判断される functional アプローチの登場が要請される。データフィン判決や第2節で検討した諸判決は、直接的には、こうした行政改革の動きとは関係のないものである。しかし、その当時進展していた行政改革による組織と活動形式の複雑化への対応を意識する中で、データフィン判決において公的要素・権力の性質の基準が提示されたことにより、判例、学説双方において、従来の権力の淵源の基準に基づく司法審査の不十分性が強く認識されることになり、判例においては公的要素・権力の性質の基準の内容の検討がなされ、学説においては、前款で見た司法審査理論の再検討とともに、以下で見る司法審査の内容面での検討が進められることになったものと考えられる。

(4) データフィン判決をはじめとする判例による刺激を受けて、学説において司法審査の対象を考える新たな方法として検討が進められている functional アプローチは、基本的には方法論であり、それ自体は複雑化した組織と活動形式に対応しうる基準を具体的に提示するものではない。そこで、具体的に司法審査の対象を考えるにあたっては、司法審査の対象とすることにどのような意義があるのかという点が重要になる。この点、大きく分けて次の二つの意義があると考えられる。

第一に、公法原則の適用がなされることがあげられる。司法審査の対象となることで、裁判所が形成してきた諸種の公法原則が対象となる活動に対して適用されることになり、そのことにより当該活動は公法原則によって拘束されることになる。

第二に、紛争解決の手続として司法審査手続の適用を受けることになる。

第 3 節　学説の検討　　*187*

　本章序論で紹介したように、最高法院規則オーダー 53 により司法審査手続が整備され、オライリー判決において、司法審査を求める者が司法審査手続を利用しないことが裁判過程の濫用であるとされた（いわゆる手続的排他性）が、そのことは被告側にとっては司法審査手続による保護を受けることを意味していた。

　以上の意義のうち第一のものは、実質的側面にかかわる意義であり、第二は主として司法審査手続にかかわる意義ということができる。このうち、特に理論的関心が向けられるのは、前者の公法原則が適用されるという実質的側面にかかわる意義であると思われる。学説においては、各種私的団体の行う権力の行使を公法原則に服させる必要が意識されていた。このような学説の関心は、前述の組織と活動形式の複雑化への対応という問題意識と深くかかわるものであったように思われる。そこでは、民営化や契約による委託等により、従来適用された公法原則が適用されなくなることに対して強い問題意識が持たれたのである。

　例えば、ウルフは、次のように述べていた。

　　「パネルのような政府と関係を持たない団体であって、司法審査請求により裁判所の審査に服することになる公的活動を行いうる団体があり得る。このことの重要性は、現在の民営化の傾向によって強調される。かつては、政府の不可欠な部分と見なされていた役務が、私的団体によって履行されている。……私は、ある団体が公的団体であることをやめ、

---

183)　*O'Reilly* (n 16).
184)　ウルフは、データフィン判決以前からこのような問題意識を有しており、次のような主張をしていたことが注目される。「もし公法が急速に発展してきたために、現在、私法よりも大きな保護を与えているとしたら、行政的行為に対してなされるタイプの審査が現在のように公的団体に限定されるべきであるかを考えるべきではないか。公衆の利益は大企業や大きな団体の決定により不利益な影響を受けうる。……もしその決定が公的な利益に損害を与えうる活動に関係するなら、ウェンズベリーの合理性原則……に服するべきではないか」(Harry Woolf, 'Public Law-Private Law: Why the Divide' [1986] PL 220, 224)。データフィン判決に接したケインは、自主規制団体の決定が第三者に影響を及ぼすことを理由として、自主規制のスキームは公法原則に服するべきであると主張していた (Peter Cane, 'Self Regulation and Judicial Review' (1987) 6 CJQ 324, 325)。
185)　Woolf (n 153) 62-63.

民間会社になるという事実が、以前は公法に服していた活動が公法に服することをやめることを意味しないと信じる。民営化された団体が、それまで守ることを要求されていたのよりもより低い基準に服することを法が許すことを正当化するものを私は見ることはできない」。

そうした、法的ガバナンスの欠如とも表現できる危機への対処方法の一つとして、公法原則の適用範囲を拡大することを目的とした、司法審査の対象の変容が期待されることになる。そして、そこでは、司法審査によって適用されていた公法原則の内容と射程に関心が寄せられることになる。以下では、そうした議論として、本書の関心から、公法と私法の共通性に着目する、オリバー (Oliver) のものを特に取り上げて見ていくことにする。[187]

もっとも、このような組織と活動形式の複雑化への対応策の一つとして司法審査を捉えることは、司法審査の対象を複雑化した組織と活動形式にある程度対応させることではあっても、複雑化以前に司法審査の対象となっていた活動を全体としてカバーするよう司法審査の対象を変化させるという議論ではないことに注意する必要がある。すなわち、法的ガバナンスの欠如の問題は、あるべき、あるいは望ましいガバナンスをどのように考えるか、制定法による法制度の設計、非法的ガバナンスによる代替等の様々な要素を衡量して検討していく必要があり、[188] 司法審査は、そのガバナンスを構成する一つ

---

186) 法的ガバナンスの欠如への対応という視点から、司法審査の対象の拡大を目指すものとして、Peter Vincent-Jones, *The New Public Contracting: Regulation, Responsiveness, Relationality* (Oxford University Press 2006) 283-88 を参照。

187) 他に、広い意味で、司法審査の領域ないし、そのガバナンスにおける役割の拡大を企図するものとして、主として自主規制団体の統制に関心を寄せるものであるが、ブラックの研究がある (Black (n 132))。ブラックは、判例上、司法審査の対象外とされてきた自主規制団体の活動について、裁判所は、契約が「交換」ではなく、「規制」の道具として用いられる場合 (＝規制の道具としての契約) があることを見落としていることを指摘しつつ、オートポイエーシス (autopoiesis) と自省的法 (reflexive law) の理論を参照し、自主規制団体の活動に対する適切な審査として、自省的審査 (reflexive review) を提唱する。

188) 政府活動の委任の問題について、主として法的統制に焦点をあてて、イングランド、アメリカ (連邦・州)、EU の各法域の比較法的考察を行うものとして、Catherine M Donnelly, *Delegation of Governmental Power to Private Parties: A Comparative Perspective* (Oxford University Press 2007). 同書の書評として、北島周作「民営化論の体系化」アメリカ法 2010-1 号 (2010 年) 135 頁。非法的な要素も含め、アカウンタビリティの確保という枠組みで考察するものとして、Colin Scott, 'Accountability in the Regulatory State' (2000) 27 JLS 38.

2 公法と私法の共通性に関する理論——オリバー

(1) オリバーの議論は、伝統的司法審査理論批判の先駆けとなったことで知られる 1987 年の論文 'Is the Ultra Vires Rule the Basis for Judicial Review?' にはじまり、その後、複数の論文を経て、著書 *Common Values and the Public-Private Divide* に結実しているので、以下では同書の内容を中心に検討する。

(2) オリバーの基本的な考え方は、公法と私法、より具体的にいえば司法審査により適用される公法原則と民事訴訟における私法上の原則は、共通の価値（common values）を実現するものであり、両者の区別や差異は強調されるべきではなく、むしろ共通する価値を実現するものとして両者は統合されるべきであるというものである。オリバーは、公法と私法が共通の価値を実現することを判例の分析を通して示すことを試みるにあたり、そのための基本ツールを用意し、それを用いて公法・私法のそれぞれの分野の判例を分析し、両者の共通性を把握するという方法をとる。すなわち、公法と私法が実現する共通の価値として、自律（autonomy）、尊厳（dignity）、尊重（respect）、

さらに、この問題を考えるにあたり、公的アカウンタビリティ（public accountability）というテーマ設定のもとで編まれた、Michael W Dowdle (ed), *Public Accountability: Designs, Dilemmas and Experiences* (Cambridge University Press 2006) の諸論文の議論が参考になる。同書の内容については、北島周作「公的アカウンタビリティ論のあり方」アメリカ法 2008-1 号（2008 年）94 頁参照。なお、英米法におけるアカウンタビリティ概念を分析したものとして、鈴木庸夫「アカウンタビリティと行政法理論」佐藤幸治ほか編『憲法裁判と行政訴訟』（有斐閣・1999 年）621 頁。さらに、アカウンタビリティ概念に関するより近時の分析と、グローバル行政法との関係について、興津征雄「グローバル行政法とアカウンタビリティ」浅野有紀ほか編『グローバル化と公法・私法関係の再編』（弘文堂・2015 年、初出 2014 年）47 頁。

189) Oliver (n 56).
190) Dawn Oliver, 'The Underlying Values of Public and Private Law' in Michael Taggart (ed), *The Province of Administrative Law* (Hart Publishing 1997) 217; 'Common Values in Public and Private Law and the Public/Private Divide' [1997] PL 630 など。
191) Dawn Oliver, *Common Values and the Public-Private Divide* (Butterworths 1999). 同書の書評として、Tony Prosser, 'Book Reviews' [2000] PL 337; 北島周作「学界展望 Dawn Oliver, *Common Values and the Public-Private Divide*」国家 119 巻 9 = 10 号（2006 年）104 頁がある。

地位 (status)、安全 (security) という五つの基本的価値と、実証的権威主義[192] (positivist authoritarianism)、リベラルな多数決主義 (liberal majoritarianism)、熟慮的利他主義 (considerate altruism)、参加的共同体主義 (participative communitarianism) という、裁判所が法原則を適用する際に指導理念となる四つのモデルを提示する[193]。そして公法原則と、労働法、家族法、不法行為法、契約法、信託法、会社法といった私法の各分野における法原則とその発展を基本的価値と指導モデルを用いて分析することにより、公法と私法の法原則の共通性を示すのである[194]。

オリバーは、基本ツールによる分析を基本線としつつ、歴史的経緯や制度構造の面からも公法と私法の法原則の共通性を裏付ける。すなわち、オリバーによれば、歴史的に見て公法と私法の区別が厳密にいわれるようになったのは、オライリー判決において司法審査における手続的排他性が導入されてからであり[195]、それ以前には救済方法、訴訟手続、適用法原則において公法と私法の区別は厳密になされていなかったという。にもかかわらず手続的排他性の導入により救済方法、訴訟手続の区別に対応する形で本来その区別が厳密でなかった公法と私法の区別が強調されることになった点に問題があったと指摘する[196]。また、そもそも公法原則は、裁判所が歴史的に形成してきたその創造物であり、フランスと異なり行政裁判所を持たないイギリスにおいては、私法上の原則と同一の裁判所・裁判官によって作り出されてきたものであるから、一定の問題状況に対応するために同一裁判所・裁判官が作り出した法相互間の近似性は制度的にも裏付けられていると見ている。例えば、信託における裁量的決定に関する要件は、公法においてグリーン (Greene) 裁判官によって課されたウェンズベリー判決の合理性の義務と非常に似ているが、グリーン裁判官が著名な信託法・エクイティの法律家であったことから、

---

192) Oliver (n 191) ch 3.
193) ibid ch 1.
194) ibid chs 4-9.
195) *O'Reilly* (n 16).
196) Oliver (n 191) ch 4.

同判決で慎重にエクイティ上の法原則を利用した可能性を指摘している[197]。

(3) 以上のオリバーの議論は、公法原則と私法上の原則の内容的共通性を示すことで、両者の統合、より正確にいえば原点に立ち返るという意味での再統合をいうものである。なお、オリバーは、適用される法原則のみならず、救済方法、訴訟手続の全面における統合を主張している[198]が、現実に司法審査制度が存在する現在においては、このような全面的な統合は将来的な制度構想に止まるものである。

オリバーの用いている基本ツールである共通価値の内容はかなり抽象的なものであるという批判がある。ケインのように、「これらの価値は非常に抽象的であるので公法私法の両方を基礎付けるといわれうることに驚きはない」とまではいわないとしても[199]、公法原則・私法上の原則の判例分析のための尺度として用いることを超えて、新たな事例に対して具体的な基準として積極的に用いることは難しいであろう。また、公的権力と私的権力の性質の重要な違いについて留意する必要があるし[200]、公法と私法の共通の特質を強調するだけでなく、司法審査において、私法上の原理を用いることにより生ずる問題についても積極的に論じていくべきだろう[201]。しかし、それらの問題は、オリバーの議論の価値を全て損なうものではない。オリバーの研究は、現在過度に独自性が強調されている公法原則の内容を、その起源、構造、制度的側面を含めて再検討し、私法上の原則との内容面での類似性、並行性をいうことで両者の緊張を緩和するところに価値がある。すなわち、このような認識が十分に受け入れられることによって、具体の訴訟において当事者・裁判官は公法原則が適用されるかどうかという狭い視点を超えて、公法・私法の両領域における先例を参照することで適切な法原則を発展させていくことが期待できる。

---

197) ibid 192.
198) ibid ch 11.
199) Cane (n 175) 268.
200) ACL Davies, 'Ultra Vires Problems in Government Contracts' (2006) 122 LQR 98, 99.
201) Prosser (n 191) 339.

3 その後の判例の動向

(1) 以上のように、データフィン判決以降、司法審査における公法原則の適用に関心が向けられ、学説において公法原則の内容を明らかにしようとする試みが見られた。

こうした展開と呼応するように、ジョッキークラブの決定を争う民事訴訟において、裁判所が司法審査と同様の審査活動を行っているとする高等法院判決であるブラッドリー判決（*Bradley v The Jockey Club*）が登場し[202]、控訴院においても認められていることが注目される[203]。

(2) この事件は、ジョッキークラブの懲罰委員会により、レース規則違反を理由として資格剥奪処分を受けた元騎手が、ジョッキークラブの上訴委員会へ不服申立てを行ったところ、上訴委員会から資格剥奪期間を減じた処分を受けたため、当該上訴委員会の決定について、ジョッキークラブを相手に通常の民事訴訟を提起し、その中で、当該決定が、比例した処罰のみを行うという黙示の契約条項に違反するものであり[204]、また、契約に基づかない請求として、当該資格剥奪処分は、不合理な取引制限に該当すると主張したものである[205]。

この判決において、高等法院のリチャーズ（Richards）裁判官は、契約に基づかない請求について、アガ・カーン判決を引用し、両当事者ともに上訴委員会の決定が司法審査に服さないことについては前提として受け入れているとしつつ[206]、にもかかわらず、契約関係がない場合であっても、上訴委員会の決定が、*Nagle v Feilden* で示された原則[207]に従って裁判所の監視的管轄権に服するという点で見解は一致しているとし[208]、その監視的管轄権の性質について次のように述べている[209]。

---

202) *Bradley v The Jockey Club* [2004] EWHC 2164 (QB), [2007].
203) *Bradley v The Jockey Club* [2005] EWCA Civ 1056, [2006].
204) *Brodley* (n 202) [29].
205) ibid [30].
206) ibid [33].
207) *Nagle* (n 84).
208) *Bradley* (n 202) [33]-[34].
209) ibid [37].

「問題なのは、そのような決定に対する裁判所の監視的管轄権の性質である。最も重要な点はそれが監視的であるということであると思われる。裁判所の役割は、一次的決定を行うことではなく、一次的決定作成者が適法な範囲内で決定を行うことを保障することである。それは審査活動なのであって、司法審査における裁判所のそれと非常に似ているものである。すなわち、その二つの活動の間に正確な境界線を引くことによって時に生じる問題を踏まえると、私的団体の決定に関する私法上の請求において、裁判所が、公的団体の決定に関する司法審査請求と実質的に異なったアプローチを採用することを要求されるなら、それは驚くべきことであり、納得できないものと私は考える。それぞれの事件において、本質的な関心は、行われた決定の適法性——手続が公正であるか、なんらかの法の誤りがあるか、判断や裁量の行使が決定者に許された限界の中にあるかどうか——であるべきである」。

そして、裁判官は、*Nagle v Feilden* 等の取引制限の法理に関する判例をあげて、裁判所の役割の監視的性質は判例法に広まっていたといい[210]、こうした見立ては契約のコンテクストにおいてもいえることであり、裁判所の監視的役割は、審査の水準や密度において、非契約上の請求と契約上の請求を扱う場合で変わらないとしている[211]。なお、こうした監視的役割は、契約上の請求における黙示の契約条項に関する判断においてもあてはまるとする[212]。

以上のように、本判決は、裁判所が、民事訴訟において、取引制限の法理や黙示の契約条項について判断するにあたって、監視的役割を果たしてきたことを理由として、実質的に司法審査請求と同じ内容の審査を行うことを認めたものと見ることができる[213]。

---

210) ibid [38].
211) ibid [40].
212) ibid [75].
213) Mark Elliott, *Beatson, Matthews and Elliott's Administrative Law: Text and Materials* (4th edn, Oxford University Press 2011) 139 は、ブラッドリー判決で用いられた、契約の黙示の条項と取引制限の法理について、前者は明文の規定が存在する場合には用いることができず、後者は労働権に影響する決定にしか適用されないという限界があると指摘する。

なお、本判決に対して控訴院に上訴がなされたが、控訴院のフィリップス (Phillips) 裁判官は、リチャーズ裁判官の高等法院判決の内容を高く評価した上で、判決を是認している。[214]

(3) この判決は、前節で扱った同じジョッキークラブに関する判決と照らし合わせて見てみると興味深い。

ラム判決のサイモンブラウン裁判官は、傍論において、本判決で問題とされている取引制限の法理の適用に関する判例をあげ、「現在か数年内に起こっていたなら、司法審査手続に本来の居場所を見つけていただろう。実際の所、裁判所は、公序への考慮のために新しい私法上の創造物……をつくるように強いられていたのである。……私としては、私法上の原則をさらに曲げるよりも公法のコンテクストにおいて今後これらの原則を発展させていくことが望ましいと判断したい」とし、ジョッキークラブのような私的団体の決定に対して、司法審査を行い、公法原則を適用すべきであるとしていた。[215] しかし、既に検討したように、このサイモンブラウン裁判官の意見は後の判決で採用されなかった。サイモンブラウン裁判官のこの意見が採用されなかった理由としては、第一に、司法審査の対象性の判断において、公的要素・権力の性質の基準について政府的要素が要求されたこと、第二に、サッカー協会判決のローズ裁判官の批判に見えるように、司法審査手続において適用される公法原則と、民事訴訟において適用される私法上の原則が別物であるとされていたことが考えられる。[216] こうした問題に対して、ブラッドリー判決は、民事訴訟においても、裁判所が司法審査におけると同様に監視的役割を果たすことを理由に、司法審査において用いられる公法原則と同内容の法原則が適用されるとすることで対処したものと考えられる。すなわち、このブラッドリー判決は、従来の判例における司法審査の対象範囲の限界を踏まえて、[217]

---

214) *Bradley* (n 203) [2], [18].
215) *RAM* (n 76) 247-48.
216) *FA* (n 94) 849.
217) 本文で述べたように、本件は、アガ・カーン判決に照らして、当該上訴委員会の決定が司法審査に服さないことを前提に判断されている。なお、そこでは、「ここでの議論の多くは、もし司法審査が適用されるならなされなかったであろう」とされており (*Bradley* (n 202)

民事訴訟において、私法上の原則を用いて、実質的に公法原則を適用したものと見ることができ、取引制限の事案等と司法審査の対象となる事案における裁判所の役割の類似性（監視的役割）に基づくことで、裁判所が適用する公法原則と私法上の原則が内容面で共通性を有するものと位置づけたと評価できる。

(4) 本判決は、オリバーと同じく私法の判例にあらわれた法原則の公法原則との内容面での共通性に着目しているように見えるが、オリバーがむしろ公法原則の内容を私法上の原則の内容に還元しようとしているのに対して、本判決は、むしろ未成熟な私法上の原則の内容を一定の実績を持った公法原則の内容に引きつけようとするものといえそうである。すなわち、公法原則と私法上の原則は、裁判所が当該決定に対して監視的立場に立ち、適用する法原則として位置づけられているのであり、そこでは、公法原則が監視的立場からの審査のための法原則として参照すべきものとして存在し、公法原則の発展内容を私法原則に反映する構図を見てとることができる。

本判決では、公法原則と私法上の原則は、ともに裁判所が創造する法原則として捉えられているのであり、形式的には依然として司法審査の対象とならないとされているとはいえ、実質的には伝統的司法審査理論の限界は克服され、前款で見た伝統的司法審査理論の批判者たちが認識した司法審査の実態が判例においても受容されているものと評価することができ、司法審査手続によるものではないが、活動の内容や性質に依拠する公法原則の適用の妥当性の見地から、適用の可否が判断されているということができよう。

(5) このブラッドリー判決は、本節で検討してきた学説の動きと一定の関係を持つものと見られる。

リチャーズ裁判官は、判決の結論を導き出す過程において、いくつかの判決におけるウルフ裁判官の公法原則と私法上の原則の類似性に言及する意見

---

[33])、そのことからも、本件が司法審査代替的な訴訟としての性格を持つことがうかがえる。なお、本判決の後に出された *Mullins*（n 144）おいても、アガ・カーン判決に照らし、ジョッキークラブ上訴委員会の決定は司法審査に服さないと判断されている。

を引用し[218]、先例として依拠している[219]。ウルフ裁判官は、既に紹介したように、公法原則の不適用の問題に関心を持ち、データフィン判決が出された1980年代後半より既存の公法と私法の区別について批判的な論文を著し[220]、また伝統的司法審査理論を批判しコモンロー理論の立場に立つことで知られる裁判官であり[221]、裁判外の論文に止まらず、その理論を反映した新たな判例を出すことが研究者からも期待されていた[222]。その意味で、ブラッドリー判決は、間接的な形ではあるが、学説における議論がある程度反映された判決であったと評価することができよう。

(6) なお、司法審査と公法原則は、純粋な私法分野における法の発展にも寄与しているように見える。この点で注目すべき最高裁判所判決として、ブラガンザ判決（Braganza v BP Shipping Ltd）がある[223]。この判決は、死亡した会社員の遺族への在職中死亡給付金の支払いをめぐって、契約上、会社に認められた事実認定（具体的には自殺か否かの事実認定）権限の行使について、公法原則であるウェンズベリー判決における意味での合理性を満たさなくてはならないとしたものである。同判決において、ヘイル（Hale）裁判官は、私人間の契約上の権限の行使と、司法審査の対象となってきた制定法等に基づく権限の行使を比較して、次のように述べている[224]。

　「契約の一方当事者が、裁量を行使し、関連する事実について意見を形成する権力を与えられている契約条項は、極めて一般的なものである。当事者の条件を書き直し、ましてや、契約上合意された決定作成者に対して判断代置をすることは、裁判所の役割ではない。しかし、契約の両

---

218) *Wilander v Tobin* [1997] 1 Lloyd's Rep 293; *Modahl v British Athletic Federation Ltd (No 1)* (CA, 28 July 1997).
219) *Bradley* (n 202) [39]-[41].
220) 前掲注184) 参照。
221) 代表的な論文として、ウルトラヴァイレス理論を「おとぎ話（fairy tale）」と表現したWoolf (n 153)。
222) Craig (n 172) 212.
223) *Braganza v BP Shipping Ltd* [2015] UKSC 17, [2015] 1 WLR 1661. 同判決の分析として、Elliott (n 2) 143-45.
224) *Braganza* (n 223) [18]-[19].

当事者の権利に影響する決定をすることを課された当事者は、明らかに利益相反状態にある。その相反は、雇用関係のように、契約当事者間に権力の不均衡が存在する場合に高められる。裁判所は、それゆえに、そのような権力が行使される方法についての条項を黙示的なものとして認めることによって、そのような契約権力が濫用されないようにする……。
　……契約が決定作成の役割を当事者の一方に与えるケースと、制定法（または国王大権）が決定作成の役割を公的機関に対して与えるケースの間には明確な類似点がある。いずれのケースにおいても、裁判所が一次的決定作成者ではない。一次的決定作成者は、契約当事者か公的機関である。それゆえに、契約当事者の決定に対して裁判所によって一般に採用された審査の基準は、行政行為の司法審査において採用された審査の基準と同じく、厳しくあるべきではないというのは適切である……」。
　ここでは、司法審査の対象とされてきた制定法上の権限等に基づく裁量権の行使と、契約上の裁量権の行使を比較して、両者の類似性を見出しているといえる。前節で見たように、司法審査の対象性が争われてきた実績があり、その意味で、公法の枠組みでの処理の必要性が意識されていたジョッキークラブの事案と異なり、司法審査請求とは関係なく、純粋に契約法分野に属し、従来契約法の枠組みで処理されていた事案において、公法分野における裁量審査手法を持ち込む形で契約法を変容させたものとして、公法分野の蓄積が私法分野の変容をもたらした興味深い判決と見ることができる。

第4節　1998年人権法6条の問題

第1款　他分野における展開

　データフィン判決で提示された、司法審査の対象に対する新たな基準である、公的要素・権力の性質の基準は、従来の権力の淵源の基準と異なり、広い意味で活動の内容や性質を問う可能性を持つものであった。こうした、functional アプローチとも呼ばれる、活動の内容や性質を踏まえて規範の適用を判断する考え方は、司法審査の対象に関する判例法だけでなく、他の分野においても広く用いられるようになっている。[225]とりわけ、近年では、（制定法上定められた）規制の適用範囲を示すものとして、「公的性質を持った活動（functions of a public nature）」という概念が、制定法上使われる例が増えている。[226]第1章の最後でも触れたように、この概念は、ドイツの公法人、フランスの公役務のような公法規範の範囲を画するための基礎的概念として、定着しつつあるものといえよう。もっとも、この概念の内容は必ずしも明らかではないため、それによって画される規制の範囲について争われることになる。以下では、前節までの検討を踏まえつつ、その内容について、判例上の素材が最も多く、学説上の議論も活発である、1998年人権法（Human Rights Act 1998. 以下、「人権法」とする）を素材として、こうした制定法に規定された概念に係る問題を見ていくことにしたい。

　ここでこうした問題を扱うのは、わが国の議論に示唆を与える次のような

---

[225]　Janet McLean, 'Public Function Tests: Bringing Back the State' in David Dyzenhaus and others (eds), *A Simple Common Lawyer* (Hart Publishing 2009) 185.

[226]　本節で詳しく検討する、1998年人権法（Human Rights Act 1998）6条のほか、2000年情報公開法（Freedom of Information Act 2000）5条など。その他の例については、Woolf (n 5) 153 (n 303) 参照。

事情があるためである。すなわち、後で詳しく見るように、人権法においては、public authority（公的機関。以下では原語のまま用いる。）という概念により人権規定の適用範囲が画されているところ、この public authority は、その全ての行為が人権規定に服する core public authority と、特定の活動につき人権規定に服する hybrid public authority に分けられる。前者は、人権法は欧州人権条約（European Convention on Human Rights）を国内法化するものであることから、「国家」の概念を意識した、institutional な性格を有する概念である。それに対して、後者は、活動の内容や性質に即して人権規定の適用がされることになる functional な性格を有する概念であり、前者に当たらない主体をカバーするものである。制定法における後者の概念の使用は、民営化政策に対する「埋め合わせ」（counterweight）をするものと評価されることもある。[227] 日本においても、憲法学において、憲法上の人権規定は国家を名宛人とし、国家と国民の関係にのみ適用されると考えられてきた、[228] また、第1章で見たように、国・地方公共団体をその典型とする行政主体概念が、行政法理論上も制定法上も重要な意義を有している。そうすると、この二つの概念によりその範囲が画される人権法に係る議論は、日本における問題を検討する上でも重要な素材となると考えられるのである。[229]

第2款　人権法6条における public authority に関する議論

(1)　人権法6条1項、3項、5項は次のように規定している。[230]

---

227)　McLean (n 225) 187.
228)　高橋和之『立憲主義と日本国憲法』（第4版、有斐閣・2017年）107頁。
229)　わが国における人権法6条に関する研究として、榊原秀訓「行政民間化に伴う基本理念の変容と基本制度への法的対応」同編『行政サービス提供主体の多様化と行政法』（日本評論社・2012年）1、22頁以下、平松直登「1998年人権法における"public authority"概念研究序説」法学研究論集（明治大学）42号（2015年）101頁などがある。
230)　なお、public authority には裁判所も含まれることなどから、裁判所の裁判を介して、人権規定について、いわゆる水平効（horizontal effect）が認められるかという議論があるが、ここでは問題にしないことにする。この問題に関するわが国における研究として、関係する文献を含めて、平松直登「1998年人権法の『水平的効力』の諸相」法学研究論集（明治大学）43号（2015年）27頁参照。

6条1項　public authority が条約上の権利に適合しない方法で行為することは違法である。
　3項　本条にいう public authority は次のものを含む。
　　(a)　裁判所または審判所
　　(b)　その活動（functions）が公的性質を持った活動（functions of a public nature）である者、ただし議会の各院や議会の手続に関係する活動を行う者は含まない。
　5項　特定の行為（act）に関して、もしその行為の性質が私的なものであるなら、6条3項 (b) のみを理由として public authority となることはない。

　判例や学説は、以上のように定められる public authority には、（裁判所等を除けば）core public authority と hybrid public authority という二種類の public authority が含まれると説明している。[231]

　core public authority は、6条1項が通常想定している public authority で、その者が行う全ての活動について人権規定の適用を受ける者であり、中央政府や地方政府の機関を想定している。もう一つの hybrid public authority は、6条3項 (b) の解釈により導かれるもので、通常は public authority という語が意味しない者（つまり core public authority ではない）であるが、「公的性質を持った活動」を行い、その活動を行う場合に6条1項の public authority として扱われ、人権規定の適用対象となる者である。私的な性質の行為を行う場合には、6条5項により6条1項の public authority として扱われず、人権規定の適用対象とならないとされている。後で触れるように、この「公的性質を持った活動」という概念は、司法審査の対象に関する判例を意識し[232]

---

231) core と hybrid という表現は、*Aston Cantlow and Wilmcote with Billesley Parochial Church Council v Wallbank* [2003] UKHL 37, [2004] 1 AC 546 等で用いられている。なお、core の代わりに standard、hybrid の代わりに functional といった表現がなされることがあるが（Richard Clayton and Hugh Tomlinson, *The Law of Human Rights vol I* (2nd edn, Oxford University Press 2009) 232 (n 18-19))、現在では貴族院判決の表現を使うものが多いので、本書でもそれに従う。

232) 以上の説明につき、Woolf (n 5) 150-54; Clayton (n 231) 230-37; Jack Beatson and others, *Human Rights: Judicial Protection in the United Kingdom* (Sweet & Maxwell 2008) 337-46 を主として参照。

(2) 6条にいう public authority の解釈をめぐっては、ある者が core public authority にあたるかが問題とされることもあるが[233]、より問題とされるのは、core public authority にあたらない者が、ある活動を行っている場合に、hybrid public authority とされるかどうか、当該活動が6条3項にいう「公的性質を持った活動」といえるかという問題である。特に、給付行政の民間委託として、地方機関があるサービスを私人に委託して行っている場合に、委託を受けた当該私人が hybrid public authority にあたるのか、委託を受けて行っているサービスの給付活動が「公的性質を持った活動」にあたるのかが裁判において問題とされ、また学説においても議論されてきた。

(3) この問題に関する初期の判決であるドノヒュー判決（*Poplar Housing and Regeneration Community Association Ltd v Donoghue*）[234]は、私人の活動の公的団体の活動への組み込まれ具合を各種ファクターによって判断し、当該活動が公的団体の活動に吸収されていると判断されるような場合には、当該私人の活動は公的活動であるとしていた。すなわち、そこでは、「もし当該団体が行わなければ公的団体が履行義務を負ったであろうという事実は、その履行が必然的に公的活動であることを意味しない。公的団体は当該公的職務を行うために私的団体のサービスを用いることができる。人権法6条は、もし私的団体がそうしたサービスを提供するなら、その活動の性質は必然的に公的なものとなるというように適用されるべきではない」[235]という前提に立ち、そして、私的性質と評価されたであろう活動を公的性質の活動であるとするのは、公的性格や特質を当該活動に付加する特徴や、特徴の組み合わせであるとする。そしてそのようなものとして、当該活動を行うための制定法上の権限、public authority である別の団体による活動のコントロールの程度をあげ、後者について私的性質を持ちうる行為が公的団体の活動に密接に組み入

---

[233] 例えば、*Aston Cantlow* (n 231) では、イングランド国教会の教区教会会議（parochial church council）が core public authority にあたるかが争われている。

[234] *Poplar Housing and Regeneration Community Association Ltd v Donoghue* [2001] EWCA Civ 595, [2002] QB 48.

[235] ibid [58].

れられているほど、当該活動は公的なものとなりそうであるとしている。しかし、この組み入れ具合は、その行為について公的団体による監督を受けているという以上のものでなくてはならないとしている。[236]

このドノヒュー判決は、当該団体がその活動を行わない場合に公的団体が履行義務を負うであろうという事実は、その履行が必然的に公的活動であることを意味しない、ということを前提とした上で[237]、問題となる活動(具体的には居住施設等の提供)を実施するために制定法上の権限が与えられていたり、公的団体の活動に密接に組み入れられていたりする場合には、その性質は公的性質に転ずるとしている。このドノヒュー判決の判断基準は、判決自身が示しているように[238]、公的性質を持った活動という概念が司法審査の対象に関する判例を意識したものという理解のもとで、これまで見てきた司法審査の対象に関する判例の影響を受けている。制定法上の権限への着目が権力の淵源の基準を意識しているのは明らかである。また、本章第2節で見たように、アガ・カーン判決のビンガム裁判官は、司法審査対象性の判断基準として、当該団体とその活動が政府のコントロールシステムに織り込まれているかどうかにより判断する織り込みテストを提示し、その後の判決でも制定法上の浸透の程度を問うものが見られたのであり[239]、そうした司法審査の対象に関する判決の影響を見ることができる。

(4) このような当該活動の公的団体の活動への組み入れ具合を重視するアプローチに対して、人権法6条3項が規定する公的活動について、同規定の趣旨の解釈を含めて、人権規定の適用対象とすることの妥当性から判断する学説がある。

クレイグは、ドノヒュー判決と、それに続いて出されたレオナードチェシ

---

236) ibid [65].
237) クレイグは、判決におけるウルフ裁判官のこの判断をウルフ裁判官のとった大前提 (major premise) と呼び、批判する。Paul Craig, 'Contracting Out, the Human Rights Act and the Scope of Judicial Review' (2002) 118 LQR 551.
238) *Donoghue* (n 234) [65].
239) 例えば、*Servite* (n 143).

ャー判決（R（Heather）v Leonard Cheshire Foundation）について、もし地方機関が委託せずに自ら行っていたなら、その活動は、公的性質を持った活動として扱われるとされていたとした上で、それを前提にすると、民間委託の前後で活動の性質が変化するわけはなく、したがって活動の性質は民間委託の前後で同じなのであるから、民間委託後も委託前と変わらず人権規定の適用対象となる活動とされるべきであるとする。

オリバーは、core public authority が行う活動であるから人権規定の適用対象となる活動と、公的性質を持った活動であるから人権規定の適用対象となる活動とは別物なのであり、判例や学説においては、両者が混同されているとして、両者の厳密な区別を求める。そして、公的性質を持っていることを理由として人権規定の適用対象となる活動として、制定法によって権限が与えられていなければ違法となるような強制力や特別の権限の使用を想定している。この基準は、患者を拘束する制定法上の権限を持った私立の精神病院が行った、拘束された患者の病室の変更決定が争われた、R（A）v Partnerships in Care Ltd と、地方機関から委託を受けた市場運営会社が行った、コモンロー上の土地アクセス権を制限することになるライセンスの拒絶決定が争われた、R（Beer（trading as Hammer Trout Farm））v Hampshire Farmers' Markets Ltd の事案に着想を得たものであり、オリバーは、これらについて公的性質を持った活動であることを認めるべきであるとする。

---

240) *R（Heather）v Leonard Cheshire Foundation* [2002] EWCA Civ 366, [2002] 2 All ER 936.
241) Craig（n 237）556-59.
242) Dawn Oliver, 'Functions of a Public Nature under the Human Rights Act' [2004] PL 329, 339.
243) ibid 336.
244) *R（A）v Partnerships in Care Ltd* [2002] EWHC 529（Admin）, [2002] 1 WLR 2610.
245) *R（Beer（trading as Hammer Trout Farm））v Hampshire Farmers' Markets Ltd* [2003] EWCA Civ 1056, [2004] 1 WLR 233.
246) Oliver（n 242）337. ただし、オリバーの考える人権規定の適用がなされる「公的性質を持った活動」の内容（具体的には強制力や特別の権限の使用）は、やや直感的であることは否めない。頻繁に指摘されるように、「なにが公的活動であるか」は時代によって変化すること（この点、法的規律との関係についての研究として、McLean（n 225））を考えると、公的性質を持った活動の内容をオリバーのいうようなものであると主張しようとするなら、より丁寧な説明が必要であるように思われるし、また、強制力や特別の権限の使用が本質的に公的な

クレイグとオリバーの見解は、ともに、広い意味で活動の内容や性質に着目する点で共通しているが、どのような場合に活動が公的性質を持ったものと評価されるかという点で考え方が異なる。クレイグは、core public authority が行う活動であることを理由として人権規定の適用対象となる活動についても、6条3項にいう公的性質を持った活動に含めるが、オリバーは、core public authority が行う活動であることを理由として人権規定の適用対象となる活動と、6条3項にいう公的性質を持った活動を区別している。結果として、民間委託の事案に関しては、クレイグが人権規定の適用対象となる活動の範囲について広く認めるのに対し、オリバーはその範囲を限定することになっている。このような違いは、両者の人権法上の人権規定の適用範囲に対する考え方の違いに由来するものである。クレイグの見解は、私人にサービスの提供を委ねるかどうかという偶然の事情によりサービスの受給者の権利保護の内容に差が出ること等、結果の不当性を問題とするものである[247]。それに対してオリバーは、人権規定の適用範囲を拡大し、私人の活動を人権規定の適用対象とすることについて、訴訟リスクの増加の問題等から慎重であり[248]、適用範囲を限定しようという意識を持っている。そして人権規定の適用対象とならない活動の統制については、私法上の原則の発展により保護されることに期待しつつ[249]、クレイグが指摘するような履行主体の違いにより生ずる保護内容の差については、それが立法上の政策判断なのであるから是認されるべきであるとする[250]。

　(5)　この問題に関する現在のリーディングケースとして位置づけられてい

　　　性質を持った活動として共通認識が得られているものであったとしても（実際、すぐ後で紹介する YL 判決などにおいてもそのように認識されているように見える箇所がある。YL (n 251) [166]）、公的な性質を持った活動を強制力や特別の権限の使用のみに限定することに対する理由付けが必要であろう。
247)　この点、さらに、後で触れる YL 判決を批判する、Craig (n 2) 601 も参照。
248)　Oliver (n 242) 342-46. オリバーの見解に対する批判として、Maurice Sunkin, 'Pushing Forward the Frontiers of Human Rights Protection: The Meaning of Public Authority under the Human Rights Act' [2004] PL 643, 650-53.
249)　Oliver (n 242) 349.
250)　Oliver (n 242) 339.

るのは、YL判決（*YL v Birmingham City Council*）である[251]。この事件では、制定法上、居住施設とケアを提供する義務を負った地方機関が、居住施設等の提供活動を自ら履行するほかに私人に委託することが許されていることを受け、私人に委託して行わせていた場合に、私人が委託を受けて行っていた居住施設等の提供活動が人権法6条3項にいう公的性質を持った活動にあたるかが争われた。

判決では、3対2で公的性質を持った活動にあたらないとされた。ここで、やはり微妙な差異のある裁判官の個別の意見について詳細な分析を行うことはできないが、判決において結論が分かれたのは、私人が行う実際の提供活動を、地方機関の活動の一部と捉えるのか、区別された別の活動として捉えるのかという点で意見が分かれたためと見られる。

マンス（Mance）裁判官は、根拠法である1948年国民扶助法（National Assistance Act 1948）が、地方機関が提供義務に基づいて行う私人による提供活動を手配する活動と、実際の提供活動とを明確に区別しているとした上で、実際の提供活動は、本質的に政府的活動ではないとして[252]、公的性質を持った活動であることを否定している。それに対して、ビンガム（Bingham）裁判官は、私人の行う提供活動は地方機関が制定法上負っている提供義務の一部をなすものであるとしている。具体的には、居住施設やケアの提供のような社会福祉サービスは歴史上国の責務として行われてきた活動であったこと、私人の提供活動は詳細なコントロールの対象となっていること、提供のコストは公的資金により負担されること等を理由として、私人の行う提供活動は地方機関が制定法上負う提供義務の履行活動の一部をなすことを導き出している[253]。そして、人権法の立法当時には既に民営化・民間委託が広く行われていたのであるから、そのような私人による提供活動を6条3項に含めることは立法が意図していたところであるとしている[254]。

---

251) *YL v Birmingham City Council* [2007] UKHL 27, [2008] 1 AC 95.
252) ibid [113]-[115].
253) ibid [15]-[19].
254) ibid [20].

この判決は、具体的な提供活動を政府活動と一体として捉えることができるかが特に問題にされている点で司法審査の対象の判断と内容的に似ているといえるが、ドノヒュー判決と異なり、人権規定の適用対象の判断基準は、司法審査の対象の判断基準とは異なることが意識されている。この点は後で触れる。

(6) 以上のような人権法 6 条 3 項(b)が規定する hybrid public authority に関する議論について、次のようなことがいえよう。

第一に、6 条 3 項(b)にいう「公的性質を持った活動」は、基本的には、活動内容に対する評価により人権規定の適用対象とするかどうかを決するものであるという点で、functional な概念として捉えることができる[255]。そこでは、論者、裁判官は、それぞれ、ある活動がその内容からして「公的性質を持った活動」と判断することができるか検討していたが、その評価が、論者、裁判官によって、かなり異なるものであったという点が指摘できる。クレイグは、履行主体の違いにより人権規定の適用対象とするかどうかの結果が異なるべきではないという立場をとり、逆に、オリバーは限定的に解するべきとしていた。YL 判決では、居住施設等の提供行為を、(地方)政府の活動の一部か、それとは区別された活動であるかが問題とされ、それを基礎付ける様々なファクターが活動の公私の性格をもたらすものとして提示されていたが、裁判官によって最終的な評価が分かれていた。このように評価が分かれたのは、6 条 3 項(b)の定める「公的性質を持った活動」という概念が、個別の制定法で展開される民間委託等に対して、明確な態度を示しておらず、その意味で広く開かれた概念である上、個別の制定法においても人権法との関係が示されていないため、人権規定適用の妥当性に関する論者・裁判官の多様な価値判断が反映されることになったためであると思われる[256]。

第二に、関連して、このように、論者、裁判官によって評価が分かれるものであるとすると、判例のように、諸種のファクターを衡量して評価する場

---

255) Cane (n 2) 103. 判例、学説の評価について、前掲注 180) で説明した理由で、旧稿の見解を改めることにした。
256) Oliver (n 242) 342.

第 4 節　1998 年人権法 6 条の問題　*207*

合には、個別制度上のある活動について人権規定が適用されるかは裁判官が事実上決定することになる。そうすると、訴訟が提起され、判決が出されるまで、その活動に人権規定が適用されるかは不明確な状態が続く。判決が出た場合、当該活動およびそれと類似するものについては適用の有無がある程度明確化するものの、それ以外のものについては依然不明確なままであるし、判決でなされた裁判官の判断の妥当性について疑問が示されることもあり、また判例が分かれることもある。クレイグ、オリバーのような一部の学説の見解は、条文の解釈からも導かれるが、その根底には判例において見られるような多様なファクターを衡量する複雑な判断によって人権規定が適用されるかどうかが判断されることに対する問題意識があり、こうした複雑な判断をするのではなく、人権規定が適用されるかどうかをできるだけ明確にしようという意図があるものと思われる。

　そうした問題を踏まえると、人権規定が適用される対象について、裁判所による判断に委ねずに、人権法自体においてより明確化し、または個別の制定法において明示すべきということになる。例えば、同じく「公的性質を持った活動」という概念を用いている 2000 年情報公開法（Freedom Information Act 2000）5 条 1 項(a)においては、情報公開の対象機関である public authority について、国務大臣等が「公的性質を持った活動」を履行するものと思われる者を命令によって指定できるとしており、対象が明確なものとなる仕組みがとられている。また、人権法の適用範囲を限定的に解した YL 判決を

---

257)　Woolf (n 5) 164-70 は、判例で扱われた諸種のファクターをコメント付きで一覧表にしており、参考になる。

258)　2000 年情報公開法については、わが国における全体にわたる解説として、宇賀克也『情報公開法・情報公開条例』（有斐閣・2001 年）107 頁以下、田中嘉彦「英国における情報公開」外国の立法 216 号（2003 年）1 頁など、同法の日本語訳として、調査及び立法考査局英米法研究会訳／藤田初太郎監訳「2000 年情報自由法（2000 年法律第 36 号）」外国の立法 216 号（2003 年）26 頁などがある。なお、関連して、環境情報の公開について定める 2004 年環境情報規則（Environmental Information Regulations 2004）は、その対象機関としての public authority について、その 2 条に定義を置いている。その内容は、公行政活動（functions of public administration）を履行する他の団体または個人（2 項(c)）、2 項(a)(b)(c)に該当する者のコントロールのもとにある他の団体または個人であって、環境に関する公的責務（public responsibilities relating to the environment）を有する者（同項(d)(i)）、環境に関する公的性

受けて、2008年ヘルスケア・ソーシャルケア法（Health and Social Care Act 2008）においては、関連する法律のもとで介護施設で介護等とともに居住施設を提供する者は、それをするにあたっては、人権法6条3項(b)にいう公的性質を持った活動をしているものとすると明文で定められた（145条1項。現在は、2014年ケア法（Care Act 2014）73条となっている）。しかしながら、そのような立法による対応は、人権規定の適用範囲が明確なものとなる一方で、個別の状況における対応の柔軟性を損なうおそれがあるし、また、立法過程もしくは、それを受けた大臣による指定の過程等でいかなるものを対象とするか議論を行い、決定をする必要があり[259]、明確な方針に基づいてなされない場合には、結果として、人権規定の適用範囲について一貫したものとならないおそれもある[260]。なお、前記の判決を受けた対応立法は、議会がYL判決の多数意見のアプローチを明確に否定したものであるが、YL判決の多数意見の拘束性に影響を与えるものではないと解されている[261]。

第三に、人権規定の適用範囲の判断基準について、「公的性質を持った活動」という概念が、司法審査の対象に関する判例を意識したものと見られることもあり[262]、ドノヒュー判決においては、司法審査の対象の判断に関する判

　　質の活動（functions of a public nature relating to the environment）を履行する者（同項(d)(ii)）、環境に関する公的サービス（public services relating to the environment）を提供する者（同項(d)(iii)）というもので、抽象的概念を含み、public authority該当性をめぐって多数争われている。この問題に関するわが国における研究として、林晃大「イギリスにおける環境情報開示と2004年環境情報規則」近畿大学法学58巻2＝3号（2010年）481、519頁以下、友岡史仁「環境情報法制から見る『行政的正義』」榊原秀訓編『行政法システムの構造転換』（日本評論社・2015年）151、169頁以下など。

259)　2000年情報公開法上の対象機関について、施行後も大臣により指定がなされておらず、いかなる機関を指定し、対象機関とするか議論が重ねられた。この問題について、榊原・前掲注229）15頁以下。

260)　人権法の適用範囲の問題に対する立法による対応については、二度の人権合同委員会レポートにおいて検討されている。考えられる立法による対応の内容とその問題点について、Joint Committee on Human Rights, *The Meaning of Public Authority under the Human Rights Act* (2003-04, HL 39/HC 382) paras 96-109; *The Meaning of Public Authority under the Human Rights Act* (2006-07, HL 77/HC 410) paras 124-51. レポートの内容とそれに対する政府の対応について、榊原・前掲注229）24頁以下。

261)　Woolf (n 5) 157.

262)　Clayton (n 231) 238.

例の影響が見られたのに対し、その後、人権規定の適用範囲の判断と司法審査の対象の判断の問題は別の問題であると認識されるようになっている。確かに、立法過程においては、司法審査の対象の判断基準が用いられることが期待され[263]、初期の判例においては、両者を同一視していると思われるものもあったが[264]、その後、徐々に司法審査の対象の判断と人権法によって規定された人権法の適用範囲の判断は別物であると認識されるようになってきている[265]。YL判決では、地方機関と私人の活動の一体性に着目するという内容的には類似する判断枠組みが用いられているが、両者は一応区別されている[266][267][268]。ケインはfunctionalアプローチの説明において、活動の公私に関する判断が、区別される目的によることの例として、「ある活動が、人権法の目的に対し、公的なものとして分類されることは、それが他の法的コンテクストにおいて公的なものとして分類されることを意味しない」と述べていたが[269]、司法審査の対象となるという意味での「公」と、人権規定が適用されるという意味での「公」は異なるというべきであろう。内容の面で類似する公法上の規範で

---

263) 例えば、立法過程において、当時のストロー（Straw）内務大臣は、「我々の手近にある最も価値のある財産は司法審査に関する法理である。それは容易に要約できず、法案に簡単に書き入れることもできないが、その概念は相当に明確なものであり、それに基づくことができるものと考えている」と述べていた（HC Deb 17 June 1998, vol 314, col 409）。立法過程の詳細について、Clayton（n 231）236-37。

264) 例えば、*R (Heather) v Leonard Cheshire Foundation* [2001] EWHC 429 (Admin) [65]。

265) 司法審査の対象と人権規定の適用範囲の関係の問題について、関係する文献も含めて、Clayton（n 231）238; Beatson（n 232）363-66; Woolf（n 5）162-63参照。なお、関連して、人権規定の適用範囲については、欧州人権裁判所の判例との関係も議論されることがあるが、問題点を明確化するため、本書では検討を省略した。

266) その意味で、司法審査の対象についての判例法を注意しつつ参考にすることは有益であるとするものとして、Woolf（n 5）162-63。また、Beatson（n 232）359-60は、司法審査に関する法理が人権法の判例に影響するだけでなく、逆に、人権法に関する法理が司法審査の判例に影響していることを指摘している。

267) *YL*（n 251）[12], [156]。

268) このようにpublic authorityについて人権規定の適用範囲という視点からその内容が論じられるなら、司法審査の対象等と区別された、人権法の適用範囲についての規範的な議論を行うことが重要となってくる（Peter Cane, 'Church, State and Human Rights: Are Parish Councils Public Authorities?' (2004) 120 LQR 41, 45）。

269) Cane（n 175）254。

あっても、その適用範囲は必ずしも一致せず、その規範ごとに適用範囲を考えていく必要があることを示すものといえる。

---

270) 人権法による欧州人権条約の国内法化以前においては、判例において、国内で直接適用することができない人権条約上の人権規定の代わりに、公法原則の内容を拡張することで実質的に人権条約上の人権規定を適用しようとする動きが見られた。こうした動きについては、わが国においても関心が寄せられてきたところであった。この点、中村民雄「ヨーロッパ人権条約の摂取によるコモン・ロー人権法理の再生と創造」成蹊法学 45 号（1997 年）406 頁、倉持・前掲注 28）、江島晶子『人権保障の新局面』（日本評論社・2002 年）、深澤龍一郎「イギリスの司法審査と 1998 年人権法」『裁量統制の法理と展開』（信山社・2013 年、初出 2009 年）211 頁などを参照。このことが示すように両者は内容的に重なる部分がある。

第 3 章

日本における公法規範

第1節　日本の問題の再検討

(1) 第1章で見た、日本における行政上の主体の多様化にかかわる二つの現実の問題について、第2章で見たイギリス法の議論の内容を踏まえて、再度考えてみることにしたい。

(2) 第1章では、主体・権限・事務帰属の判別問題と、行政主体の問題という二つの問題を見た。

前者の判別問題は、特に指定法人の行政処分に係る国家賠償法1条の賠償責任の帰属主体に関する問題に現れているもので、国家賠償法1条における、行為者とその行為についての賠償責任の帰属主体である、「公権力の行使に当る公務員」と「国又は公共団体」の関係を、(少なくとも賠償責任の帰属が問題となる行為が行政処分である場合に)「行政処分権限を行使する行政庁」と「(作用法上の) 行政主体」という作用法的な主体と機関の関係 (=「作用法的主体機関関係」) と解した上で、指定法人の行う行政処分についての (作用法上の) 行政主体を識別するために、ある権限が、いかなる主体に帰属する事務に係る権限として行使されているのかを判別する問題であった。そして、その問題を考えるにあたって、指定法人の行政処分を委任行政として把握することは必ずしも解決にはつながらないこと、最近のこの問題に関する学説では、当該処分についていかなる主体に賠償責任を帰属させることが妥当であるのかという妥当性の問題に関心が寄せられていることを指摘した。

後者の行政主体の問題は、国・地方公共団体以外の行政上の主体のうち、いかなるものが行政主体にあたるかという問題であり、特に、そうした主体に対する法的処遇への関心から検討が進められていた問題であった。そこでは、公法人論を発展させる形で、一部の特殊法人を国の一分肢としての行政主体として位置づける行政主体論が展開される一方で、特に、情報公開制度の対象法人の確定という具体的な文脈において、行政主体概念を用いた法的

処遇の決定に対して批判がなされ、情報公開の対象とすることの妥当性の見地からの検討の必要性が主張されていた。

　以上の二つの問題に共通するのは、作用法的主体機関関係や行政主体のような、従来、公法規範が適用対象としていたもの、あるいはそのための枠組みを拡張するという対応に対して、逆に、適用が問題とされる法規範等につき、それを適用することの妥当性の見地から、これらの問題に対応しようとする動きが見られる点である。こうした新たなアプローチは、その視点において、第2章のイギリス行政法における検討で見た、institutional アプローチに対して提示された functional アプローチと類似するところがあると思われる。そこで、第2章の検討の内容を踏まえて日本の議論を再度見ることは、今後、日本における議論を展開していくにあたって有益と思われる。

　(3)　まず、institutional な概念に見られるように、事実として決定されているものの内容、本来の射程を明確にした上で、その射程の拡張方法について考えていくべきであろう。

　判別問題については、行政処分の違法を理由とする国家賠償について、作用法的主体機関関係を把握することが要求される領域として、国家賠償法が想定しているのは、おそらくは、大臣や地方公共団体の首長等、組織法上、国・地方公共団体の機関と明確に位置づけられる（少なくともそう考えられている）者による処分（について、賠償責任が、国・地方公共団体に帰属するということ）であろう。それ以外の者による行政処分については、主体機関関係として把握することが制定法上示されている、以前の機関委任事務のような例があてはまる可能性があるに過ぎないように思われる。なお、委任行政の理論は、それ自体、作用法的主体機関関係を規定するものではないから、委任行政の理論を用いた領域の拡張は適切ではないと考えられる。

　次に、行政主体の問題については、特定の制定法が事実として行政主体なるものを規定しているというよりも、いってみれば、行政主体という概念が、不文の一般的概念として諸種の制定法において採用されている、あるいは、採用されていると見るべきである、という理解を前提として、そうした一般的概念としての行政主体の範囲を探るものであったといえる。そうした一般

的概念としての行政主体として、国・地方公共団体がそれにあたるという点についてはコンセンサスがあると思われる。学説においては、そうした一般的な概念としての行政主体について、国・地方公共団体に限定すべきであるという指摘もなされているが、例えば、独立行政法人通則法のように、制定法により明示的に規定することも可能であるし、塩野や山本に見られるように、根拠法令の解釈や法人理論を用いてその領域を拡張していくことも可能であり、その必要もあると思われる。

　以上は、判別問題、行政主体の問題に限らず、一般・個別の行政法における行政上の主体にかかわる問題一般にあてはまるものであると思われる。

(4)　次に、functional アプローチに見られるように、法規範の適用の妥当性という見地から問題を再構成していくことが重要であると考えられる。日本においても、判別問題については、賠償責任の帰属の妥当性、行政主体の問題については、特に情報公開の対象とすることの妥当性という見地から、既に行われているところである。今後、こうした作業を、明示的、意識的に行っていくことが重要であろう。この点、さらに、イギリス行政法の検討の成果を踏まえていえば、このように、賠償責任の帰属や法規範の適用といった検討は、公法私法横断的な取り組みにより行うことが重要である。イギリスにおける公法原則の内容に関する再検討においてはそのような視点が打ち出されていた。行政活動が、様々な組織と活動形式により行われ、公と私の属性がボーダーフリー化した時代において規範の適用を考えるにあたっては、日本においても、行政主体・公権力といった一定の属性を前提として議論してきた公法に対し、個別の事例に対する判断により規範の内容と適用範囲を磨いてきた私法の蓄積を参照し、公法規範の内容を見直すことが重要である。

　従来の行政法学は、その特殊性を強調する形で公法規範の内容の研究を行い、行政主体の活動の統制という見地から、その適用範囲を拡張しようとしてきたように思われる。しかし、公法規範が適用されないことがその領域が無秩序であることを意味するのではなく、私法上の規範においても一定の統治秩序が達成されることも考えられる。そうした、私法上の規範の内容・機能と対照し、相互の関係を検討していく必要がある。オリバーは人権法の文

脈では、人権規定の射程外でコモンローによる人権保護が受け皿となり得ることに期待し、また、司法審査の対象の文脈で、公法規範と私法上の規範の内容的共通性を示したが、それと同様に、日本における私法上の規範は、公法規範の受け皿になり得るとも思われるし、また、公法固有のものと思われていた公法規範が私法上の規範と内容的・機能的に共通するものでもある可能性もある。本章で紹介した指定法人の事例では、私法上の公序良俗に関する法が受け皿として機能していたように思われる。

このように、固定化された公法規範の内容、機能と射程について見直していくことは、複雑化した組織と活動形式に行政法学が対応するために必要である。

以上の取り組みは、私法による公法の領域の一方的な浸食を意味するものではない。行政主体や公権力の行使の統制のために磨かれてきた公法規範が、私法の領域に対しても示唆を与え、私法上の規範を発展させることもある。確かに、公法の領域では、行政主体・公権力といった主体・活動の一定の属性を前提として議論が行われてきたが、そこでは、主体・活動の内容・性質を全く無視して議論が行われてきたわけではなく、主体・活動の内容や性質の存在をある程度前提として、適用される公法規範の内容を発展させてきたという面がある。このように、ある意味固定化された条件のもとで発展してきた公法規範の内容は、私法の領域における規範を考える上で示唆を与えることも考えられる。この点、最近、私法分野の研究者の中に公法規範を積極的に私法上の規範に吸収しようとする動きがあることがそれを示している。

民法研究者である内田貴の制度的契約論は、そのような取り組みの代表として位置づけられる[1]。内田は、提供契約創設や提供主体の民営化により、従来は国家が行っていた活動を私人が行うようになった場合でも、履行主体と活動形式の変更にかかわらず、従来の国家活動自体に対して課せられていた諸種の公法規範が変わらず課せられるべきであるという、近時、英米法系諸国の論者により主張されている公的義務拡張論に着目する。そのような公的

---

1) 内田貴『制度的契約論』（羽鳥書店・2010年）。

義務拡張論に含意されているのは、公法規範が課せられるのは国家という主体が行っていたからではなく、当該活動の内容や性質により公法規範の適用が要請されるからであるという点にある。そして、内田は、特定の公法規範の適用が要請される公共性を持つ活動の履行方法としての契約を、従来の取引としてなされる契約と性質の異なる制度的契約として認識する。この内田の議論は、公法規範の内容とその適用条件を参考にし、それを契約法の領域に反映するものとして評価される。

行政法研究者においても、私法上の規範を積極的に公法の領域において消化し、その発展に役立てるとともに、逆に公法の領域で発展した規範を私法の領域に提示することができるなら、公法私法両領域における議論をより豊かにすることができ、双方の発展に資することが期待できる。例えば、第2章第3節の最後で紹介したブラガンザ判決（*Braganza v BP Shipping Ltd*）[2]は、公法原則として発展した裁量統制のための合理性原則が契約法分野の法の発展をもたらした興味深いケースといえる。

(5) 以上のような作業をするにあたっては、そうした作業は、立法部門と司法部門のそれぞれで行われていることから、立法部門による対応と司法部門による対応をそれぞれ見ていくことが適切であると思われる（なお、以下では、立法部門による対応の過程を「立法過程」、司法部門による対応の過程を「司法過程」と表現する）[3]。すなわち、イギリスの司法審査の対象の議論では、もっぱら裁判所による対応が問題となっていたのに対し、同じくイギリスの人権法の適用範囲の議論では、立法部門である議会が、人権法6条3項という形で人権規定の適用範囲について一応の一次的な決定（対応）をした後、それを受けて、司法部門である裁判所が個別の事案についての裁判という形で二次的な対応をしており、その対応内容が（議会がいかなる一次的対応をしたと見るかを含

---

[2] [2015] UKSC 17, [2015] 1 WLR 1661.
[3] 当然のことながら、広い意味での立法には、行政立法等も含みうるし、司法には、行政上の不服申立て等も含みうる。しかし、以下では、議論を単純化するために、立法過程は、国会による法律制定を、司法過程は、裁判所による裁判を、主に念頭に置いて記述している。また、行政立法等をその一部とする行政部門の対応については、議論を簡略化するために、ここではひとまず省略する。

めて）問題となっていたと見ることができる。

　なお、議会が一次的対応においてどの程度立場を明確にしておくかにより、裁判所による二次的対応に委ねられる範囲が異なるのであり、人権法6条3項については、二次的対応に委ねている部分が大きいと思われるのに対して、2000年情報公開法5条1項(a)は、情報公開の対象機関を、国務大臣等が「公的性質を持った活動」を履行するものと思われる者を命令によって指定できるとし、対象が明確なものとなる仕組みがとられており、裁判所の二次的対応に委ねている部分は比較的小さい（そこでは、国務大臣等が指定することから、行政部門による対応が間に挟まれているのであり、そのウエイトが大きい）。

　前記の公法私法横断的な作業は、立法過程、司法過程の双方で行われるべきであるが、イギリスと同様、わが国においても、司法裁判所において行政関係訴訟が行われていることからしても、両者が共通する価値に基づく可能性は高い[4]。

　以上を踏まえて、次節においては、立法過程司法過程、公法私法横断的に、日本における個々の行政に関する実定法（以下、「実定法」とする）と行政上の主体の関係を検討していくことにしたい。

---

4) 訴訟システムを含めた公法規範、私法上の規範の実現と、それに係る両者の協働等の関係に関する問題についての検討が、近年、公法学、私法学双方において活発に行われている（山本隆司「私法と公法の〈協働〉の様相」法社会学66号（2007年）16頁、吉村良一「民法学から見た公法と私法の交錯・協働」『環境法の現代的課題』（有斐閣・2011年、初出2007年）41頁、宮澤俊昭『国家による権利実現の基礎理論』（勁草書房・2008年）など）。本書は、行政上の主体に関係する公法私法両者の内容・関係を扱うもので、このような問題の一部を扱うものといえるが、問題全般にわたる理論的検討には至っていない。今後の検討課題としたい。

第2節　行政上の主体と実定法

第1款　行政上の主体と実定法の関係

(1)　行政上の主体と実定法の関係の整理作業をするにあたり、まずは個々の実定法において行政上の主体が、いかなる意味を持つのかを確認しておきたい。

よく知られているように、かつて、宮沢俊義は、公法人と私法人、さらに公法と私法の区別には、理論的な区別と技術的ないし制度的な区別があり、両者を明確に分けて考える必要があるとした。理論的な区別とは、理論的認識の必要から生ずる区別であり、技術的な区別というのは、実定法の技術的必要に基づいて制度として設けられる区別である。そして、両者は一致することもあるが、それは実定法の技術的必要が理論的な区別を技術的・制度的な区別として承認した結果に過ぎず、決して理論上当然にそうなるわけではないとし、両者が理論上、超実定法的に互いに一致するもののように考えるそれまでの考え方を痛烈に批判した[5]。この宮沢による、公と私に関する理論的な区別と技術的・制度的（以下、単に「技術的」とする）な区別の相違——これは理論的な概念と技術的な概念の相違に係るものであるが——に関する問題提起は、戦後における公法と私法の区別に係る議論に大きな影響を与えたことはよく知られている[6]。

(2)　前記の宮沢の枠組みによると、個々の実定法において定められた行政

---

5)　宮沢俊義「公法人と私法人の異同」『公法の原理』（有斐閣・1967年、初出1935年）31、38頁以下。さらに、同「公法・私法の区別に関する論議について」同書（初出1936年）1頁も参照。

6)　塩野宏「公法・私法概念の展開」『公法と私法』（有斐閣・1989年、初出1976年）56、57頁以下。

上の主体はいうまでもなく技術的なものである。そうすると、当該主体がいかなるもので、いかなる規律に服するかは、当該実定法の内容によることになる。しかしながら、少なくとも現在の行政法の体系において、その内容を考えるにあたっては、個々の実定法上の概念と理論的な概念は密接に関係しているという点に注意する必要がある。

　宮沢も認めていたところであるが、当該実定法における技術的必要が、理論的な区別を技術的な区別として採用することがある[7]。そして、その場合には、当該実定法の内容を考える際に背景となった理論の内容が意味を持つことになる。この点、特に近年は、相当の理論的な検討を経て、個々の実定法上の主体に関する定めが置かれることが多い点に注意する必要がある。独立行政法人等情報公開法による情報公開の対象となる法人である「独立行政法人等」（同法2条1項）を確定する際に採用された「政府の一部を構成すると見られるもの」という視角は、学説の行政主体論の影響を強く受けたものと見ることができる（第1章第3節第3款）。また、必ずしも明確な理論的背景を持って実定法が定められたとはいえない場合であっても、個別の紛争の解決にあたる裁判所が特定の理論を援用することがある。著名な成田新幹線訴訟判決（最判昭和53年12月8日民集32巻9号1617頁）における国と日本鉄道建設公団の関係などは、学説における「独立行政法人」の理論（田中二郎説）を参照したものと見られる[8]。この場合は、いわば事後的に実定法は理論と関わりを持つことになる。なお、同判決は、行政主体に関する理論の発展を促し、そこで発展した行政主体論は、先にも述べたように、独立行政法人等情報公開法制定の理論的基礎となった。ここに、司法判断を媒介とする理論と実定法の循環的発展関係を見ることができる[9]。

---

7) 田中二郎「公法人論の吟味」『公法と私法』（有斐閣・1955年、初出1942-43年）107、125頁は、「公法人・私法人の概念は歴史的な類型的な概念であるが、それが実定法上の制度的な概念としても認められて居る」としていた。
8) 石井健吾「判解」『最判解民事篇昭和53年度』531、535頁以下。
9) 法律の制定と行政法理論・学説の関係、裁判例と行政法理論・学説の関係、それぞれに関する一般的検討として、小幡純子「法制定と行政法解釈学」公法研究66号（2004年）200頁、久保茂樹「行政法判例と学説」公法研究66号（2004年）212頁参照。

第2款　規律対象という視点からの実定法の分類

(1)　宮沢の枠組みによると、個々の実定法において、いかなる行政上の主体を規律対象とするかは、当該実定法の内容によることになるが、規律対象という視点から実定法を見た場合、いくつかのタイプに分類できそうである。主として制定法を念頭においた上で、関係する実定法を分類すると[10]、さしあたり次のようなものが考えられる。

(2)　まず、国・地方公共団体という典型的な行政主体（＝典型行政主体）の組織・運営・活動等への適用を主として想定しつつ、原則として主体について限定を付さず、それ以外の主体にも、明文の規定や解釈により、一定の場合に「拡張的」に適用されうるものがある。行政手続法、行政事件訴訟法、行政不服審査法、国家賠償法といった異なる行政分野に共通して適用される行政共通制度諸法とも呼ばれる法律には[11]、このような定め方をするものが多く見られる。一般法としての性格を有するこれらの法律は、異なる行政分野に共通して適用されるが故に、典型行政主体のみならず多様な行政上の主体の活動を対象とすることを想定して、このような定め方がなされているものと思われる。また、公務執行妨害罪（刑法95条）等の刑法上の公務員関係規定のように、民刑事法の中にも典型行政主体の職員やその活動等への適用を想定しつつ、それ以外への拡張が予定されている一般法的性格を持つ規定もある。

　もっとも、これらの法律においても規律対象の規定の仕方に差異が見られる。例えば、行政事件訴訟法、行政不服審査法、国家賠償法は、それぞれ、「行政庁の処分その他公権力の行使に当たる行為」（行政事件訴訟法3条2項）、「行政庁の処分」（行政不服審査法2条）、「国又は公共団体の公権力の行使」（国家賠償法1条1項）などと一般抽象的に定めるが、そこでは、一定の広がりの

---

10)　実定法規範の体系化に関する一般論として、野呂充「行政法の規範体系」磯部力ほか編『行政法の新構想Ⅰ』（有斐閣・2011年）41頁参照。

11)　小早川光郎『行政法上』（弘文堂・1999年）48頁。

ある概念である行政庁、公共団体が何かを具体的に規定していないため、典型行政主体とその機関に射程が限定されることなく、解釈によりその射程が拡張される余地がある。それに対して、行政手続法は、一部ではあるが規律対象を具体的に定めて、射程の拡張の余地を狭めている。例えば、行政指導に関する手続の規律対象である「行政指導」は、「行政機関」の行う一定の行為であるが（2条6号）、その「行政機関」が何かは具体的に規定され、特定の国の機関と地方公共団体の機関に限定されている（2条5号）。また、手続的保護の享受対象としての側面に関するものであるが、国の機関や地方公共団体もしくはその機関に加えて、一定の法人等に対する一定の処分について、一定の手続の適用を除外しており（4条1～3項）、行政手続法の処分に関する手続の適用範囲は主体の面で限定されている。このような違いが生じた理由としては、行政事件訴訟法等の射程は、その実施後に訴訟等の提起を受けて裁判所等が法解釈により判断するのに対して、行政手続法は、その適用を受ける者が、実施の際に判断しなければならず、内容の明確性がより要求されること、また、制定された時期における典型行政主体以外の行政上の主体の活動の存在感、行政上の主体に関する理論・判例の蓄積の違いなどが考えられよう。[12]

以上のバリエーションとして、典型行政主体とは区別された一定の法人群の組織・運営・活動等に横断的に適用されるものがある。独立行政法人は、設立自体は個別の制定法によりなされるが（例えば、独立行政法人たる国立公文書館を設立する国立公文書館法）、独立行政法人とされる法人群に対して横断的に適用される独立行政法人通則法が存在し、組織、運営等に関して共通する事項を規定している（1条）。先に述べた独立行政法人等情報公開法もこのタイプと見ることができよう。

(3) 次に、当該主体の組織・運営・活動等について個別に定めるものがある（以下、「個別法」とする）。典型行政主体であっても、一般法により規律さ

---

12) 指定法人について、行政手続法制定時においては理論的蓄積が不十分であったことについて、北島周作「行政手続法立案過程と行政法学」塩野宏ほか編『行政手続法制定資料（1）』（信山社・2012年）71、92頁以下参照。

れる部分は一部であり、各省設置法等の組織法や個別行政分野の作用法等、個別法により個別に規律されるところが多い。典型行政主体以外の主体は、一般法が拡張的に適用され規律される部分があり、また特に近年、特定の法人群に対して適用される法律が増えているが、典型行政主体と比べて個別法により個別の定めがなされる部分が多い。行政管理実務上、特殊法人、認可法人などと呼ばれてきた法人群[13]は、一定の活動を担わせるために個別法に基づいてアドホックな形で設立されてきたという経緯から、行政管理実務上の分類に基づいて内容がある程度共通化されるところはあったにせよ、個別法によって規律されるところが多いように思われる。具体的には、特殊法人とされる日本年金機構は、日本年金機構法の規定により設立され、その組織、運営等について規律され、厚生年金保険法、国民年金法等の規定に基づいて活動を行っている。この日本年金機構法、厚生年金保険法等は、日本年金機構の組織・運営・活動等について個別の事項を定めている。

先ほど一般法の典型行政主体以外への適用の有無について、一般法自体に規定される例があることに触れたが、個別法の側で、一般法の適用の有無を明示している場合もある。弁護士法が、弁護士会の行う処分については行政手続法の第2章、第3章および第4章の2の規定は適用されないとし（43条の15）、また登録または登録換えの進達の拒絶や懲戒処分について、行政不服審査法に基づく審査請求ができることを前提とする規定（12条の2、59条）を置いているのはその例である。日本年金機構法20条は、「機構の役員及び職員……は、刑法……その他の罰則の適用については、法令により公務に従事する職員とみなす」としている。これは、一般にみなし公務員規定と呼ばれるものであるが、当該規定が置かれた個別法により、一般法的性格を持つ刑法上の公務員関係規定の射程を拡張するものといえる。[14][15]

---

13) 塩野宏「行政法学における法人論の変遷」『行政法概念の諸相』（有斐閣・2011年、初出2001年）405、411頁以下。
14) みなし公務員規定については、伊藤榮樹ほか編『注釈特別刑法第一巻』（立花書房・1985年）261頁〔佐藤文哉〕に詳しい。
15) なお、以上のような一般法と個別法の関係について、行政事件訴訟法を題材に検討するものとして、小早川光郎「行政訴訟の一般法と特別法」法教154号（1993年）104頁。

(4)　なお、行政上の主体は、一定範囲で民法等の私法の規律も受ける。いかなる範囲で、またいかなる基準で、私法が適用・準用等（以下、単に「適用」とする）されるかは、公法と私法の関係をめぐる議論において論じられてきた問題である。私法の適用については、個別法により行政上の主体への適用が明記される場合もある。例えば、日本年金機構法は、住所や代表者の第三者に対する損害賠償責任について、一般社団財団法人法の規定を日本年金機構について準用している（8条）。また、指定法人制度のように、一般社団財団法人法等の私法により設立された法人に個別法に基づいて活動を行わせる制度の場合、個別法の関係規定の適用を受けるほか、一般社団財団法人法等の私法も適用されることが想定されていると考えられる。関連して、PFI法（民間資金等の活用による公共施設等の整備等の促進に関する法律）による、公共施設等の建設、管理運営等の委託のように、契約により、行政活動が民間に委託され、実施される場合、当該契約の規律を受ける。

(5)　以上は主として制定法を念頭においた分類である。必ずしも制定法の形をとらないが、行政上の主体に対して適用されるものとして、行政上の法の一般原則、法の一般原則、一般的法原則、行政法の一般原則などと呼ばれるもの（以下、「行政上の法の一般原則」とする）や、行政事件訴訟や国家賠償請

---

16)　塩野宏『行政法Ⅰ』（第6版、有斐閣・2015年）28頁以下参照。
17)　この点、立法時において、行政規制法と民商法の規律をどのように組み合わせるかという問題がある。この問題に関する検討として、斎藤誠「公法的観点から見た銀行監督法制」金融法研究20号（2004年）63、64頁以下は、金融関連法を観察し、「私的自治およびそれを規律する民商法に対する、行政規制法の抑制」という不文の枠組みを見出す。それに対しては、「国法上は、同じ平面にある法律同士の関係であるとすると、行政規制法の設定が、アプリオリに劣後するとは言い難い。その場合、一方に株式会社法における規律のシステム・諸要素があり、規制法のある要素が、その機能を阻害するので望ましくないという法政策上の問題として、把握するほかはない」と指摘する。さらに、同「多様化する公共的主体の権利・権限・権能」公法研究78号（2016年）84頁では、以上の指摘に、「典型的行政組織ではない組織とその構成員の憲法上の権利（営業の自由、株主間の平等など）も考慮に入れて、行政・民事両規範の抵触と調整につき、組織のグラデーションもにらみつつ考える必要がある」と付け加える。
18)　PFI法は、公共施設の管理者と民間事業者の関係について明確に規律していないが、選定を含めて契約関係にあることを前提としていると解される。塩野・前掲注16) 217頁。
19)　近年の行政法総論分野を扱う書物のうち、まとまった記述のあるものとして、例えば、塩野・前掲注16) 71、91頁以下、小早川・前掲注11) 142頁以下、髙木光『行政法』（有斐閣・

求訴訟などを主たる舞台として発展してきた判例法理（例えば、行政裁量審査に関する法など。以下、「行政上の判例法理」とする）などがある。これらは、典型行政主体の行政活動に対して主として適用されるものと考えられるが、いかなるものがあるのか、行政上の主体との関係で適用範囲をどう考えるのか、未解明の部分が多い。そのため、その内容および行政上の主体との関係を明らかにしていく必要があろう。判例法理については当然として、行政上の法の一般原則についても、司法過程で用いられるものが多いことから、前記の公法私法横断的な視点からその内容を分析する必要もあるように思われる。この点は、後で改めて検討することにする。

(6) 種々の実定法の内容は相互に関係していることから、その内容を考える際には、実定法相互の関係を適切に理解し、また調整を行う必要があることに留意すべきである。

こうした実定法間の関係は、行政法の解釈一般において問題となるものである。いくつか例をあげると、行政手続法とそれが適用される個別行政作用法の間には、前者の想定する手続規律が、後者における多様な適用場面における個別事情を捨象してどの程度強固に及ぶべきかという問題がある[20]。行政手続法と行政事件訴訟法には、双方とも「処分」（行政手続法2条2号、行政事件訴訟法3条2項）という概念が用いられているが、行政事件訴訟法の解釈において処分とされた場合に、それが行政手続法上の処分として取り扱われるかどうかという問題がある[21]。この点、限界事例への適用のため、その中核部分を崩さないように配慮する必要もあろう[22]。そうした中、それぞれの実定法

2015年）65頁以下、宇賀克也『行政法概説I』（第5版、有斐閣・2013年）43頁以下、大橋洋一『行政法I』（第3版、有斐閣・2016年）43頁以下、櫻井敬子＝橋本博之『行政法』（第5版、弘文堂・2016年）21頁以下など。

20) この問題について、北島周作「一般法としての行政手続法の解釈について」法学79巻2号（2015年）1頁参照。

21) この点については、法律間の問題に加え、最判平成17年10月25日判時1920号32頁における藤田宙靖裁判官補足意見が指摘するように、取消訴訟の排他的管轄、出訴期間の制限等の行政事件訴訟法内部の連動する制度的効果（この言葉については、塩野宏『行政法II』（第5版補訂版、有斐閣・2013年）120頁）の問題も存在する。さらに、藤田宙靖『行政法総論』（青林書院・2013年）418頁以下も参照。

22) 中核部分と周辺領域の関係については、塩野宏「行政法概念の諸相」『行政法概念の諸相』

の解釈をいかに調整するかは難しい問題である。

　(7)　極めて大雑把にいうと、行政上の主体に関する実定法制度は、全体として、以上のような複数のタイプの実定法の組み合わせにより構築されているといえる[23]。そして、先に述べたように、個々の実定法は、それぞれ理論的背景を持って定められ、その相互関係に配慮しながら解釈されるものであることから、ある行政上の主体がどのような規律を受けるかは、立法過程、司法過程を通じて行われる、そのような規定の内容およびその解釈によって決定されることになる。一般に、主体の属性の公私にかかわる規律内容というのは、公的属性を持った主体として認識される国（、地方公共団体、その他の行政主体）に対し、このようにして設定、適用される実定法のパッケージの内容を意味するように思われる。本書では、国・地方公共団体という典型行政主体以外の行政上の主体への対応を問題とする中で、行政主体概念を公法規範の適用範囲を画する一つの要素として捉え、その内容・限界について検討している（第1章参照）。その意味で、本書の検討は、軸足を行政主体に置くものといえるが[24]、それは、行政上の主体に関する実定法制度が、一般に、そのような行政主体を中心とした構成となっていることと関係している。

　ところで、こうした複数のタイプの実定法を組み合わせて、実定法制度を構築するためには、これらの実定法を貫き、整序する理論的基礎が必要である。近年の行政法学において、公私協働や民営化等を含む広い意味での行政の組織に関する議論をリードしてきた山本隆司の議論は[25]、主として立法過程

　　（有斐閣・2011年）3頁参照。
23)　もっとも、行政上の主体に関する実定法制度については一応このように考えられるとしても、実定法以外の要素についても考慮に入れるべき場合もあるだろう。例えば、社会福祉協議会については、組織形式や自らの任務を定める形式・手続に関する法律上の定めを持たないが、多くの場合、通達とモデル約款に従っていることが指摘されており（太田匡彦「社会福祉法における社会福祉協議会」橋本宏子ほか編『社会福祉協議会の実体と展望』（日本評論社・2015年）139、228頁）、こうした事情をどのように評価するか問題となり得よう。
24)　斎藤・前掲注17)（多様化する公共的主体）71頁は、筆者の別稿（「行政法理論における主体指向と活動指向」成蹊法学68＝69号（2008年）289頁）を引用し、従来の行政主体論を批判的に捉えながらも、軸足は行政主体に置かれていることを指摘する。
25)　山本隆司「公私協働の法構造」碓井光明ほか編『公法学の法と政策下巻』（有斐閣・2000年）531頁、同「行政組織における法人」小早川光郎ほか編『行政法の発展と変革上巻』（有

を対象としつつ、司法過程も含めて、個別法の内容をいかに定め、また一般法、私法等の内容といかに組み合わせて、当該主体に対する適切な規律を実現するかという点について、制度設計および、既存制度の内容の解釈について、法治国原理や民主制原理等に依拠して理論的な基礎を提供する試みと位置づけることができよう。

(8) 以上のような行政上の主体と実定法の関係に関する認識を前提として、以下では、行政事件訴訟法上の抗告訴訟の対象、処分性の問題を素材として、行政上の主体に関する実定法の内容の問題を具体的に検討していくことにしたい。処分性の問題を検討素材とするのは、取消訴訟を中核とする抗告訴訟制度が長年にわたって行政訴訟において中心的地位を占め、裁判例が比較的豊富であり、また、一般法、個別法、行政法理論等との関係が密であると考えられるからである。ただし、その前に、先ほど保留した、行政上の法の一般原則と行政上の主体との関係について検討しておきたい。また、行政上の判例法理と考えられる行政裁量審査基準が私的裁量の統制で用いられたと見られる近時の裁判例を紹介する。

第3款　行政上の主体と行政上の法の一般原則・判例法理

1　行政上の法の一般原則

(1) 行政法学において、行政上の法の一般原則として取り上げられているものとして、比例原則、平等原則、公正手続原則、信義誠実原則、権利濫用禁止原則、市民参加原則、説明責任原則、透明性原則、基準準拠原則、補完

斐閣・2001年) 847頁、同「日本における公私協働」稲葉馨ほか編『行政法の思考様式』(青林書院・2008年) 171頁、同「日本における公私協働の動向と課題」新世代法政策学研究2号 (2009年) 277頁、同「行政の主体」磯部力ほか編『行政法の新構想Ⅰ』(有斐閣・2011年) 89頁など。既存の制度の整序および立法指針の提供という制度設計論としての性格を持つ議論であると思われるが、例えば、山本・本注 (日本における公私協働) 203頁は、仮に波及的正統化責任が (少なくとも明示的には) 果たされていない場合においても、法令等の解釈から当然そうした要件が含まれていることが導き出されるとする。

26)　なお、成田新幹線訴訟判決に代表される行政主体間関係の問題もこの問題と関係するが、ここでは扱わない。

性原則、効率性原則などがある。これらの法原則は、それぞれ異なった背景を持つものであり、その法的性質や期待される役割は必ずしも一様ではないことに注意する必要がある[27]。

一般的な理解においては、比例原則、平等原則、公正手続原則などは、憲法の人権規定（比例原則につき、13条、29条1項、2項、平等原則につき、14条、公正手続原則につき、13条、31条など）に根拠を有する法原則として位置づけられることがあるのに対して[28]、信義誠実原則、権利濫用禁止原則などは、民法に規定（それぞれ1条2項、3項）があるが、それは私法関係の規律たるに止まらず、法律秩序全般に通ずべき法の一般原理が具体的に表現されたものであり、その趣旨は当然に公法関係にも妥当するとされてきたものである[29]。他方、近年、取り上げられることが多くなってきた市民参加原則、説明責任原則、透明性原則、基準準拠原則、補完性原則、効率性原則などのいわゆる「現代型一般原則」[30]は、近時の制定法、制度改革において確立されてきている新たな行政法原則・制度設計指針として紹介されている[31]。

また、各法原則に求められている役割についていえば、比例原則、平等原則などは、行政庁が有する裁量権の限界を画する機能を有するものとして取り上げられることが多く[32]、他方、信義誠実原則、権利濫用禁止原則は、私法

---

27) 塩野・前掲注16) 71頁。それぞれの原則の内容の分析を超え、ドイツにおける議論の状況を参照しつつ、日本における行政上の法の一般原則の理論的な位置づけを究明しようとする注目すべき業績として、大橋洋一「行政法の一般原則」宇賀克也ほか編『現代行政法の構造と展開』（有斐閣・2016年) 37頁。
28) ただし、論者によって位置づけに差がある。前掲注19) であげた書物でいえば、平等原則については憲法14条に根拠を持つことはほぼ一致しているものの、比例原則については法治主義に根拠を有する不文の法と位置づける論者が多いが、憲法の条文を根拠として明示する論者（小早川、髙木）もいる。また、公正手続原則の憲法上の根拠について学説が分かれているのは周知の通りである。髙木光「比例原則の実定化」樋口陽一ほか編『現代立憲主義の展開下』（有斐閣・1993年) 209、228頁は、「法源として成文法を重視する立場」から「不文法は『補充的な』法源とする」とし、「憲法と行政法の密接な関係から、憲法の個々の条項によって説明できるものはそれになるべく依拠することとし、それ以外のものについて、行政法上の不文法としてその妥当を検討すべきであろう」とする。
29) 田中二郎『行政法総論』（有斐閣・1957年) 230頁以下。
30) 大橋・前掲注19) 53頁以下。
31) 大橋洋一「新世紀の行政法理論」『都市空間制御の法理論』（有斐閣・2008年、初出2001年) 326、331頁。

において具体的に表現された法律秩序全般に通ずべき法の一般原理として、欠缺の多い行政法分野における制定法を補充する機能[32]、そして最後の現代型一般原則は、一次的には制度設計を嚮導する指針としての役割を果たすことが期待されていると考えられる[33]。

(2) さて、以上の法原則は、行政上の主体との関係で、どのように考えられるのか。これらが、制定法化している場合には、制定法に関する議論が当てはまることになる[35]。比例原則、平等原則、公正手続原則などは、憲法の人権規定がその根拠であるとすると、制定法化の一つといえ、憲法学での議論がそのまま当てはまることになる。

周知のように、憲法学においては、憲法上の人権規定は国家を名宛人とし、国家と国民の関係にのみ適用されると考えられてきた[36]。もっとも、周知のように、憲法の人権規定の射程についていえば、それが、厳格に国家のみを対象とするものであるかについては、争いがある。いわゆる私人間効力の問題である。憲法学で活発に議論されているこの論点に門外漢である筆者が立ち入る準備はないが、従来有力であった間接適用説、近年登場した、基本権保護義務説、新無効力説のいずれをとったとしても[37]、裁判所が、私人間の人権侵害に対して一定の統制作用を及ぼすこと自体は予定され、正当化されているように思われる。その主たる違いは裁判所による介入の正当化方法の違いである。人権規定に対するスタンスの違いにより、やや単純化して分類すれ

---

32) 藤田・前掲注 21) 102 頁以下は、この文脈で、比例原則、平等原則を取り上げている。なお、特に比例原則については、戦前より裁量統制に用いられる法原則であることが意識されてきた。例えば、美濃部達吉『日本行政法上巻』(有斐閣・1936 年) 933 頁以下。
33) 田中・前掲注 29) 229 頁以下。
34) もっとも、裁判規範性を認められるまでには至っていないものも含まれるが、効率性原則などは裁判規範性が認められつつあるとされる。大橋・前掲注 19) 54 頁。
35) なお、大橋・前掲注 27) 39 頁は、(ドイツ法を参照しての指摘ではあるが) 一般原則は、判例の積み重ねにより、制定法化される例も少なくなく、その意味で、不文の原則であることが多いとはいえても、必ず不文であるとまではいえないと指摘する。
36) 高橋和之『立憲主義と日本国憲法』(第 4 版、有斐閣・2017 年) 107 頁。
37) 私人間効力に関する議論の蓄積は膨大であるため、ここで個別に引用することは控える。学説の状況を簡潔にまとめたものとして、君塚正臣「私人間における権利の保障」大石眞ほか編『憲法の争点』(有斐閣・2008 年) 66 頁。

ば、間接適用説・基本権保護義務説は、憲法の人権規定の射程の拡張を正当化する理論であり、これに対して、新無効力説は、人権規定の射程自体は拡張せず、当該領域において憲法の人権規定の適用と類似の統制を裁判所が行うことを正当化する理論と位置づけることができる。

もっとも、私人間効力論が、純粋な私人による私的活動への人権規定の適用を想定して議論されてきたのに対し、行政法学で問題としている多様な行政上の主体の活動は、多くの場合、組織面、活動面で法的根拠に基づき、あるいは法的規制を受けて行われるものである。こうした公的側面が、私人間効力論においてどのような意味を持つのかを明らかにしていく必要があろう[38]。いずれにせよ、詳細な正当化根拠は明らかではないものの、一定の場合に裁判所は憲法規定の本来の射程外の領域に対しても対応できるということはいえそうである。

次に、信義誠実の原則、権利濫用禁止原則などは、公法関係、私法関係を問わずに適用される法の一般原理としての性格を持つとすれば、基本的には、いかなる主体に対しても適用されるものであると思われる[39]。

最後に、現代型一般原則については、学説が主導してきた比較的新しい原則であり、その内容および射程について、なお未確定な部分を含むように思われる。ただ、それが、行政法総論の中で扱われていることからすると、主として、行政主体として位置づけられる国、地方公共団体等の活動を念頭に置き、さらにその拡張が検討されることになるように思われる[40]。

---

38) これらはアメリカの国家行為 (state action) の理論において評価される要素である。アメリカの国家行為の理論では、活動に対する公権力のかかわり合いの程度、活動の公的機能性を判断要素とするとされる（芦部信喜（高橋和之補訂）『憲法』（第6版、岩波書店・2015年）117頁以下）。

39) しかし、山本・前掲注4) 25頁が、「公法規範と私法規範は、根拠が違うとしても内容がそれほど変わらず、パラレルに発展することも多い」として、具体例として「法治国原理ないし人権保護の要請に基づく法的安定性ないし信頼保護の法理と、民事法上の信頼保護の法理」等をあげ、公法規範としての「信頼保護の法理」と民事法上の「信頼保護の法理」を区別する。両者の異同については慎重に検討すべきであるが、本書ではこの点には立ち入らない。また、民法研究者と行政法研究者の対話として、中田裕康＝大橋洋一「法の一般原則」宇賀克也ほか編『対話で学ぶ行政法』（有斐閣・2003年、初出2001年) 19頁も参照。

40) 大橋・前掲注19) 6頁以下の行政法の規律対象についての記述を参照。

(3)　ところで、近年、行政法学以外の分野において、以上の行政上の法の一般原則に内容的に類似する法原則の存在が指摘されることがある。例えば、最近の労働法の体系書において、「懲戒権行使の濫用審査」において考慮されるものとして、相当性の原則、平等取扱い原則、適正手続の要請があげられることがある[41]。これらの原則は、比例原則、平等原則、公正手続原則と内容的に類似する。これらの原則は、懲戒権濫用に関する判例法理の内容を原則という形で整理したものと見られる[42]。労働法という分野において、原則として整理することができるほどに、裁判所が個別の判断を積み重ねて判例法理を形成し、それが定着していることが注目される。なお、こうした例は、労働法分野ほど明確には現れてはおらず、散発的な個々の判断に過ぎないが、各種団体の除名処分に関する裁判例にも見られるところである[43]。

　行政上の法の一般原則と、これらの私法上の原則との関係は必ずしも明らかではない。しかし、興味深いのは、労働法分野における懲戒処分や各種団体の除名処分に対する統制は、裁判所から見れば、一方性・権力性等の一定の内容・性質を備えた決定について、当該判断権の行使を尊重しつつ介入をするという点で行政裁量審査がなされる場面と構造的に類似した場面で用いられているということである。既に述べたように、比例原則、平等原則等が行政法分野においては主として裁量統制の場面で用いられていたことを考え

---

41)　荒木尚志『労働法』（第3版、有斐閣・2016年）471頁以下。
42)　行政上の法の一般原則類似の内容の原則による統制は使用者による他の処分に関する裁判例にも見られる。原昌登「使用者の権利と権利の濫用」法教378号（2012年）24頁参照。
43)　例えば、手続の公正性が問題とされたものとして、前橋地判平成11年11月19日判時1710号130頁（歯科医師会）、最判平成13年4月26日判時1750号94頁（事業協同組合）、最判平成17年12月13日判時1922号80頁（公共嘱託登記土地家屋調査士協会）など。なお、前橋地判の評釈において、山本隆司「判批」宇都木伸ほか編『医事法判例百選』（有斐閣・2006年）30、31頁は、非営利社団法人における除名について、（長野地判昭和35年10月8日下民集11巻10号2086頁を引いて）社会において個人の自由または公益を実現する上での役割・影響力が大きく、あるいは、国や公共団体との関係が密接な社団については、社団の開放性を高めることが要請されるとし、こうした社団からの除名にあたっては、要件として、社員の行為の社会的不相当性または社員の不適格性、およびそれらと除名による不利益との均衡を慎重に判断し、手続において、中立性を持つ機関を介在させることが要請されるとしている。各種団体の除名処分に関する裁判例の審査内容を分析するものとして、井上武史『結社の自由の法理』（信山社・2014年）294頁以下。

合わせると、これらの法原則は、行政上の法の一般原則と同様、特に司法過程において、そうした一定の内容・性質を有する決定を統制するため、裁量を統制するものとして機能すると見ることができる。もし、そのような見方が可能であれば、これらの原則は、その属性にかかわらず、一定の内容や性質を有する活動に対して広く適用されうる規範として評価でき、憲法上の規範として射程が固定化され、行政上の法の一般原則を拡張できない場合にその受け皿となりうる。なお、そうした視点から、行政上の法の一般原則が適用される行政裁量審査の場面を改めて見てみると、そこでは、行政上の法の一般原則と、私法上の原則が、ともに適用されうる場面と見ることもできる。

もっとも、裁判例においてそうした私法上の原則の存在が事実として看取しうるとしても、それが正当なものとして位置づけられるかは別問題であるし、その射程を知るためにもその理論的な基礎が明らかにされなくてはならない。

この点に関して、日本においては、前節で紹介した内田貴の「制度的契約論」はそのような理論的基礎を提供する試みの一つとして注目される[44]。この制度的契約論において、内田は、制度的契約としての特質を有する契約について、その契約の有する特質に依拠して、個別交渉排除原則、締約強制・平等原則・差別禁止原則、参加原則、透明性原則・アカウンタビリティといった諸種の原則が裁判官の個別判断により実現されることを正当化する[45]。これらの原則は、以上の行政上の法の一般原則のうち、（民法上の規定が存在する）信義誠実原則、権利濫用禁止原則以外のものとかなりの部分で重なる。これは、内田論文が、民営化に際して生じるとされる公法規範の射程の問題を扱う近年の英米法系諸国の行政法理論を参照し、それを日本の契約法理論に応用したためではないかと推測される[46]。内田の理論が、本来は、契約法理論に

---

44) 内田・前掲注１）。内田も、労働契約も制度的契約としての特質を有するものとして位置づけている（95頁）。
45) 諸種の原則については、内田・前掲注１) 86頁以下。同 96頁は、制度的契約は、裁判規範として一定の効果を導くための概念ではないが、裁判官が行う紛争解決の際の判断をガイドする概念となるとする。
46) 内田・前掲注１) 第１章、第２章。

関するものでありながら、行政法研究者に非常に注目されているのは、そうした理論の出自からして、公法規範の射程の拡張にかかわる問題に対する処方箋の一つとなり得るためと思われるが、それに加えて、行政上の法の一般原則の適用の必要性を、従来の日本の行政法学とは異なった側面から導くものであることも注目される[48]。

2 行政裁量の審査と私的裁量の審査

(1) 先ほど、行政上の法の一般原則が適用される行政裁量審査の場面を改めて見てみると、そこでは、行政上の法の一般原則と私法上の原則がともに適用されうる場面と見ることもできるとした。関連して、従来、行政裁量の統制のために見出され、主として司法過程において発展してきた行政上の判例法理が、私人による裁量権の行使を統制する場面においても用いられていると見られる興味深い判決が登場している。ここでは、当該判決について本格的に検討をする余裕はないので、判決の内容を紹介するとともに、現時点での問題意識を簡単に述べるに止める。本格的な検討については改めて行うことにしたい。

(2) 東京地判平成24年9月24日判タ1385号236頁は、株式会社インターネット総合研究所（以下、「インターネット総研」とする）が、株式会社東京証券取引所（以下、「東証」とする）と株券上場契約を締結し、東証の開設する金融商品取引所に株券を上場していたところ、東証は、上場契約に定められた上場廃止基準（以下、単に「上場廃止基準」とする）に該当するとして同契約に基づいてインターネット総研の株券の上場を廃止した。それに対して、インターネット総研は、上場廃止基準に該当しないにもかかわらず、同基準の解釈適用を誤り、上場廃止決定を行い、これによって経済的・社会的信用の低下等による無形損害が生じた旨主張し、債務不履行による損害賠償を求めて

---

47) 行政法研究者による制度的契約論の検討として、原田大樹『公共制度設計の基礎理論』（弘文堂・2014年）130頁以下。
48) 内田の制度的契約論の内容およびそれに対する公法私法両分野における議論の状況を見た上で、それが法学的に正当化しうるのかを論じ、消極的に解するものとして、宮澤俊昭「制度的契約論の正当化根拠の検討」横浜法学22巻3号（2014年）221頁。

訴えを提起した事案である。東京地裁は、以下のように判示した。少し長いが引用する。

「被告が本件廃止基準を定めている根拠は、金融商品取引法117条4号に求められるところ、同号において金融商品取引所が上場廃止基準及び方法について定めるとされている趣旨は、次のとおりであると解される。すなわち、いかなる場合に当該金融商品取引所の開設する金融商品市場に上場されている金融商品を上場廃止にするかという問題については、金融商品市場における取引が多様かつ流動的なものであって、その時々の取引の実情に応じた機動的な対応を行う必要があり、そのためには法令に廃止基準を予め規定しておくという方法が適さないことに加え、上記のとおり多様かつ流動的な証券取引については高度な専門的、技術的知識が求められることから、そのような取引に精通している金融商品取引所自身が上場廃止基準を作成することで、発行会社に対してより適切な規制が行われることが期待されるとともに、金融商品取引所自身が創意工夫をこらした基準を設けることで発行会社や投資家の幅広い需要に応じた金融商品市場が開設されることにより、金融商品等の取引の公正や円滑化等が図られ、もって国民経済の健全な発展及び投資者の保護に資するという法の目的（法1条）を達成することができるという点にあると考えられる。

そうすると、ⓐ<u>上記上場廃止基準の設定のみならず、金融商品取引所が定めた上場廃止基準に該当するかどうかが判断される場面においても、原則として当該基準を作成した金融商品取引所自身の判断が尊重されなければ、取引所の専門的知識の活用による機動的かつ適正な発行会社に対する規制や、投資家の幅広い需要に応じた様々な金融商品市場の開設を通じて、法の目的を達成しようとした上記法117条の趣旨を十分に実現することはできない</u>といえる。

これに加え、ⓑ<u>本件廃止基準においては『影響が重大であると被告が認めた場合』という文言が用いられており</u>……、ⓒ<u>被告が判断権を有することが明確に規定されている</u>ことにかんがみると、監査報告書等に意

見不表明と記載された場合の影響が重大であるという本件廃止基準の要件を満たすものであるか否かを判断するにあたっては被告に広範な裁量権があることを否定できず、したがって、ⓓ本件意見不表明の影響が重大であることを前提に、本件処分を行った被告の行為が本件上場契約に違反することになるのは、被告が上記裁量権を逸脱し、またはこれを濫用した場合に限られるものと解するのが相当である。

そして、監査報告書等に意見不表明と記載された場合の影響が重大であるか否かの判断は、意見不表明とされた原因や当該原因が影響を及ぼす事項やその範囲、当該事項が金融商品の取引において有する意味など、諸般の事情を総合的に考慮して行われるものであることにかんがみれば、ⓔこのような裁量権の逸脱濫用があったか否かについては、その判断が裁量権の行使としてされたことを前提とした上で、その基礎とされた重要な事実に誤認があること等により重要な事実の基礎を欠くこととなる場合、または、事実に対する評価が明らかに合理性を欠くこと、判断の過程において考慮すべき事情を考慮しないこと等によりその内容が社会通念に照らし著しく妥当性を欠くものと認められる場合等に限り、裁量権の範囲を逸脱し、または、これを濫用したものと解するのが相当である」（ⓐ～ⓔおよび下線は本書筆者が付した）。

(3) 行政法研究者である筆者が本判決を一見して感じることは、その内容が、行政上の判例法理といえる行政裁量に対する審査手法およびそこで用いられる審査基準と非常に似ているということである。

本件では、東証が行った上場廃止決定が上場契約に違反するものであるかについて、上場契約に定められた上場廃止基準の要件該当性の判断に裁量が認められるかが争われているところ、ⓐとⓑにおいて裁量が認められる理由、ⓒにおいて裁量が認められることが示され、それを前提として、ⓓにおいて裁量権の逸脱濫用の場合に（上場廃止基準充足の判断が瑕疵を帯び）上場契約違反となること、ⓔにおいて裁量権の逸脱濫用についての具体的審査基準が示されている。

こうした判断の適否に対する審査手法、ⓔで示された審査基準の内容は、

最高裁が形成してきた行政裁量に対するそれと極めて類似していると思われる。ここで、さしあたりⓔの裁量審査基準だけを取り上げると、最判平成 18 年 2 月 7 日民集 60 巻 2 号 401 頁（呉市教育委員会事件判決）において示され、[49]いわゆる社会観念審査の方法と判断過程審査の方法を併用したものとして、その後の最高裁判例において定着していると見られるものと類似している。[50]特に、最判平成 18 年 11 月 2 日民集 60 巻 9 号 3249 頁（小田急事件判決）は、都市計画の決定または変更について、「これを決定する行政庁の広範な裁量にゆだねられているというべきであって、裁判所が都市施設に関する都市計画の決定又は変更の内容の適否を審査するに当たっては、当該決定又は変更が裁量権の行使としてされたことを前提として、その基礎とされた重要な事実に誤認があること等により重要な事実の基礎を欠くこととなる場合、又は、事実に対する評価が明らかに合理性を欠くこと、判断の過程において考慮すべき事情を考慮しないこと等によりその内容が社会通念に照らし著しく妥当性を欠くものと認められる場合に限り、裁量権の範囲を逸脱し又はこれを濫用したものとして違法となるとすべきものと解するのが相当である」としており、その文言はⓔのそれとほとんど同一であることから、本判決は、小田急事件判決で示された基準をそのまま用いたものと見るのが自然であると思われる。

(4) この判決をどう見るべきか。一つの見方として、従来の行政裁量判例の延長線上にあるものとする見方――東証の上場廃止決定に行政裁量が認められ、その審査に小田急事件判決の基準が用いられたとする見方――がある。従来、判例において、行政裁量が認められ、諸種の裁量審査基準による審査の対象とされてきたのは、行政処分（行政行為）だけではない。前記小田急事件判決で行政計画の作成行為がその対象となったほか、制定法上のスキー

---

49) 判示内容は次の通り。「その裁量権の行使が逸脱濫用に当たるか否かの司法審査においては、その判断が裁量権の行使としてされたことを前提とした上で、その判断要素の選択や判断過程に合理性を欠くところがないかを検討し、その判断が、重要な事実の基礎を欠くか、又は社会通念に照らし著しく妥当性を欠くものと認められる場合に限って、裁量権の逸脱又は濫用として違法となるとすべきものと解するのが相当である」。

50) 山本隆司「行政裁量の判断過程審査」行政法研究 14 号（2016 年）1、2 頁。

ムに基づいて行われる私法上の行為の前提となる準備行為が対象とされることがある。例えば、最判平成18年10月26日判時1953号122頁（木屋平村指名回避事件判決）は、公共工事の指名競争入札に係る指名行為に裁量を認め、裁量審査の対象としているが、問題の指名行為は、地方自治法等が規定する指名競争入札のスキームの一部と見ることができる。本件で問題となった上場廃止決定も、金融商品取引法が規定する制定法上のスキームの一部として理解できる。すなわち、上場廃止決定自体は、上場契約に基づく行為であるが、金融商品取引法は、上場および上場廃止に関する業務を、金融商品取引所が実施すべき自主規制業務と位置づけ（84条2項1号）、判決において示されているように、上場および上場廃止の基準および方法については、業務規定において定めることになっている（117条1項4号）。

　しかしながら、このような見方は、従来の判例に照らすとかなりの射程の拡張を伴うように思われる。すなわち、弁護士会の懲戒処分（最判平成18年9月14日判時1951号39頁）のように、対象行為が行政処分として位置づけられていると比較的容易に認定できるものを除けば、従来の判例において、行政裁量が認められ、諸種の裁量審査基準による審査の対象とされてきた行為のほとんどは、国または地方公共団体の機関によるものであることを考えると、そうした「主体の属性」と切り離してよいものかは疑問である。先ほど触れた木屋平村指名回避事件判決についても、指名回避措置は行政処分ではないが、国家賠償法1条の公権力の行使に当たり、その違法性が問題となっているので、行政法の一般法理の適用に親しむからという評価があり[51]、当該行為の国家賠償法1条の公権力の行使該当性が、指名回避措置を行ったのが地方公共団体である村であるという主体の属性から導かれるものであるとすると、主体の属性に依拠するものと見ることができる[52]。東証の行う上場廃止決定は、私的組織である東証の行う自主規制について、法律上、政策を実現する手段

---

51) 塩野・前掲注16) 210頁。
52) 他にも、本判決について、私法形式の行為についての公法的拘束を観念するドイツの行政私法論と同様の思考を認めるもの（髙木・前掲注19) 363頁。行政私法論については、成田頼明「行政私法」同編『行政法の争点』(新版、有斐閣・1990年) 26頁参照）があるが、やはり主体の属性とかかわるものと見ることができよう。

として法制度に組み入れられているものであり、そうした東証の自主規制の判断に関する実定法上の規律について、直ちに典型行政主体のそれと同様に考えるのは難しいように思われる。そのように考えるためには、金融商品取引法において私的組織である東証が当該判断をする上で典型行政主体と同じ判断に関する規律に服するものと定められていると見るよりほかないだろう。もっとも、そうした解釈はかなりの飛躍を伴う。

(5) 以上からすれば、判決が、やや勇み足的に、東証の行為に行政裁量を認め、裁量審査基準によって審査をしたものと片付けることも可能であろう。しかしながら、興味深いのは、本判決に関する研究者および実務家の研究においては、判決後4年を経過した2016年に梅本剛正によって指摘されるまで、行政裁量およびその審査基準との関係は指摘されず、この場面で行政裁量審査基準を用いたことに対する批判は見られなかったということである。文言等がこれほど一致するにもかかわらずその類似性が指摘されてこなかったのは、本判決が金融商品取引法に関する判決であり、その分析が、同分野の研究を主として担ってきた商事法を専門とする研究者・実務家の手によるものであったことに加え、行政法研究者も本判決に対して興味を示してこなかったためと考えられる。これは、商事法研究と行政法研究の間の断絶を示すものといえる。それはともかく、それに代わって、当初より類似性が指摘

---

53) 東証による自主規制を「団体による法執行型」と位置づける、原田大樹『自主規制の公法学的研究』（有斐閣・2007年）30頁以下、57頁以下、64頁を参照。

54) 本判決に関する評釈等として、松岡啓祐「判批」金判1427号（2013年）2頁、川口恭弘「判批」私法判例リマークス48号（2014年）74頁、柿崎環「判批」法教402号（2014年）判例セレクト2013［Ⅱ］23頁、中村慎二「インターネット総合研究所上場廃止処分損害賠償請求事件判決と実務への影響（上）（下）」商事法務2052号37頁、2053号27頁（2014年）、髙原達弘＝戸田謙太郎「判批」金融法務事情2015号（2015年）87頁、陳宇「判批」法学研究（慶應義塾大学）88巻6号（2015年）83頁、梅本剛正「判批」商事法務2113号（2016年）83頁などがある。

55) 梅本・前掲注54）87頁は次のように指摘した。「判旨の示した判断枠組みについては、会社法において取締役の善管注意義務違反を判断する際に用いられる『経営判断原則』との類似性が指摘されている……。確かに用いられている表現は類似するものの、ここで参考にされたのは、むしろ行政裁量の適法性を判断する際の審査基準であったと思われる」。

56) もっとも、住民訴訟において、首長による経済活動に対する補助金等の支出について裁量審査が行われる場面は、後で触れる経営判断原則が問題となる通常の場面と重なり、両者の関係が論じられることが多い。商事法・行政法両分野が交錯する領域といえよう。関係する

されてきたのは、商事法の専門家にとってより身近なものと思われる会社法上の判例法理である経営判断原則に関して用いられてきた基準（以下、「経営判断原則の基準」とする）であったということに注目したい。松岡啓祐は、「本判決が示した判断基準は、会社法上の判例法理であるいわゆる経営判断の原則に近い」と指摘し、その後も同様の指摘が続いていた[57]。[58]

それでは、どのような点において、経営判断原則の基準は、ここで示された裁量審査（と文言上同内容の）基準に類似するのであろうか。松岡は、「経営判断原則は経営専門家である取締役に一定の裁量を付与した上で、主に二つの観点から、その逸脱濫用をチェックするものである。本判決も具体的な事実にかなり踏み込んで、内容の合理性を審査している」と指摘する[59]。この二つの点の内容も含めて、より詳細な説明をしているのが、中村慎二である。中村は次のように述べる[60]。

> 「注目すべき点は、この判断基準の枠組みが会社法判例におけるいわゆる『経営判断の原則』と類似していることである。経営判断の原則は、取締役の会社に対する善管注意義務違反（会社法330条、民法644条）の有無の判断に当たり、おおむね（a）経営判断の前提となる事実の認識の過程に不注意な誤りがあり合理性を欠いているか否か、および（b）事実認識に基づく意思決定の過程および内容が明らかに不合理であったか否かという二つの点から検討するものである……。これは、企業の経営に関する判断は不確実性を伴い、専門的・政策的な判断能力を必要とする総合的判断であることから取締役に広い裁量が認められることによる。
>
> 本件も、地裁判決が判示するように上場廃止処分に関して金融商品取引所に広い裁量を認め、上場廃止処分に当たり上場政策を加味した総合

文献を含めて、村上順「自治体の『経営判断の原則』と住民訴訟」『政策法務の時代と自治体法学』（勁草書房・2010年、初出1999年）265頁、髙橋正人「住民訴訟における行政判断尊重と民事法的思考」静岡大学法政研究16巻1＝4号（2012年）79、93頁以下参照。

57) 松岡・前掲注54) 5頁。
58) 川口・前掲注54) 76頁、中村・前掲注54)（実務への影響（上））43頁、髙原＝戸田・前掲注54) 91頁、陳・前掲注54) 89頁。
59) 松岡・前掲注54) 5頁。
60) 中村・前掲注54)（実務への影響（上））43頁。

的な判断が要請されることを考慮すれば、義務違反の判断枠組みが経営判断の原則と類似することは合理的であろう」。

同論文においては、ここであげられている、経営判断原則の基準の(a)(b)の要件は、本件で判示された、(i)判断の基礎とされた重要な事実に誤認があること等により重要な事実の基礎を欠くこととなる場合、(ii)事実に対する評価が明らかに合理性を欠くこと、判断の過程において考慮すべき事情を考慮しないこと等によりその内容が社会通念に照らし著しく妥当性を欠くものと認められる場合等に限り、裁量権の逸脱濫用となるという、(i)(ii)の要件に対応するものと位置づけられているようであり、事実認識およびそれに基づく判断過程それぞれについて、裁判所による（広い意味での）合理性の審査――経営判断原則の基準でいう、合理性を欠いているか、明らかに不合理か、裁量審査（と文言上同内容の）基準でいう、明らかに合理性を欠くか、社会通念に照らし著しく妥当性を欠くか――が行われるという点を類似点として捉えているように見える。[61]

なお、中村は、金融商品取引所について示された(i)(ii)の要件は、会社法における一般事業会社の取締役の善管注意義務の場面において対応する(a)(b)の要件よりも厳格な要件として位置づけられるべきとする。その理由としては、経営判断原則が妥当とされる根拠として、経営判断の是非を事後的・結果論的に検証することは適切ではないこと、厳格な判断を求めることが経営者を萎縮させ、自由で思い切った経営を制約することになりかねないことがあげられるところ、「金融商品取引所の上場廃止処分にもある程度の思い切った判断が求められるものの、このような判断は公共性が高く、厳正な審査を経て免許を得た限定された市場開設者としての判断であるため、一企業の経営判断よりも重い社会的使命を負っているというべきであるから、できる限り事後的・結果論的な検証にも耐えられる判断であることが金商法上も想定されている」ことを指摘する。[62]

以上では、本判決で示された裁量審査（と文言上同内容の）基準が、会社法、

---

61) 中村・前掲注54)（実務への影響（上））43頁。
62) 中村・前掲注54)（実務への影響（上））43頁以下。

民法上の善管注意義務に淵源を持つ——いわば私的裁量についての基準である——経営判断原則の基準と内容的・機能的に類似することに加え、それが、より厳格な基準として位置づけられるべきであり[63]、そうした位置づけをすることが、金融商品取引所の判断の公共性に照らして妥当である旨示されている。このような指摘を踏まえれば、本判決で示された裁量審査（と文言上同内容の）基準は、より厳格な審査に服するべきである金融商品取引所に対応するための、経営判断原則の基準の（より厳格な審査を可能にする）別バージョンとして裁判所によって提示されたものと見ることもできよう[64]。

以上のような商事法の研究者・実務家からの指摘は、(i)(ii)の要件についての具体的な行政裁量に関する判例およびそれに係る行政法学における業績を参照することなく行われたものである。したがって、行政法分野の判例・学説に照らして、裁量審査基準が経営判断原則の基準と内容的・機能的に類似すると判断されているわけではなく、検討を要する。なお、この点、経営判断原則について行政裁量に関する判例法理との関係が意識して論じられたことがある[65]。松本伸也は、両分野の判例法理の内容を比較した上で、最高裁判決や下級審判決で定着を見ている経営判断原則は、行政裁量の司法審査方式の判例理論を下敷きにしたものと評価している[66]。その評価の妥当性に

---

63) 梅本・前掲注54) 87頁も、行政裁量の審査基準が用いられた理由として、取引所の自主規制機能について公共性が指摘されていることをあげる。

64) もっとも、中村自身は、(ii)の要件について、「少なくとも社会通念ではなく、投資者や取引参加者が一般に有している知識と経験の水準に照らして妥当か否かを判断すべきでないかと考える」としており（中村・前掲注54)（実務への影響（上））44頁)、当該基準を、十分に厳格な審査を実現するものと考えているわけではない。

65) 松本伸也「経営判断の司法審査方式に関する一考察（上）（中）（下)」金判1369号2頁、1370号2頁、1371号2頁（2011年)。他に、両者を比較する業績として、勝野真人「取締役の経営判断についての司法審査方式」中央ロー・ジャーナル10巻3号（2013年）193頁などがある。なお、前掲注56）も参照。

66) 松本・前掲注65)（一考察（下))6頁は、森田果「わが国に経営判断原則は存在していたのか」商事法務1858号（2009年）4頁における、わが国において経営判断原則とされてきたものは、思想や政策的考慮に裏付けられたものではなく、訴訟活動の展開のされ方によって、たまたま発生してきたものに過ぎないとの指摘に対して、このように評価する。なお、神崎克郎「経営判断の原則」森本滋ほか編『企業の健全性確保と取締役の責任』（有斐閣・1997年）215頁も、同判決で示された経営判断原則の基準について、最大判昭和53年10月4日民集32巻7号1223頁（マクリーン事件判決）を引用し、行政裁量の適法性について判例が定

ついてはここで論じる余裕はないが、今後、行政法学の側からも検討が必要であろう。なお、仮に妥当であるとすると、第2章第3節の最後で触れた、イギリスのブラガンザ判決と同じく、公法分野で磨かれた規範が私法分野においても妥当するものとして用いられ、私法上の規範を発展させた一例といえるかもしれない。そして、その場合、経営判断原則の基準の内容の分析をすることは、今度は、行政裁量に関する判例・学説の発展にも資するように思われる。[67]

(6) 同判決について、もう一点指摘しておきたい。同訴訟においては、原告側から、東証が上場廃止決定を行う際には、金融商品取引所としての公共性、処分を受ける会社の被る不利益の大きさに鑑みて、行政手続に準じた適正手続をもって判断することが強く期待されるとし、それは本件上場契約上の付随義務の一内容として求められているのであり、東証が自らの見解を原告に示さず、また、原告に反論する機会を与えることなく上場廃止処分をしたことは違法であるとの主張がなされていた（判タ1385号239頁）。それに対して、本判決は、「原告は、被告が上場廃止処分を行うに際しては、行政手続法に規定された手続と類似の手続を行うべき義務を負っている旨主張する」。「しかし、……法は金融商品取引所が上場廃止基準及び方法について定めるとしているのだから……、上場廃止にあたってどのような手続を行うかについては、当該取引所に一任されているものであって、金融商品取引所に対して一律に上記内容の手続を遵守すべき義務が課されていると解することはできず、原告の主張を採用することはできない」としている（同242頁）。原告の主張が「行政手続」に準じた適正手続を行う義務を負うというものであるのに対し、裁判所は「行政手続法」上の手続と類似の手続を行う義務について判断しており、両者に若干の齟齬があるようにも思えるが、原告がいう行政手続の内容につき、行政手続法で採用されている聴聞手続等を念頭に置いたものと考えれば、一応、両者を整合的に理解できる。そこではまさに、[68]

　　立している法理と軌を一にするものと評価していた。
　67）　この点、公私の懲戒処分における裁量について、後掲注118）も参照されたい。
　68）　なお、本件訴訟において、原告の依頼を受け、第三者として意見書を提出した松尾直彦が

公法規範の拡張が直接問題とされていたともいえ、こうした行政法的争いが波及し、裁量審査（と文言上同内容の）基準の採用に繋がった可能性がある。裁量審査（と文言上同内容の）基準の採用と対照的に、これが認められなかったのは、高いレベルの手続的統制を実現する制定法である行政手続法上の手続が行政手続として念頭に置かれていたことから、それを制定法や契約上の根拠なく認めることは困難と考えられたためと思われる。前掲注43）で紹介した裁判例等を踏まえると、東証の上場廃止決定について適正手続の要請が働かないわけではない。

第4款　行政上の主体と行政事件訴訟法

1　行政事件訴訟法の規定

行政事件訴訟法3条1項は、「この法律において『抗告訴訟』とは、行政庁の公権力の行使に関する不服の訴訟をいう」と定義し、抗告訴訟の対象を「行政庁の公権力の行使」としている。この「行政庁の公権力の行使」の意味するところについて、同法の立案関係者である杉本良吉は次のように説明している。[69]

> 「『行政庁の公権力の行使』とは、法が認めた優越的な地位に基づき、行政庁が法の執行としてする権力的意思活動を指す。……ここにいう『行政庁』も、右のような意味での公権力の行使の権限を法によって付与されている機関であればこれに当り、従って国または地方公共団体の機関のみでなく、事項によっては、公団、公社、公共団体でも行政庁と認められる場合もある」。

この説明によると、「行政庁」とは、ここで述べられている意味での公権

意見書の作成を契機として執筆した論文（同「有価証券報告書等虚偽記載と取引所の上場判断の基準」商事法務1960号（2012年）4頁）では、「取引所の高度の公共性および上場廃止の影響の重大性に鑑みると、……取引所が上場廃止を決定するに当たっては、……行政手続法の定める不利益処分の聴聞および理由提示などの手続に準じた適正な手続を執ることが適当であると考えられる」（同6頁）とされている。

[69]　杉本良吉『行政事件訴訟法の解説』（法曹会・1963年）9頁。

力の行使の権限を付与されている機関であるということになる。そこでは、まずは、当該行為の公権力行使該当性が判定され、行政庁はそれを行う者として位置づけられており、立法機関や裁判所といった例外を除けば、一定の内容を持った「行政庁」にあたらないことを理由として、行政事件訴訟法上の行政庁該当性が否定される発想は見受けられない。

このような行政庁に関するオープンな考え方は、行政（官）庁を一定の主体の機関とする伝統的行政法学説等と一見合致しないように見える。すなわち、美濃部達吉は、「行政官庁……とは、行政に関し天皇の下に大命に依り或る範囲に於いて国家意思を決定し、人民に対してこれを表示し得べき権能を与へられて居る国家機関を謂ふ」（圏点本書筆者）とし、戦後、美濃部の学説を継承した田中二郎は、「行政官庁という語は、国のためにその意思を決定表示する権限を有する国家機関を指し、行政庁という語は、これと地方公共団体の長その他の執行機関を含め、すなわち、国又は地方公共団体のためにその意思を決定表示する権限を有する機関を指す場合に用いられる」（圏点本書筆者）としていた。また、行政事件訴訟法の前身である行政事件訴訟特例法のもとでの大田区ごみ焼却場事件判決（最判昭和39年10月29日民集18巻8号1809頁）も、「行政事件訴訟特例法1条にいう行政庁の処分とは、所論のごとく行政庁の法令に基づく行為のすべてを意味するものではなく、公権力の主体たる国または公共団体が行う行為のうち、その行為によつて、直接国民の権利義務を形成しまたはその範囲を確定することが法律上認められているものをいうものである」（圏点本書筆者）としていた。

もっとも、前記学説や判例が、以上のような説明をする場面で、国・（地方）公共団体を取り上げているのは、行政庁を一定の主体の機関に限定する

---

70) 杉本・前掲注69) 9頁以下。
71) 美濃部・前掲注32) 373頁。
72) 田中二郎『新版行政法中巻』（全訂第2版、弘文堂・1976年) 32頁。もっとも田中は、「行政不服審査法や行政事件訴訟法等は、いずれも、この意味において行政庁という語を用いている」としている（同頁)。
73) 日本の行政法理論における行政庁概念の形成・展開に関する研究として、稲葉馨『行政組織の法理論』（弘文堂・1994年) 206頁以下、小林博志『行政組織と行政訴訟』（成文堂・2000年) 33頁以下など。

趣旨ではなく、公権力の行使が典型的には国・(地方)公共団体の機関によること——言い換えれば、典型的な行政庁が国・(地方)公共団体の機関であること——を示しているに過ぎないと理解すると、前記杉本解説と齟齬はないと見ることができよう。典型的な行政庁以外の者が行政作用権限を行使しうること自体は、戦前より、行政法理論上も実例とともに認められていたし、行政事件訴訟特例法時代の学説においても、行政事件訴訟特例法上の行政庁は、行政処分をなす権限を与えられている機関であるとし、公共企業体や私人が行政庁とされることを認めるものがあった。杉本が、前記解説において、典型的な行政庁以外の存在にわざわざ触れたのはそれを意識したためとも考えられる。

このように、主として国・(地方)公共団体の機関を指す「行政庁」という言葉に限定されず、公権力行使該当性が認められる範囲で、典型行政主体以外の者の行為についても、抗告訴訟の対象とされることが立法時より予定されていたといえよう。以上は、行政事件訴訟法3条1項にいう抗告訴訟の対象たる「行政庁の公権力の行使」に関する議論であるが、抗告訴訟の一類型

---

74) 例えば、美濃部達吉は、私人である企業者に対して土地収用法に基づく土地収用権が付与される例等を紹介していた。美濃部・前掲注32) 105頁以下。
75) 雄川一郎『行政争訟法』(有斐閣・1957年) 70頁は、行政事件訴訟特例法1条は、「『行政庁』の違法な処分と定めているが、一般に行政庁とは、国又は公共団体の行政機関で、国又は公共団体の意思を決定表示する権限のあるものをいうが、本条においては、右に述べた意味での行政処分をなす権限を与えられている機関が行政庁に当ると考えてよい……。……公共企業体や私人も、公権力を賦与されている限り、行政庁の地位に立ち、その発動としての行為はここでいう行政処分の性質をもつ」とする。田中二郎ほか『行政事件訴訟特例法逐条研究』(有斐閣・1957年) 54頁では、実例として、農業協同組合による土地改良法に基づく農地の交換分合、日本専売公社のするタバコの植付、塩製造の許可等の例があげられている(田中真次、豊水道祐)。
76) 厳密にいうと、典型行政主体以外の法人自体が権限を付与され行使する場合と、当該法人の機関が権限を付与され行使する場合があるが、以下では、それらを包括して「典型行政主体以外の者」とする。なお、権限を付与されているのが、法人自体であれ、その機関であれ、その権限行使の効果は通常は当該法人に帰属し、当該法人の行為となると考えるのが素直であるが、特に、国家賠償法に基づく賠償責任の帰属主体を論じる場面などにおいて、1999年の地方分権一括法による改正前の地方自治法に存在した機関委任事務のごとく、ある者の権限行使が別の行政主体に帰属し、その行政主体の行為となる可能性が考えられることもある(詳細は、第1章第1節参照)。以下では、さしあたり後者の場面については考えないものとする。

たる取消訴訟の対象である「行政庁の処分その他公権力の行使に当たる行為」に関しても基本的に当てはまると考えられる。

次の問題は、実際にどのような形で典型行政主体以外の者の行為への対応がなされてきたかである。以下では、立法による対応と司法による対応に分けて見ていく。

2 立法による対応

(1) 立法による対応として、まず行政事件訴訟法自体によるものを見ていく。

前記のように、行政事件訴訟法の立案関係者は、行政庁についてオープンな立場をとっていたと見られるが、立法時にはそのことを示した明文の規定は見当たらず、基本的には、（行政事件訴訟法の施行に伴う関係法律の整理等に関する法律による個別法の改正も含めて）個別法または司法による対応を予定していたものと思われる。もっとも、2004年改正においては、典型行政主体以外の者が処分を行うことを前提に、それに対応するための規定がいくつか加えられている。

まず、被告適格に関する11条2項は、「処分又は裁決をした行政庁が国又は公共団体に所属しない場合には、取消訴訟は、当該行政庁を被告として提起しなければならない」とし、「国又は公共団体に所属しない行政庁」による処分等の存在を予定している。改正法では、被告適格が、従来の処分または裁決をした行政庁から、それらの行政庁が所属する国または公共団体に改められたが（11条1項）、司法制度改革推進本部行政訴訟検討会「行政訴訟制度の見直しのための考え方」（2004年1月6日）においては、処分権限を委任された指定機関（指定法人等）が処分をした場合など、国または公共団体に所属しない行政庁が処分をする場合が考えられることから、そうした場合に、処分をした指定法人等を被告とするためのものと説明されており（第2 3 (1) ②）、指定法人等による処分への具体的対応を意識して規定されたことが明らかにされている。このように具体的対応が意識された背景には、指定法人制度が当時既に定着し、行政法学においても検討が進められていたことで、[77]

指定法人等が処分性を有する行為を行うことが広く認知されており、対応の必要性が指摘されていたという事情があった。[78)][79)]

次に、12条4項は、「国又は独立行政法人通則法……第2条第1項に規定する独立行政法人若しくは別表に掲げる法人を被告とする取消訴訟」について、特定管轄裁判所にも提起することができると定めている。この規定も、独立行政法人や別表に掲げる法人が処分を行うことを予定した上で、対象法人が被告となる場合の裁判管轄について特別の取扱いをすることを定めたものといえる。なお、別表の法人は独立行政法人等情報公開法別表第1に掲げる法人と一致しているので、対象となる法人は同一ということになる。これは、この制度が、行政機関情報公開法、独立行政法人等情報公開法における情報公開訴訟において採用されていた制度を一般化したものであるという経緯による。[80)]対象となる法人を同じとしたことは、それが妥当かどうかはともかくとして、結果的に、独立行政法人等情報公開法の対象法人の確定と同じ判断基準で、特定管轄裁判所制度の適用範囲が決定されたことになる。[81)]

---

77) 行政法研究者による代表的研究として、塩野宏「指定法人に関する一考察」『法治主義の諸相』（有斐閣・2001年、初出1993年）449頁、米丸恒治『私人による行政』（日本評論社・1999年）325頁以下。

78) 被告適格については、当初、「『処分又は裁決に係る事務の帰属する国又は公共団体』を被告とする」とする案が出されていたところ、特に指定機関の場合において事務の帰属が不明確であるという批判が行政法研究者によりなされていた。米丸恒治「行政訴訟の被告適格・裁判管轄・出訴期間」ジュリ1263号（2004年）77頁。

79) なお、指定法人ではないが、一般社団法人による補助金不交付決定に対する取消訴訟において、11条2項に基づいて当該一般社団法人の被告適格が認められた例として、福岡地判平成25年2月4日判例地方自治385号69頁がある。そこでは、当該一般社団法人が「純然たる私人であるとして、行政事件訴訟法が規定する取消訴訟の被告にはなり得ない旨」の被告の主張に対して「国又は公共団体に属しない法人等が行政訴訟法が規定する取消訴訟の被告になり得ることは、行政事件訴訟法11条2項の規定からも明らかであ」るとしている。なお、同判決は、補助金適正化法の解釈から、補助金不交付決定の処分性を導き出しており、後で見る「司法の対応」の一つの例と位置づけられる。

80) 民衆訴訟に近似する性格を持つ情報公開訴訟において特定管轄裁判所への出訴が認められたにもかかわらず、改正前行政事件訴訟法は認めておらず、不均衡が生じていたとされる（宇賀克也『新・情報公開法の逐条解説』（第7版、有斐閣・2016年）197頁以下）。

81) 小林久起『行政事件訴訟法』（商事法務・2004年）243頁は、「特定管轄裁判所にも管轄が認められる公共団体の範囲は、管轄の拡大による応訴の負担の増大に対応できる組織的な基盤を有し、実質的に国の事務ないしこれに準ずる公共的な事務を遂行する団体と認められるものが掲げられていますが、その趣旨は、独立行政法人等の保有する情報の公開に関する法

(2) 続いて、個別法による対応を見る。個別法による対応とは、個別法において典型行政主体以外の者の一定の行為を取消訴訟の対象とするものである。例えば、弁護士法は、日本弁護士連合会（日弁連）による一定の裁決や懲戒処分等について、東京高等裁判所に取消しの訴えを提起することができる旨規定している（16条、61条）。このような直接的な規定ではないが、同じ趣旨を持つ規定として一般に認知されているものとして、一定の行為につき、行政不服審査法に基づく審査請求等の不服申立てをすることができるとする（それを前提とするものも含む）規定（以下、行政不服審査法に基づく不服申立ておよびそれをすることができる旨の規定を「審査請求」および「審査請求規定」、行政不服審査法に基づかないものを含める場合は、「不服申立て」および「不服申立て規定」とする）がある。学説上、一般に、審査請求の対象である処分と行政事件訴訟法上の取消訴訟の対象である処分が同一であるとされていることから、ある行為について、審査請求規定がある場合、当該行為について取消訴訟を提起できるものと解されている。[82] もっとも、規定には多少のバリエーションが存在する。筆者が調査したところ（ただし、網羅的ではない）、特定の行為について審査請求をすることができることを前提とした規定（弁護士法12条の2、59条など）、当該法令に基づく「処分」について審査請求をすることができることを前提とした規定（建築基準法94条など）、特定の行為について審査請求をすることができる旨定める規定（司法書士法12条など）といった形が見られた。審査請求規定については、行政不服審査法施行時の整理法（「行政不服審査法の施行に伴う関係法律の整理等に関する法律」）により個別法の改正を行う際に、それ以前に存在した個別法に基づく不服申立て規定について、その対象行為の処分性

律第2条第1項及び別表第1に定める同法の適用の対象となる法人の範囲を定める考え方と共通していることから、その範囲は、同法と同じになって」いるとしている。

82) 例えば、大橋洋一『行政法Ⅱ』（第2版、有斐閣・2015年）60頁は、「不服申立制度は処分について行政機関に不服を申し立てる制度であると理解されている。つまり、不服申立ての対象行為は抗告訴訟の対象行為と同様に解釈されている。そこで、ある行政活動に対し、法律上不服申立規定が定められている場合には、立法者は当該行政活動を処分と理解したものと解される」とする。典型行政主体以外の者による行為の処分性を審査請求規定の存在により判断しているものとして、米丸恒治「『民』による権力行使」小林武ほか編『「民」による行政』（法律文化社・2005年）52、58、74頁（注10）がある。

下、「JRA」とする）が競馬法に基づき行った調教師免許更新拒否処分（東京高判昭和57年12月9日行裁例集33巻12号2416頁）、職能団体によるものとして、③日本司法書士会連合会（以下、「日司連」とする）が司法書士法に基づき行った登録取消し（東京高判平成11年3月31日判時1680号63頁）[90]、④弁護士会が弁護士法に基づき行った営業不許可決定（東京地判平成14年1月22日判時1809号16頁）[91]に関するものなどがある。以下、それぞれの事案でどのような判断が行われたのかを順に見ていくことにする。[92]

(2) ①は、国鉄（上告人）総裁が国鉄法に基づき行った懲戒処分の処分性が問題となったものである。そこでは、次のように判断している。

> 国鉄は、「従前国家がその行政機関を通じて直接に経営してきた鉄道事業を中心とする事業をそのまま引き継いで経営し、その能率的な運営によりこれを発展させ、もつて、公共の福祉を増進することを目的として設立された公法上の法人であり（国鉄法1条、2条参照）、その資本金は全額政府の出資にかかり（同法5条参照）、その事業の規模が全国的かつ広範囲にわたるものであることなどの顕著な事実を考え合わせると、上告人はそれ自体極めて高度の公共性を有する……」。そして、そのため「事業の経営、役員の任免、予算、会計等に関して、国家機関から種々の法律上の規制を受けている……」。しかし、「高度の公共性を有する公法上の法人であるということから、直ちに上告人に関するすべての法律関係が公法的規律に服する公法上の関係であるとなしえないことは明らかであるのみならず、上告人の経営する鉄道事業等が経済的活動を内容

　ーボート競走法に基づく選手の出場停止処分（東京地判昭和61年5月21日判時1202号38頁）、選手登録消除処分（東京地判平成元年9月25日行裁例集40巻9号1255頁）などでは処分性が問題とされていない。

90）　なお、原審東京地判昭和56年6月11日行裁例集33巻12号2422頁では処分性は問題とされていない。地方競馬に関するものとして、前橋地判平成3年4月9日行裁例集42巻4号511頁（騎手免許試験不合格処分）、神戸地判昭和58年12月20日行裁例集34巻12号2195頁（きゅう務員設置認定取消処分）などがある。その判断枠組みはいずれも②のものと類似している。

91）　なお、原審東京地判平成10年11月13日判時1680号65頁は処分性を認めている。

92）　同様の判断枠組みを用いているものとして、国選弁護運営規則に基づく、国選弁護人推薦停止決定に関する東京地判平成16年2月26日判タ1160号112頁がある。

とし、その活動は公権力の行使たる性格を有せず、しかも、上告人が国家行政機関から完全に分離した独立法人であつて、前述の国家機関による種々の規制もなお監督的、後見的なものと認められることに鑑みると、一般的に上告人又はその機関が行政庁たる性格を有し、その行為が行政処分ないしそれに準ずる性格を有するものと解することはできず、却つて、その行為は、原則的には私法上の行為たる性格を有するものと考えるのが相当である。もとより、上告人は、高度の公共性を有する公法上の法人であるから、一般の私企業と全く同一の地位に立つものではなく、したがつて、実定法規によつて、特に、上告人に関する個々の特定の法律関係につき公法的規律に服するものとし、更に、上告人又はその機関を行政庁に準ずるものとして取り扱い、その行為を行政処分に準ずる性格を有するものとすることが許される場合が」あり、「現に、右の趣旨を窺わしめる実定法規も存するのである（例えば、国鉄法60条ないし63条参照。なお、最高裁昭和25年（オ）第309号同29年9月15日大法廷判決・民集8巻9号1606頁参照）」。しかし、そのような実定法規が存しないかぎり、「上告人に関する法律関係がすべて公法上の規律に服するものであるとか、上告人又はその機関の行為が行政処分に準ずる性格を有するものであるということはできない」。そして、そうした実定法規は存在せず、本件懲戒処分は行政処分にはあたらない。

ここで、最高裁は、まず、一般的に国鉄またはその機関は行政庁たる性格を持たず、その行為は原則として私法上の行為となるとした上で、例外的に、「個々の特定の法律関係につき公法的規律に服するもの」とし、さらに、国鉄またはその機関を「行政庁に準ずるもの」として取り扱い、その行為を「行政処分に準ずる性格を有するもの」とするためには、実定法規における手掛かりが必要であるとしている。先に見たように、立案関係者は、行政庁についてオープンな立場をとっていたと見られるが、ここでは、国鉄またはその機関が、一定の内容を有する行政庁という属性を有するかどうかを手掛かりとしている点が注目される（以下、このように権限行使にあたった者ないしその帰属主体がなんらかの属性を有しているかの判断を「主体の属性判断」といった言い方

をする)。主体の属性をどのように判断したのか、また、実定法上の根拠としてどのようなものを求めているかを以下見ていく。

　最高裁は、国鉄またはその機関が行政庁に該当しないとした理由として、事業内容が経済的活動であり、公権力の行使たる性格を持たないことをあげているが、この点は、伝統的な公法関係と私法関係の区別に関する議論を想起させるところであり[93]、ここでは、事業内容による法律関係の属性判断とその法律関係における主体の属性判断が一体的、付随的になされているように見える。加えて、規制が監督的であることへの言及は、国鉄またはその機関が形式面だけでなく、実質面においても独立していることを示す意図があるように見える。なお、判示の中で国鉄は「高度の公共性を有する公法上の法人」とされている。これは、国鉄を公法上の法人とする国鉄法2条等を受けたものであるが[94]、行政庁該当性の判定において直接手掛かりとせず、次に触れる法律関係を公法的規律に服させる等の効果をもたらす実定法規の存在可能性と結びつけるにとどめている点が注目される。なお、調査官解説においては、処分にあたるかは基本的には実定法上の根拠によるべきであるとしており、その点からすれば、法律関係および主体の属性判断は必ずしも必要なものとして位置づけられない。しかし他方で、属性判断の結果により、はっきりとした実定法上の根拠を要求する旨の記述もあり、その必要性についてははっきりしない。また、主体の属性判断は法律関係の属性判断と一体的、付随的に行われているように見えるが、主体の属性判断に独自性を認めるような記述もあり、この点もはっきりしない[95]。

---

93) 伝統的な公法関係私法関係の区別に関する議論については、小早川・前掲注11) 146頁以下参照。

94) なお、日本國有鉄道設立準備委員会『公共企業体日本國有鉄道』(日本交通文化協會・1949年) 125頁は、国鉄は、いずれかといえば公法人であるとするが、公法人概念について法律上の問題を解決する実益はあまりないという議論を紹介した上で、国鉄法各条の規定の内容の総合効果として、それがまさしく公法人に他ならないという結論が生まれてくるのであり、この規定は国鉄の人格を説明する説明的規定であるとしている。

95) 鈴木康之「判解」『最判解民事篇昭和49年度』489、498頁は、「懲戒処分の性質決定は、右処分そのものについて、直接に実定法規に基づいて検討されるべきである」としつつ、実定法規は性質についてこれを明定していないので、補充的には法律関係および主体の属性について考えることに意味がないわけではないとする。それを受けて同解説の注では、「やや大

次に、判決では、そうした趣旨を窺わせる実定法上の根拠として国鉄法60～63条が例示され、また最大判昭和29年9月15日民集8巻9号1606頁が参照されている。具体的には、60条は、災害補償、61、62条は、失業保険の給付に関して、国鉄の職員等について国家公務員等に準ずる扱いをすることを想定し、私人を対象とする法律（労災保険法、失業保険法）の適用を外すことを企図した規定、63条は、道路運送法等の適用につき、国鉄を国、国鉄総裁を主務大臣とみなす規定（いずれも当時）である[96]。また、昭和29年最高裁大法廷判決は、行政機関職員定員法に基づき国鉄総裁により行われた免職に行政事件訴訟特例法上の処分性を認めたものである。これらは、国鉄および国鉄総裁、職員等に対して、国およびその機関たる大臣、公務員等に準ずる法的地位を付与することを企図した規定といえる[97]。

(3) ②は JRA（債務者）による調教師免許更新拒否処分について、地位保全の仮処分の申請がなされた事案で、行政事件訴訟法44条との関係で、その公権力行使該当性が問題となったものである。東京高裁は、競馬法において免許法制が採用されている趣旨と、1954年改正前の競馬法においては、

胆に言えば、行政機関とは別個独立の公法人とその職員との関係は、原則的には私法上の関係とみられ、その懲戒処分は、よほどはっきり行政処分性を与える趣旨の実定法規がないかぎり、私法上のものということができる」としている（同505頁（注9））。また、この説明および、同じ年に出された現業国家公務員に対する懲戒処分に関する判決（最判昭和49年7月19日民集28巻5号897頁）が、国の行政機関に勤務するものであり、しかも、国公法およびそれに基づく人事院規則の詳細な規定がほぼ全面的に適用されていることなどを理由として、郵便事業等という経済的活動を行う事業に従事する現業公務員の勤務関係を、基本的には公法上の関係であるとしており、ここでは事業が経済的活動であることは重要な要素とはなっていないことを踏まえて、国との勤務関係にあって、その懲戒処分が行政機関によりなされる建前になっている場合とは、若干考察方法に差異があろうとしていることからすると（鈴木・本注505頁（注9））、主体の属性判断は法律関係の判断に完全に付随するものではないものと考えられる。

96) 各規定の内容の詳細については、日本国有鉄道法研究会『日本国有鉄道法解説』（交通協力会出版部・1973年）241頁以下を参照。

97) なお、①では、実定法上の根拠について、国鉄法上、職員の任免、給与、服務の基準の大綱が定められ、分限、休職、懲戒処分の制度が採用されていること（27～32条）、みなし公務員規定（34条1項）や、公共企業体等労働関係法の争議行為禁止規定（17条）が存在することが、国鉄職員の勤務関係が全面的に公法的規律に服する根拠となるか等が検討され、消極に解されている。また、懲戒処分につき、これを行政処分ないしそれに準ずる性格を有するものであるとの趣旨を明らかにしていると認められる実定法規は見出せないともしている。

現行の中央競馬に相当する競馬は国営競馬として政府によって主催されており、調教師免許は農林大臣によって付与されていたという沿革に触れた上で次のように判示している。

　「免許制度は、中央競馬の公正な運営と健全な発展を公益にかかわるものと認め、これを実現するために中央競馬に出走すべき馬の調教業務についても一定の公法的規制を加えるのが相当であるとの見地から、右調教業務にたずさわることのできる調教師の資格を免許によつて限定するという方法で右規制を行うこととし、前記のような法規や規約の下において具体的に右調教業務を行う者を決定する行為は債務者に行わせることにしたもの」と見ることができ、また、「免許の性質は、単に受験者の適格性の有無を判定する作用にとどまるものではなく、債務者が自らの責任ある判断に基づいて中央競馬の競走のために馬の調教を行うことができるという法的地位を与えることを内容とする権力的な作用であると解されるから、これを行う債務者は、法律によつて特に付与された優越的な地位に立つて右権限を行使するものであつて、右免許は、かかる性質の作用として公定力を有し、行政事件訴訟法上の『公権力の行使』たる性格を帯有」し、また、JRAは、「右免許を行う限りにおいて、同法上の行政庁にあたる」。

　②は①と異なり、JRAの属性について直接には判断をせず、競馬法の解釈上、免許法制が採用されていること、農林大臣が行っていたものを引き継いだことを手掛かりとしている。両当事者ともに、JRAの公法人性を意識した主張をしているが、判決においては、引用前の部分において、JRAが「競馬の健全な発展を図つて馬の改良増殖その他畜産の振興に寄与するため競馬会法により競馬を行う団体として設立された法人であつて、農林水産大臣による一般的監督に服する……ほか、規約で調教師の免許に関する事項について定め、これにつき農林水産大臣の認可を受けなければならないものとされている」と説明するに止まる。もっとも、①の判断枠組みにおいても、少なくとも十分な実定法上の根拠が認められれば、主体の属性と関係なく処分性が認められるとも考えられるから、本件においては、沿革や免許法制を

考え合わせて、①でいう実定法上の根拠が存在すると判断したものとも考えられる。なお、実定法上の根拠について、「免許」という言葉が、法令用語としては、一般に講学上の許可または特許という行政処分の意味を表す言葉として用いられるものであることが重要なファクターとなっているとの指摘がある。こうしたアプローチは、「却下」および「処分」という字句を用いていることを供託官の供託金取戻請求却下処分の処分性を認める理由の一つとしてあげる、最大判昭和 45 年 7 月 15 日民集 24 巻 7 号 771 頁を想起させるものである。

(4) ③は日司連による司法書士の登録取消しの処分性が問題となったものである。次のように述べている。

「抗告訴訟の対象となる処分とは、公権力の主体なる国又は公共団体が行う行為のうちで、その行為により直接国民の権利義務を形成し又はその範囲を画することが法律上認められているものをいう」。「……公権力の主体たる国又は公共団体でない者の行為は、特別の規定（例えば、弁護士法 62 条）がない限り、行政処分とはいえないところ、被控訴人は、公権力の主体たる国又は公共団体ではなく、その行為を行政処分として取り扱う旨の法令上の根拠もないのであるから、その行為は抗告訴訟の対象となる処分とはいえない」。そして、登録取消しについて司法書士法に置かれている審査請求規定の存在から、「『登録取消し』が行政処分であるかのようにみえないでもない」が、「この規定は、被控訴人は行政庁ではないけれども、司法書士制度の公共性の故に、行政庁による行政処分と同様な不服申立制度を利用するのが適当であるがために、この

---

98) なお、髙橋滋「判批」自治研究 68 巻 10 号（1992 年）104、108 頁以下は、②と類似の構成をとる、地方競馬全国協会による騎手免許試験不合格処分に関する前橋地判（前掲注 90））について、「処分性の有無は、調教騎手免許の趣旨・目的や地方競馬全国協会の行政組織上の位置づけ等に関する総合的な検討のなかで決せられるべき」としている。

99) 判タ 495 号 125 頁の無記名コメント（なお、判時 1068 号 55 頁の無記名コメントにはそのような記述はない）。阿部泰隆「判批」季刊実務民事法 3 号（1983 年）194、195 頁は、「免許とは用語上も一般に公権力の行使の一形態を指すもので、私法上の行為とは考えられないこと」を指摘する。もっとも、JRA が競馬を行う団体として設立された特殊法人であり、競馬を行うために必要な公権力を与えられたとするのも不合理ではないともいう。

制度を借り、不服申立てに対する法務大臣の裁決になお不服がある者には、当該裁決取消しの行政訴訟を提起し得る途を開いたものであって、この制度が用いられるが故に、もともと行政庁ではない被控訴人が行政庁になるわけでもないし、その行為が行政処分となるものでもない」としている。加えて、登録取消しという行為の法的性質について、「既に司法書士としての資格を喪失していることを公に証明する公証手続にすぎず、これにより新たに司法書士としての身分を剥奪することとなるものではない」。

　ここでは、公権力の主体である国または公共団体でない者の行為について処分性を認めるためには特別の規定が存在することが必要であるとしており、①と同様、主体の属性を判定し、判定結果によって実定法上の根拠を要求するアプローチをとっている。主体の属性の判断については、①や後述する④と違い、主体の属性の判断基準を示すことなく、日司連は、公権力の主体たる国または公共団体ではないと判断している。本件で、主たる争点となったのは実定法上の根拠の方である。判決は、審査請求規定について、司法書士制度の公共性の故に借用されたものであり、直ちにそうした特別の規定にあたるとは解されないとしている。これは、つまり、処分ではないものに対して審査請求規定が置かれたと解するものであるが、このような理解は、既に述べた一般的な理解とは異なる。

　ここでこのような判断がなされたのは、登録取消しに処分性を認めがたい理由があったためと推測される。処分性を認めがたい理由として、判決では、司法書士としての資格喪失を公に証明する公証手続に過ぎない——つまり規律力がない——という点が指摘されている[100]。また、それに加えて、判例時報の無記名コメントにおいては、立法時において処分性がないものと考えられていた点、行政手続法の制定時に日弁連の処分と異なり適用除外規定が置かれなかったという点が指摘されている。前者について敷衍すると、引用されている衆議院法務委員会の会議録によると、救済方法としては、日司連は行

---

100) 規律力という言葉は、塩野・前掲注16) 155頁以下、塩野・前掲注21) 102頁による。

政庁ではないため、登録取消しについて、直接取消訴訟を提起することは認められず、審査請求を行い、その裁決に対してのみ取消訴訟を提起する形となる旨の政府委員の答弁がなされている[101]。正確にいえば、直接に処分性が認められないというより、裁決主義的な制度の採用を立案関係者が想定していたということになろう[102]。

このように、本件では、登録取消しの処分性について、それを否定する司法書士法の解釈に係る根拠と、肯定する行政不服審査法の解釈に係る根拠が存在しており、司法書士法と行政不服審査法の間で解釈上の不整合が生じていたと評価できる[103]。本判決は、このような不整合について、司法書士法においては、行政不服審査法の仕組みを処分以外の行為に対する不服申立て制度として借用したとし、いわば行政不服審査法の解釈を後退させることで調整したといえる。もっとも、司法書士法の解釈として、本件のように明文の規定がない場合に、審査請求規定のみで裁決主義的な制度を採用したものと解するのは困難であるように思われるし、適用除外規定が置かれなかったのは、処分を行わないものと判断された場合のほか、行政手続法の規定がそのまま適用されるべきと判断された場合もあるため、根拠としては弱いものがある。登録取消しの規律性の問題を考え合わせても、このような調整の妥当性については多少の疑問がある[104]。

---

101) 「原処分庁に当たるような連合会を相手にして行政訴訟が起こせるという説があるいはあるかもしれませんけれども、先ほど申し上げましたように、連合会というのは行政庁ではございません。したがって、連合会を相手に行政処分の取り消しという形で行政訴訟を考えるということはちょっとなじまないのではないかという感じがいたしますので、行政訴訟の形は裁決を争うというふうな形になるものと考えております」第102回国会衆議院法務委員会議録14号11頁（枇杷田泰助政府委員）。

102) なお、日暮・後掲注107) 135頁は、司法書士法に基づく日司連の登録拒否について、委任行政とされた公権力の行使を行うものとしつつ、明文の規定が存在しないにもかかわらず、「まず、法務大臣に審査請求をし、なお不服のある場合には法務大臣の裁決を争うことのみが許されるのであって、登録拒否自体を行政処分と捉えてその取消訴訟を提起することは許されない」としている。

103) 見上崇洋「判批」判例評論493号（2000年）14、18頁も「本件登録取消については、……司法書士会自体が独自の判断を行うとの構造にはなっていないし、法効果も認定できないとすれば、不服申し立ての規定のみが、処分性を根拠づけることができるのか、ということが問題になる」とする。

104) なお、行政手続法立案過程の資料の中には不利益処分として分類しているものも存在す

それはさておき、ここで、このような不整合が発生した原因を考えると、司法書士法を改正して規定を置くにあたって、審査請求規定を置くことの意味を含む行政不服審査法の制度への理解と配慮が不足していたのではないかと思われる。すなわち、本件規定は、登録関係事務が国から日司連に移されたことに伴い、行政権は内閣に属するという憲法上の問題を意識して、行政事務を民間に移譲する際に必要とされる「その事務について政府が責任を持てる体制」を構築するという、いわば監督目的で置かれたものであり[105]、規定が置かれた時期や目的からして、行政不服審査法制定時の整理法による改正のように、行政不服審査法との関係について十分検証・調整されずに置かれた可能性がある。仮に、登録取消しに処分性を認めず、さらに裁決のみを争わせる制度を採用しようとするならば、立法論としては、行政不服審査法の一般的な解釈との整合性を維持する見地から、行政不服審査法の適用を受けない個別法に基づく不服申立て規定を置き、さらにそれに対する裁決等に対してのみ取消訴訟を提起し得る旨を明記しておくべきであっただろう[106]。

(5)　④は、2003年改正前弁護士法に存在した弁護士会による営業許可の処分性が問題となったものである。次のように判示している。

　　「抗告訴訟の対象となる処分とは、公権力の主体である国又は公共団体が行う行為のうちで、その行為により直接国民の権利義務を形成し又はその範囲を画することが法律上認められているものをいう」。「弁護士会は、……本質的には弁護士という共通の職業に就いている者らがその共通の利益を維持増進することを目的として結集しているもので、いわ

　　る。「国及び地方公共団体以外が処分権者となっている規定一覧」(塩野宏ほか編『行政手続法制定資料(9)』(信山社・2012年)〔資料116〕)。もっとも、同リストに関する留意事項を述べた同書〔資料115〕によると、このリストには、不利益処分かどうか判然としないケースも含まれる(「I 本表で取り上げた処分の範囲」の1参照)。

105)　第102回国会衆議院法務委員会議録14号2頁(枇杷田泰助政府委員)。

106)　ある行為について、不服申立てを行い、それに対する判断に対してのみ取消訴訟を提起することができるという広い意味での裁決主義的制度がとられている場合、当該行為についての不服申立て規定が行政不服審査法に基づくものである場合には、行政不服審査法の解釈との整合性から当該行為について処分性を認めることが要請されるが、個別法に基づくものである場合には、そのような要請は必ずしも働かないため、当該行為について処分性が否定されることもあり得る。

ゆる同業者団体の一種であるということができる。同業者団体は、一般に、その存立の目的からして、公益の実現といった行政作用を行うものではなく、この点において、専ら公益の実現を目的として設立される公共組合とはその本質を異にするものといわざるを得ない。……もっとも、同業者団体も、その活動に当たって構成員に一定の規律の保持を求め、それに違反する構成員に制裁を与えることから、権力的な作用を行っているようにみえないでもないが、そのような行動は、本来的にはあくまで団体の目的達成のために行われる自治的活動であって、そのことによって同業者団体を公権力の主体とみることはできない」。「他方、特定の職業について、法律により、一定の資格要件を備えた者のみに従事することを認めるために許可制を採用し、その資格にふさわしい業務を行うよう種々の義務を課すとともに、これに違反した者には業務を停止させるなどの措置を採るとの制度が設けられることがある。このような制度は、当該職業の性質を考慮して公益を保護するために採用されるものであり、この制度に基づく許可、監督及び制裁は、いずれも公権力の発動としての性質を有するものであり、本来は国の機関である行政庁が行うべき事務であるが、法律により、その全部又は一部を当該職業についての同業者団体に委任することも可能である。このようにして委任を受けた同業者団体は、その委任の範囲内で公権力の行使を行うことになるが、同業者団体は、公共団体とは異なり、上記のように本来は公権力の主体ではないのであるから、その行為が当然に行政処分となるわけではなく、これに不服のある者は、委任庁に対して監督権の発動を求め、これに対する委任庁の裁決等になお不服がある場合にのみ当該裁決等の取消しを求めて出訴し得るとの制度がとられるのが通常であり（司法書士法6条の5等）、同業者団体の行為自体を行政処分として取消訴訟の対象とし得るのは、当該事務を委任した法律において、その旨の明文の定めがある場合に限られると解すべきである」。「弁護士法30条3項の弁護士会による許可・不許可の決定については、同決定に関する不服申立てを定めた規定や日弁連が同決定につき一定の行為をすることを前提としてその取

消しを求める訴訟の提起を認めた規定もないから、同決定を行政処分として取り扱う旨の法令上の根拠はないということができ、したがって、その行為は抗告訴訟の対象となる処分とはいえない」。「その上、同決定については、国の機関に対する監督権の発動を求める途もないことや、同項自体が弁護士の品位保持のための規定と解されることからすると、同決定自体が、同業者団体一般が行う自治的活動の一環として行われているものと解するのが相当であり、国からの委任に基づいて公権力を行使しているものではないと解すべきである」。

　この判断は、弁護士会という主体の属性に関して判断をした上で、それを前提として処分性を認めるための実定法の根拠の有無を検討するという点で、①および、担当裁判官の一部を同じくする③と共通するものといえる。もっとも、次のように、③において不十分であった部分を補完し、その内容をさらに発展させている。

　第一に、③では主体の属性の判断基準が示されていなかったが、④は、弁護士会という主体の属性の判断において、行政主体論や委任行政の理論といった第１章で見た学説において展開されてきた理論を積極的に用いている。具体的に説明すると、弁護士会の目的が公益の実現ではなく同業者の利益の増進であり、その活動は通常はそうした目的の達成のためであることから、もっぱら公益の実現を目的とする公共組合と異なるとしている。このような設立目的の内容に着目し、その行政事務性の有無により主体の属性を判別する手法は、行政主体論に依拠するものと思われる。また、行政主体たる公共組合ではない場合には、原則として公権力の主体としての性格を持たないものの、例外的に、事務を委任され、委任の範囲で公権力を行使する場合があるとしているが、これは行政主体ではない者による公権力の行使を委任行政として整理する学説に依拠するものに見える[107]。行政主体論は、公権力の行使

---

107) 本判決が依拠していると思われる学説の理論として、担当裁判官であった日暮直子裁判官による「公共組合」藤山雅行ほか編『行政争訟』（改訂版、青林書院・2012年）128頁参照。なお、同133頁以下は、「国家が当該団体の目的を国家的目的として認め、当該団体にその目的を遂行させる場合にのみ、当該団体は公法人たり得る」とする公法人に関する美濃部説を引いた上で、弁護士会等について、「目的規定からすると、国家がこれらの団体の目的を国家

との関係でいえば、ある主体が、一般に、公権力の行使にあたるとされる行為を行っていることを前提として、行政主体であることによりそれが正当化されるとするが、逆に、行政主体でなければ、そのような者による公権力の行使は主体の属性からは正当化されないため、その行為は公権力の行使ではないことが推定されるということであろう[109]。

　第二に、処分性を認めるための実定法上の根拠について、審査請求規定およびそれに対する裁決について取消訴訟の対象とする旨を示す明文の規定（以下、「裁決取消訴訟規定」とする）が存在することを求めている。審査請求規

的目的と考えているようにはうかがわれず、これらは、公益のためというよりも、単にその構成員に共通する利益を維持増進するために設置されるものと考えられる」とし、弁護士会等について「行政主体として認められている公共組合には属さない」としている。この記述からすると、公法人＝公共組合＝行政主体と考え、美濃部説に基づいて、弁護士会の公法人性、公共組合性、行政主体性を否定しているように見える。しかしながら、美濃部説のいう「国家的目的」とは、国家が存立目的を付与したかどうかに着目するもので、その内容については必ずしも関心が向けられていなかった。すなわち、「同じ種類の事業でも、私人が任意にこれを目的と定めて設立した法人は私法人であり、国家がこれを目的として遂行せしむる為めに設立した法人は公法人であ」り、同業者の共同の利益を図ることは、普通は私の事業に過ぎないが、それを目的とする重要物産同業組合は公法人たることを失わないとしていた（美濃部・前掲注 32）468 頁以下）。それに対して、第 1 章第 3 節で見たように、美濃部説を発展させた、塩野宏の行政主体論は、存立目的を与えられているだけでなく、その業務が国の事務の分担遂行にあたることが法令上読み取れなくてはならないとしている。本判決および日暮論文は、同業者の利益の増進という目的の内容に着目した上で、それが「国家的目的」であることを否定している点で、美濃部説ではなく、塩野説の枠組みによるものであると考えられる。なお、塩野説では、弁護士会等の職業に関する団体について、強制加入制がとられ、入退会等の措置に公権力性が与えられているのは、当該職業の公共性からするその適正さの確保と、当該職業の遂行に関する自律性の要請を調和的に解決するためのものであると解されるとし、行政主体性を有しないとしている（塩野宏『行政法Ⅲ』（第 4 版、有斐閣・2012 年）113 頁）。また、塩野説では、日弁連や日司連が行う、弁護士、司法書士の登録（登録拒否）は委任行政として位置づけられている（同 122 頁）。

108)　塩野・前掲注 107）113 頁は、「公権力性の付与は、当該法人の有する大きな特権であるが、かかる特権の付与はそれを受ける法主体が、行政主体であることによって、正当化されると解される」とする。

109)　塩野・前掲注 107）116 頁は、（行政主体によらない）委任行政における公権力の行使は例外であり、公権力の行使の必要性だけでなく、委任の合理的根拠が厳密に検証される必要があるとする。もっともここで論じられているのは、実体的な権力性であり、行政事件訴訟法上の手続的権力性との関係でいかに考えるかという問題はあろう。実体的権力と手続的権力について、小早川光郎「抗告訴訟の本質と体系」雄川一郎ほか編『行政法大系第 4 巻』（有斐閣・1983 年）135、150 頁以下参照。

定のみでは（直接取消訴訟の対象となるという意味での）処分性を基礎付けない点で③と共通する。このように解する理由については、前記引用部分とは別の部分で、公定力・取消訴訟の排他的管轄との関係で詳細に説明されているが[110]、さらに、興味深いのは、不服申立て規定等による監督・救済のシステムを委任行政の仕組みと積極的に関連づけている点である。すなわち、本判決は、委任行政においては、当該事務を委任した法律において、委任した行政庁に対して監督権の発動を求め、さらにその裁決に対して取消訴訟を提起できることが通常であるとし、そうしたシステムを、（少なくとも同業者団体を用いた）委任行政の仕組みの標準装備のように捉えており、委任行政の仕組みの中で一定の機能を果たすものと位置づけている。

　もっとも、判決に現れたこのような委任行政の内容は学説の議論を超えるものである。すなわち、学説における委任行政の理論は、行政主体ではない主体が公権力の行使を行っていると評価される具体の法制度について、その内容、許容性、あるべき姿を論じるものであり、そこでは、民主的コントロールの必要性や、法律に定められた範囲で委任者により指揮監督がなされることが指摘されるが[111]、委任者に監督権の発動を求めるため、前記のようなシステムを標準装備としたり、それが委任行政であることのメルクマールとなるといったことが具体的に論じられているわけではない。しかしながら、委

---

110) 前記引用部とは別の部分で、最大判昭和42年9月27日民集21巻7号1955頁が、弁護士会または日弁連の懲戒処分を「広い意味での行政処分」に属するものと解したことに触れた上で、そこでは、ある行為について、行政不服審査法による不服申立てが認められるからという理由で「公定力があることが認められる」のではなく、「公定力はいわゆる取消訴訟の排他的管轄を基礎にして説明されるものである」から、日弁連に対して行政不服審査法による「審査請求をし得ることのみならず、日弁連のした裁決等に対して取消訴訟を提起できる旨の規定があって初めて、当該行為に公定力を認め、その意味での行政処分性を認めることができることをいうもの」と説明している（この点については、③の判例評釈である見上・前掲注103) 18頁において示されていた見解を参考にしていると思われる）。これは、取消訴訟との直接・間接の明示的接続がなければ、取消訴訟の排他性が生じないとするものようであり、当該行為について、③と同様一般的な理解と異なる。このような見解が、同判決の理解として妥当なものであるかは疑問であり、このような判示をする必要もないと思われるが、おそらくは、④の裁判長の藤山雅行裁判官が③の担当裁判官であったことから、両判決の整合性を意識したのではないかと推察される。

111) 塩野・前掲注107) 123頁以下。

任行政の具体の法制度を設計する際には、主任の大臣による所要の監督が行われていることが、憲法65条等との関係で必要であると解されてきたとの指摘があり[112]、実際、③の審査請求規定はそのような趣旨で置かれていたほか、審査請求規定を含む不服申立て規定はそのような監督のための仕組みとして広く活用されていたことを踏まえると[113]、そうした仕組みが委任行政の標準装備であるという理解は必ずしも誤りではないと思われる[114]。

なお、引用していないが、④は、処分性を否定しても、原告が予備的に請求していた弁護士会に営業許可の意思表示を求める民事訴訟は適法であるので、保護に欠けることはないとし、本案審理を行っている。これは、取消訴訟と民事訴訟との役割分担の見地からの判断であり、行政事件訴訟法上の取消訴訟制度の射程の解釈にかかわるものである。この点、民事訴訟や当事者訴訟により救済可能な場合には、処分性を拡張する必要性は低く、実際、裁判所が処分性を否定した事例について民事訴訟を通じて実効的解決が図れた

---

112) なお、阪田雅裕編著『政府の憲法解釈』(有斐閣・2013年)156頁は、塩専売法上の処分を日本たばこ産業株式会社が行いうる点に関する第10回国会衆議院大蔵委員会における小野博義政府委員、大出峻郎政府委員の答弁を引いた上で、そのように評価する。もっとも、公認会計士協会や税理士会と違って、法制上、主務大臣の監督権限が及んでいない弁護士会が行政事務に当たると考えられる登録事務や除名等の懲戒処分をし得る点については、「弁護士法は議員立法であることをも踏まえてか、その合憲性について政府は必ずしも明確な答弁をしていない」とする(同頁)。

113) 「行政不服審査法の施行に伴う関係法律の整理等に関する法律」(昭和37年法律第161号)は、行政不服審査法制定時、既存の個別法に基づく不服申立て制度を行政不服審査法との関係で整理したものであり、当時の不服申立て法制をある程度網羅的に扱っているものと思われる。その内容を見ると、この当時において既に委任行政の法制度において監督の仕組みとして行政上の不服申立ての仕組みが用いられていたことが分かる。例えば、指定検査機関の処分に対する主務大臣に対する審査請求の規定として、輸出検査法44条が存在した。なお、前掲注112)で触れた点と関係する、日本たばこ産業株式会社の処分についての大蔵大臣に対する審査請求の規定は、1984年全面改正後の塩専売法63条。

114) なお、2014年の行政不服審査法改正の際に、「行政不服審査法の施行に伴う関係法律の整備等に関する法律」により多くの個別法にいわゆる「上級行政庁みなし規定」ないし「みなし上級庁規定」(指定法人等の処分について大臣等に対して審査請求できる旨の規定がある場合に、当該大臣等を指定法人等の上級行政庁とみなす旨の規定)が置かれたが、これは、行政不服審査法を通じた(委任行政の法制度の)委任者の監督機能を強化するものといえる。同規定については、上村進=宇賀克也「行政不服審査法の施行に伴う関係法律の整備等に関する法律について」ジュリ1480号(2015年)77頁以下、小早川光郎ほか編『条解行政不服審査法』(弘文堂・2016年)426頁以下〔駒﨑弘〕等を参照。

と思われるケースが多いとの指摘もある[115]。もっとも、本件においては、民事訴訟が営業許可の義務付け訴訟に相当するものであることを考えると、取消訴訟を完全に代替するものとは評価し得ないように思われる[116]。加えて、本件で処分性を否定して民事訴訟において行われている弁護士法に基づく営業許可権限の行使に関する裁量審査は、典型行政主体の行為について処分性が否定された場合と異なり[117]、行政裁量ならぬ私的裁量の審査となるように思われるが、ここでの、そうした私的裁量審査に関する法が行政裁量審査に関する法とどのように異なるのか明らかではないという問題もあろう[118]。本節第3款2で見た問題と関係する問題であるが、ここでは問題提起にとどめておく。

(6) 以上、裁判例を網羅的に検討できたわけではなく、また、一貫した判

---

[115] 高橋滋ほか編『条解行政事件訴訟法』(第4版、弘文堂・2014年) 64頁〔高橋滋〕。

[116] なお、弁護士会による国選弁護人推薦停止決定の処分性が問題となった、東京地判平成16年・前掲注92) は、④と同じ藤山雅行裁判長によるものであり、判断枠組みを基本的に踏襲するが、民事訴訟として、当該決定により法的な不利益が生じていない法的地位の確認を求める訴訟や損害賠償請求訴訟ができるとする。

[117] 山本隆司『判例から探求する行政法』(有斐閣・2012年) 323頁は、「行政主体は契約を利用するからといって、私人と同様の契約の自由を享受せず、一般論としては、私人は行政主体に、私益・公益を適正に考慮・衡量して契約を締結・履行するよう求めることができる」とする。

[118] 神橋一彦「判批」判例評論546号 (2004年) 2、6頁は、(神橋自身は消極に解するが) 仮に、判決がいうように、弁護士会が自治的な同業者団体であるとすると、逆にその決定の自律性は相当程度尊重されなければならないという考え方も成り立ちうるのであるが、行政裁量における「実体的判断代置方式」に近い踏み込んだ審査を行い、さらに営業許可の意思表示を義務付けるという自律的決定に対する強力な介入を行っており、本判決の考え方には全体として整合性に問題があるとしている。この点、①は、民事訴訟 (雇用関係の存在確認訴訟) において、懲戒処分の処分性が否定されたもので、民事訴訟として本案審理がなされており、その内容は、社会観念と社会通念という違いや判断代置審査の否定に関する部分がないという違いはあるが、その3年後に出される公務員の懲戒処分の裁量審査に関する神戸税関事件判決 (最判昭和52年12月20日民集31巻7号1101頁) の内容と類似しているように思われる (菅野和夫「公務員の懲戒処分と懲戒権者の裁量権」ジュリ663号 (1978年) 74、76頁は、両者は酷似しているとする。もっとも神戸税関事件判決は、公務員の労働関係を民間のそれと区別して、そこにおける懲戒権者の裁量権を尊重する枠組みを定立しようとしている、すなわち、最高裁は、民間労働関係については懲戒権者の裁量 (権) を強調することは一切せず、公社についてはこれを少し強調し、公務員についてはこれを大いに強調していると把握できるとする (同77頁)。同判決の調査官解説 (越山安久「判解」『最判解民事篇昭和52年度』414、433頁 (注6)) は、同様に裁量が委ねられる「ゆえん」を説く先例として、最判昭和29年7月30日民集8巻7号1463頁 (京都府立医大事件判決) と並んで①を紹介しており、①を行政裁量に関する先例として捉えているように見える。

例法理のようなものを検討により見出せたわけではないが、さしあたり、次の点が指摘できよう。

まず、いくつかの裁判例においては、主体の属性に関心を向けた上で、行政庁や国、公共団体、公共組合にあたらないとされた者の行為につき処分性が認められるためには、実定法の根拠を必要とするアプローチが見られた（①③④）。立案関係者においては、行政庁についてオープンな考え方をとっていたが、それらの裁判例においては、主体の属性が公権力行使該当性判断の一つの判断要素となっているものと見える。

この点、典型行政主体の行為についても、当該行為が、公権力の行使として行われた処分であるのか、そうではない私的行為であるのか問題とされているところ、権力的な関係を中心とするかどうかといった、当該行為がかかわる法律関係の全体をアンブロックに捉えてその性質を論ずる関係一括型の解釈態度と、前記最高裁昭和 45 年大法廷判決に見えるような「却下」、「処分」等の文言の使用や審査請求規定の存在など、当該行為に関する局所的な法の仕組みに照らしてその行為の性質を考える行為分離型の解釈態度が存在し、裁判例においては両者が使い分けられ、また併用されているとの見立てがある。[119] この見立てを用いて①③④のアプローチを説明すると、当該行為の主体が本来の公権力の主体ではない場合には、法律関係につき非権力的法律関係であるとの推定が働くため、実定法の根拠を要求する行為分離型の解釈により、公権力行使該当性が基礎付けられる必要があるとしたものといえる。他方で、②は、沿革に触れる部分について関係一括型解釈的思考が見られるものの、免許制度の趣旨や、免許等の文言の採用により公権力行使該当性を判断しており、基本的に行為分離型解釈により判断したものといえる。このように整理すると、以上の裁判例で見られた基本的枠組み自体は、典型行政主体の行為を対象とする一般的なそれと大きく異なるものではないようにも見える。なお、①④は、実定法上の根拠について、通常よりも高い水準のもの、あるいは質の異なったものを要求しているように思われる。①は、国お

---

119) 小早川光郎『行政法講義下Ⅱ』（弘文堂・2005 年）145 頁以下。

よびその機関等に準ずる法的地位を付与する趣旨の規定を例示しているが、非権力的法律関係の推定を崩す程度に明確なものを要求しているように見える。そして、④においては、行政主体にあたらない同業者団体の活動について、処分性を認めるためには、審査請求規定および裁決取消訴訟規定が要求されていた。審査請求規定は、委任行政の標準装備として捉えられ、本来公権力の主体ではない者と評価された者による公権力の行使を正当化する役割を担っていた。

次に、主体の属性の判定に用いられた理論について、①は、伝統的な公法私法関係の区別に関する議論をおそらく意識して、法律関係と一体的に判断していた。④は、行政主体論に依拠して、設立目的が公益であるか同業者の共通利益の実現であるかにより、行政主体であるかどうかを判断している。行政主体論が、伝統的な公法私法関係の区別に関する議論および公法人論を批判する形で発展してきたことを考えると、地裁レベルの判決であっても実務において実際に用いられたことは重要な意味を持つように思われる。

現時点では、決して多いとはいえない裁判例を分析するに止まったが、今後、多様な行政上の主体の活動が増え、それにかかわる紛争が増大した際に、司法による対応が一層重要性を増すことが予想される。その中で以上の裁判例においてなされた取組み、それに対する分析および構築された理論が生かされることが期待される。

4　終わりに

以上、行政上の主体と実定法の関係について、理論的整理をした上で、行政事件訴訟法の処分性の問題を素材として立法・司法の対応の内容を具体的に検討してきた。立法による対応として、行政事件訴訟法は、立案時においては、（明文の規定は持たないものの）典型行政主体以外の者の行為も取消訴訟の対象とする立場をとり、個別法は、アドホックに典型行政主体以外の者の行為を取消訴訟の対象とする趣旨の制度を設けてきた。そして、そうした制度の存在感がさらに高まっていた時期になされた 2004 年改正を経て、行政事件訴訟法は、それに対応するための明文の規定を一部備えるに至っている。

また、司法による対応として、具体の裁判例には、公権力行使該当性判断に関する通常の基本的枠組みに概ね従って対応しつつも、主体の属性を重要な判断要素としている例が多く見られた。そして、それらの対応においては、行政上の主体に関する理論が重要な役割を果たしている場面も見られた。こうした理論は、具体の法制度、裁判例に依拠して、あるいはその内容を問題視して発展してきた側面があり、今後、多様な行政上の主体の活動が増加していく中で、具体の法制度の構築および裁判例の形成・発展において広く用いられるとともに、それらの成果を踏まえて、一層発展していくことが望まれる。また、そうした発展を通して、個別法の制定、解釈・適用の場面に見られた不整合等も解消されていくことも期待される。

　最後に、こうした立法の不完全性を前提とする司法による公法規範の拡張は、基本的には、理論的背景に基づいた法解釈の作業という形で行われている。しかしながら、本節第3款2で扱った問題とも関係するが、裁判例においては、理論的背景に基づく公法規範の射程拡張の限界を率直に認め、共通する、あるいは同一の機能を果たす私法上の規範の存在に期待するものがある点に注意する必要がある。例えば、(前掲注118)において触れたところであるが)①においては、処分性を否定したが、本案審理においては公務員の懲戒処分と類似の裁量審査基準を活動の統制のために用いている。④においては(内容に疑問があるものの)、より直接的に、この場合において、民事訴訟が取消訴訟と同一の機能を果たしうることが示されているし、また、活動の統制において用いる裁量審査の内容が共通することを前提としているように見える。このように、一部の裁判例においてではあるが、立法による制度設計に基づき、その制度設計の限界を超えた領域において、司法が、私法上の規範を巧みに用いている例が見られた。ただし、こうした動きは、必ずしも明確に意識してなされているものではない。この点、行政上の主体の多様化に対する本格的対応のためには、意識的に行われていく必要があるし、また、こうした司法の動きについて正確に把握され、その内容が適正なものであるか絶えず評価されなくてはならない。本書で示した内容がそうした作業に寄与するものであれば幸いである。

事項索引

英数字

FL──→フットボールリーグ
functional アプローチ……………………… *181*
　　コンテクスト的── ……………… *184*
　　純粋な── ………………………… *184*
functional な基準 ………………………… *184*
functional turn …………………………… *182*
functions of a public nature──→公的性質を持った活動
GCHQ 判決 ………………………………… *107*
institutional アプローチ ………………… *183*
institutional な基準 ……………………… *185*
NGRC──→全国グレイハウンドレーシングクラブ
PFI 法（民間資金等の活用による公共施設等の整備等の促進に関する法律）……… *224*
public authority（人権法上の）
　　core── ………………………………… *200*
　　hybrid── ……………………………… *200*
YL 判決 ……………………………………… *205*
1977 年行政決定（司法審査）法（オーストラリア）……………………………………… *107*
1981 年最高法院法 ………………………… *102*
1998 年人権法 6 条 ………………………… *198*
2000 年行政的正義促進法（南アフリカ）… *107*
2000 年情報公開法 …………………… *207, 218*
2004 年環境情報規則 ……………………… *207*

あ

アカウンタビリティ ………………… *69, 70, 188*
アガ・カーン判決 ………………………… *150*

い

イチジクの葉 ……………………………… *174*
一次的決定作成者 …………………… *193, 197*
一般公役務法論 ……………………………… *6*
委任行政 ……………………………… *31, 261*
　　──の仕組みの標準装備 …………… *263*
　　──の絶対的禁止の原則 ……………… *29*
　　──の理論の意義（国家賠償責任における）……………………………………… *44*
委任行政の主体 …………………………… *29*
　　──としての公共団体・私法人 …… *92*
イングランドサッカー協会 ……………… *144*
インジャンクション ……………………… *104*

う

ウェンズベリー判決 ……………………… *106*
訴えの変更（行政事件訴訟法 21 条）… *45, 46*
ウルトラヴァイレス理論──→伝統的司法審査理論
ウルフ裁判官の採った大前提……………… *202*

え

営造物法人 ………………………………… *50*
営団 ………………………………………… *83*
エクイティ上の救済方法 ………………… *104*

お

王座裁判所 ………………………………… *103*
公の事務 ……………………………………… *3*
小田急事件判決 …………………………… *236*
おとぎ話 …………………………………… *174*
オーナーシップ …………………………… *72*
織り込みテスト ……………………… *156, 161*

か

解釈上の不整合（実定法相互間の）…… *258*
解釈上の補助線 …………………………… *68*
解釈態度（法律関係の）………………… *266*
活動指向アプローチ ……………………… *30*
活動内容の基準 …………………………… *160*
活動面 ……………………………………… *20*
仮定テスト ……………………… *127, 143, 156, 160*
ガバナンス ………………………………… *69*
監視的管轄権 ……………………………… *106*
　　──の性質 …………………………… *192*
間接適用説 ………………………………… *229*
官治行政と自治行政 ……………………… *93*

き

議会主権の原則……………………………… 106
機関貸与……………………………………… 39
企業買収と合併についてのパネル…… 99, 111
技術的(ないし制度的)な区別………… 219
規制の道具としての契約………………… 188
機能的行政組織論…………………………… 3
基本権保護義務説………………………… 229
行政役務法総論……………………………… 6
行政(官)庁(講学上の)……………… 244
行政機関(行政手続法上の)…………… 222
行政共通制度諸法…………………… 46, 221
行政裁判所…………………………………… 16
行政指導(行政手続法上の)…………… 222
行政私法……………………………………… 6, 237
行政事務上の規範………………………… 21
行政主体……………………………………… 49
　──としての特殊法人論……………… 49
　──のカタログ──→公共団体ないし行政主体のカタログ
　──の問題……………………………… 24
　──の問題と主体・権限・事務帰属の判別問題の関係……………………………… 27
　一般的概念としての──…………… 214
　(行政)作用法上の──……………… 22, 27
　(行政)組織法上の──………… 22, 27, 49
行政主体間関係……………………………… 53
行政主体論…………………………… 49, 261
　──の限界……………………………… 60
行政上の主体………………………………… 4
　──と実定法の関係………………… 219
行政上の判例法理………………………… 225
行政上の法の一般原則…………… 224, 227
行政訴訟制度の見直しのための考え方…… 246
行政体……………………………………… 21
行政庁…………………………………… 222, 245
　国又は公共団体に所属しない──…… 246
行政不服審査法の施行に伴う関係法律の整理等に関する法律…………………… 248, 264
共通の価値(公法と私法の)…………… 189
京都府立医大事件判決…………………… 265
規律力……………………………………… 257
禁止命令………………………………… 103

金融商品取引所………………………… 237

く

国の行政事務……………………………… 51
呉市教育委員会事件判決……………… 236

け

経営判断原則の基準…………………… 239
契約による委託………………………… 100
権限の委任………………………………… 32
権限の範囲内…………………………… 106
権限踰越………………………………… 106
現代型一般原則………………………… 228
検討委員会──→特殊法人情報公開検討委員会
検討委員会意見──→特殊法人等の情報公開制度の整備充実に関する意見
憲法的な真空…………………………… 176
原野………………………………………… 7
権力の淵源の基準……………………… 99
権力の性質………………………… 115, 120
権利濫用禁止原則……………………… 228

こ

公益務(フランス)…………………… 75
公共組合…………………………… 50, 261
公共団体…………………………… 86, 222
　──ないし行政主体のカタログ…… 50
公共部門法論……………………………… 6
公権力の行使(国家賠償法1条における)…… 23
広告基準機構…………………………… 124
広告基準機構判決……………………… 124
公私協働………………………………… 5
公序……………………………… 134, 136, 194
公正手続原則…………………………… 228
耕地整理組合…………………………… 80
公的活動………………………………… 103
公的規制の織物………………………… 151
公的義務拡張論………………………… 216
公的職務………………………… 113, 118
公的性質を持った活動………… 198, 201
　本質的に──………………………… 204
公的要素………………………… 114, 119
公的要素・権力の性質の基準…… 124, 160
高等法院………………………………… 102

神戸税関事件判決……………………… 265
公法規範…………………………… 6, 214
　　――の「潜脱」問題……………… 6
公法原則………………………………… 107
公法私法二元論………………………… 52
公法上の権利…………………………… 105
公法上の特権…………………………… 91
　　――の保有（私法人による）…… 95
公法人…………………………………… 77
　　――と私法人の区別を不要とする主張… 78
　　私法人と区別されるところの――… 87
　　（公共団体の行政ないし）自治行政の主体としての――……………………… 92
公法人（ドイツ）……………………… 75
公法人論（美濃部達吉の）…………… 85
公法的活動………………………… 115, 119
公法の規範……………………………… 14
公法の結果………………………… 115, 120
公法の視点……………………………… 12
公務執行妨害罪………………………… 221
合理性原則……………………………… 107
国王……………………………………… 116
国立大学法人…………………………… 55
国家行為の理論………………………… 230
国家と社会の区別………………… 22, 84
国家と社会の相互浸透………………… 59
国（家）の一分肢……………………… 52
国家の機関……………………………… 94
個別法…………………………………… 222
コモンロー理論………………………… 174
木屋平村指名回避事件判決…………… 237
固有事務と団体委任事務の区別……… 34
固有の資格（公共団体の）…………… 249
コントロールのツイントラックシステム… 143

さ

再規制論………………………………… 6
裁決取消訴訟規定……………………… 262
最高法院規則オーダー53………… 102, 105
裁判所の許可…………………………… 105
裁量審査基準…………………………… 236
サーシオレイライ……………………… 103
サッカー協会→イングランドサッカー協会
サッカー協会判決……………………… 144

作用法的主体機関関係………………… 26

し

私行政法論……………………………… 6
自主規制………………………………… 4
私人間効力の問題……………………… 229
自省的審査……………………………… 188
自然的正義の原則…………… 107, 149, 158
実定法（個々の行政に関する）……… 218
　　――相互の関係…………………… 225
　　――の分類………………………… 221
指定確認検査機関……………………… 40
指定法人（指定機関）…… 11, 24, 224, 246
　　――等の情報公開………………… 62
　　――と賠償責任の帰属…… 25, 32, 40
私的裁量…………………………… 241, 265
私的審判所………………………… 118, 144, 165
私法上の創造物…………………… 136, 194
司法審査
　　――の対象の変容…………… 99, 181
　　――の理論的正当化……………… 172
　　人権規定の適用範囲の判断と――の対象の判断……………………… 209
司法審査請求…………………………… 103
司法審査制度……………………… 99, 101
私法的視点……………………………… 12
司法による対応………………………… 250
事務の帰属主体………………………… 25
社会観念審査…………………………… 236
社会管理………………………………… 3
社会福祉協議会………………………… 226
修正ウルトラヴァイレス理論………… 176
重要物産同業組合……………………… 80
主体・権限・事務帰属の判別問題…… 26
　　――の相対性……………………… 46
主体の属性判断………………………… 252
上級行政庁みなし規定………………… 264
上場廃止決定…………………………… 237
上訴管轄権……………………………… 106
情報公開制度に固有のアプローチ…… 66
情報公開法要綱案……………………… 61
職務執行命令…………………………… 103
諸種のファクター（人権規定適用範囲判断のための）………………………… 206

ジョッキークラブ·················127
除名処分（各種団体の）············231
信義誠実の原則··················228
人権規定の適用範囲···············199
人権合同委員会レポート············208
人権法6条──→1998年人権法6条
審査··························106
　──の基礎···················106
審査請求······················248
審査請求規定···················248
新無効力説····················229

す

水平効························199
水利組合·······················80

せ

制度的契約論··············216, 232
政府関係法人····················50
政府的関心テスト················161
政府的要素の基準················161
善管注意義務···················241
全国グレイハウンドレーシングクラブ···128
全国モーターボート競走会連合会······250

そ

組織論的アプローチ···············66
存立目的の国家性·················90

た

大権的救済方法··················103
大権的権力····················109
大権命令······················103
大権令状······················103
第三の権限の淵源················109
宅地建物取引業保証協会··············8
短期出訴期間···················105

ち

地域団体························4
畜産組合·······················80
チーフラビ····················140
チーフラビ判決·················140
地方競馬全国協会················256

地方公共団体の事務分類·············34
地方政府·····················108
中央政府·····················108
中核部分と周辺領域の関係··········225
懲戒権行使の濫用審査·············231

て

デクラレーション················104
データフィン判決·············99, 111
手続的公正性の原則···············107
手続的排他性···················104
典型行政主体·····················3
典型行政主体以外の者·············245
伝統的司法審査理論··········106, 164
　──の問題点·················173

と

同意・契約・私的審判所の基準
····························124, 165
東京建築検査機構事件···············40
東京証券取引所（東証）············233
統合テスト····················161
統治権·························90
当否·························106
特殊法人·······················49
特殊法人情報公開検討委員会··········61
特殊法人等の情報公開制度の整備充実に関する
　意見························61
特定管轄裁判所·················247
特別行政主体····················55
独立行政法人···················222
独立行政法人等情報公開法····65, 220, 247
「独立行政法人」の理論（田中二郎の）···220
特許・行政権限委任理論·············31
特許状·······················127
ドノヒュー判決·················201
取引制限··············136, 156, 193

な

内部組織原理····················54
成田新幹線訴訟············7, 53, 220

に

日本銀行·······················72

日本国有鉄道（国鉄）……………… 250, 251	補償委員会──→犯罪被害者補償委員会
日本自転車振興会………………………… 250	保障（証）行政論………………………………… 6
日本司法書士会連合会（日司連）……… 251, 256	保障責任……………………………………………… 47
日本たばこ産業株式会社………………… 264	
日本中央競馬会（JRA）……………… 250, 254	ま
日本年金機構……………………………… 223	マクリーン事件判決……………………… 241
日本放送協会……………………………… 57	マッシングバードムンディ判決……… 127
認可法人…………………………………… 62	マンデイマス……………………………… 103

は

破棄命令…………………………………… 103	
波及的正統化責任論……………………… 6	
パネル──→企業買収と合併についてのパネル	
犯罪被害者補償委員会…………………… 113	
判断過程審査……………………………… 236	
判別問題──→主体・権限・事務帰属の判別問題	

み

みなし公務員規定……………………… 29, 223
みなし上級庁規定──→上級行政庁みなし規定
南満州鉄道株式会社………………………… 34
民営化………………………………………… 4, 100
──の限界……………………………………… 30
民営化政策に対する「埋め合わせ」……… 199
民事訴訟手続規則パート 54……………… 102

ひ

被告適格…………………………………… 246
平等原則…………………………………… 228
比例原則…………………………………… 228

も

黙示的意思表示…………………………… 176
黙示の契約条項…………………………… 193

ふ

フットボールリーグ……………………… 144
不服申立て………………………………… 248
不服申立て規定…………………………… 248
ブラガンザ判決…………………………… 196
ブラッドリー判決………………………… 192
プロヒビション…………………………… 103

ら

ライン判決………………………………… 113
ラム判決…………………………………… 133

り

立法による対応…………………………… 246
理論的な区別……………………………… 219

へ

弁護士会……………………… 223, 251, 259

れ

レオナードチェシャー判決……………… 202

ほ

法人化……………………………………… 4
法的ガバナンスの欠如…………………… 188

ろ

ロー判決…………………………………… 128

著者紹介

北島 周作（きたじま・しゅうさく）
昭和50年　兵庫県に生まれる
平成6年　徳島県立城南高等学校卒業
平成11年　東京大学法学部卒業
平成20年　東京大学法学政治学研究科博士課程修了　博士（法学）
　　　　　成蹊大学法学部専任講師・准教授、東北大学法学研究科
　　　　　准教授を経て、
現　　在　東北大学法学研究科教授

行政上の主体と行政法　　　　　（行政法研究双書 35）

2018（平成30）年2月15日　初版1刷発行

著　者　北島周作
発行者　鯉渕友南
発行所　株式会社 弘文堂　　101-0062 東京都千代田区神田駿河台1の7
　　　　　　　　　　　　　TEL 03(3294)4801　振替 00120-6-53909
　　　　　　　　　　　　　http://www.koubundou.co.jp
印　刷　三陽社
製　本　牧製本印刷

© 2018 Shusaku Kitajima. Printed in Japan
[JCOPY] 〈(社)出版者著作権管理機構　委託出版物〉
本書の無断複写は著作権法上での例外を除き禁じられています。複写される場合は、そのつど事前に、(社)出版者著作権管理機構（電話 03-3513-6969、FAX 03-3513-6979、e-mail: info@jcopy.or.jp）の許諾を得てください。
また本書を代行業者等の第三者に依頼してスキャンやデジタル化することは、たとえ個人や家庭内での利用であっても一切認められておりません。

ISBN 978-4-335-31509-1

オンブズマン法〔新版〕《行政法研究双書 1》	園部逸夫 枝根　茂
土地政策と法《行政法研究双書 2》	成田頼明
現代型訴訟と行政裁量《行政法研究双書 3》	高橋　滋
行政判例の役割《行政法研究双書 4》	原田尚彦
行政争訟と行政法学〔増補版〕《行政法研究双書 5》	宮崎良夫
環境管理の制度と実態《行政法研究双書 6》	北村喜宣
現代行政の行為形式論《行政法研究双書 7》	大橋洋一
行政組織の法理論《行政法研究双書 8》	稲葉　馨
技術基準と行政手続《行政法研究双書 9》	高木　光
行政とマルチメディアの法理論《行政法研究双書10》	多賀谷一照
政策法学の基本指針《行政法研究双書11》	阿部泰隆
情報公開法制《行政法研究双書12》	藤原静雄
行政手続・情報公開《行政法研究双書13》	宇賀克也
対話型行政法学の創造《行政法研究双書14》	大橋洋一
日本銀行の法的性格《行政法研究双書15》	塩野　宏監修
行政訴訟改革《行政法研究双書16》	橋本博之
公益と行政裁量《行政法研究双書17》	亘理　格
行政訴訟要件論《行政法研究双書18》	阿部泰隆
分権改革と条例《行政法研究双書19》	北村喜宣
行政紛争解決の現代的構造《行政法研究双書20》	大橋真由美
職権訴訟参加の法理《行政法研究双書21》	新山一雄
パブリック・コメントと参加権《行政法研究双書22》	常岡孝好
行政法学と公権力の観念《行政法研究双書23》	岡田雅夫
アメリカ行政訴訟の対象《行政法研究双書24》	越智敏裕
行政判例と仕組み解釈《行政法研究双書25》	橋本博之
違法是正と判決効《行政法研究双書26》	興津征雄
学問・試験と行政法学《行政法研究双書27》	徳本広孝
国の不法行為責任と 　　公権力の概念史《行政法研究双書28》	岡田正則
保障行政の法理論《行政法研究双書29》	板垣勝彦
公共制度設計の基礎理論《行政法研究双書30》	原田大樹
国家賠償責任の再構成《行政法研究双書31》	小幡純子
義務付け訴訟の機能《行政法研究双書32》	横田明美
公務員制度の法理論《行政法研究双書33》	下井康史
行政上の処罰概念と法治国家《行政法研究双書34》	田中良弘
行政上の主体と行政法《行政法研究双書35》	北島周作